高等学校试用教材

建筑企业统计

北京建筑工程学院　丛培经　主　编
中国人民大学　　　丁大建　副主编
东　南　大　学　　杜　训　主　审

中国建筑工业出版社

图书在版编目(CIP)数据

建筑企业统计/丛培经主编. —北京：中国建筑工业出版社，1998
高等学校试用教材
ISBN 978-7-112-03552-6

Ⅰ.建… Ⅱ.丛… Ⅲ.建筑企业-工业统计-高等学校-教材
Ⅳ.F407.924

中国版本图书馆 CIP 数据核字（98）第 11570 号

本教材是根据"全国高等学校建筑与房地产管理学科专业指导委员会"讨论通过的教学大纲编写的"建筑管理工程专业"试用教材。为了使学生掌握现代统计基础知识和建筑专业统计知识，为从事建筑企业管理打好基础，本教材包括了经济统计学原理和建筑专业统计两部分，并专章介绍计算机辅助统计，并附《中华人民共和国统计法》。具体各章的内容是：绪论；第一篇 经济统计学原理，包括：统计调查与统计整理，现象特征的数据描述，动态分析；第二篇 建筑企业统计，包括：建筑企业统计综述，建筑企业生产活动统计，建筑企业劳动工资统计，建筑企业机械设备统计，建筑企业材料及能源统计，建筑企业财务统计，建筑企业附营业务活动统计，计算机辅助建筑企业统计。本教材系统全面，突出重点，有理论，有实例，符合时代要求，新颖实用，既是理想的教科书，又是建筑统计人员理想的参考用书。

高等学校试用教材
建筑企业统计
北京建筑工程学院　丛培经　主　编
中国人民大学　丁大建　副主编
东　南　大　学　杜　训　主　审

*

中国建筑工业出版社出版、发行（北京西郊百万庄）
各地新华书店、建筑书店经销
北京市密东印刷有限公司印刷

*

开本：787×1092 毫米　1/16　印张：15¼　字数：371 千字
1998 年 12 月第一版　2011 年 11 月第十二次印刷
定价：**27.00 元**
ISBN 978-7-112-03552-6
（21042）

版权所有　翻印必究
如有印装质量问题，可寄本社退换
（邮政编码　100037）

前　言

《建筑企业统计》是建筑管理工程专业的专业课程，本教材是根据"全国高等学校建筑与房地产管理学科专业指导委员会"讨论通过的《建筑企业统计》教学大纲，并在学科专业指导委员会的指导下，为建筑管理工程专业编写的。

我国要实行"两个转变"，必须加强企业经营和管理。经营和管理离不开信息，要有大量、准确、实用、快速的信息为经营管理服务。建筑企业统计是为建筑企业经营和管理提供信息服务的，它提供了统计信息的调查方法、整理方法、计算方法、分析方法和使用方法等，是企业管理的基础工作。我们希望，《建筑企业统计》的出版，能为建筑企业培养经营管理人才、为建筑企业职工学习统计知识、为促进企业管理信息化、为实现建筑企业管理集约化、为发展建筑企业统计学科，尽微薄之力。

本教材的特点是内容全面，知识面广，重点突出，实用性强，既有一般统计原理，又有建筑专业统计知识，既有理论知识，又有操作知识和应用实例。全书分为两篇：第一篇是经济统计学原理，共三章，为学习专业统计打下理论和方法的基础，这三章努力做到精练、通俗、适用；第二篇是建筑企业统计，教给学生建筑专业统计理论、方法和实用技能，本篇共八章，努力做到贯彻中华人民共和国统计法，继承传统的、行之有效的知识，吸收改革中创造的新知识，贯彻新的统计法规，能满足建筑统计工作者的实际需要，注重规范性、可用性和可操作性，做到与其他专业课程适当接口。为了实现应用计算机进行统计工作，在本篇的最后编写了"计算机辅助建筑企业统计"一章，提出了建立计算机统计系统的思路及计算机统计应用的方法。

为了使教材更能满足培养应用型人才的需要，本书的作者除了大学的教师外，还聘请了较多的来自北京建工集团等企业的统计专家及多年研究建筑统计的专家编写。本教材的编写分工是：绪论，丛培经；第一章　丁大建；第二、三章　丁大建、付献国；第四章　丛培经、魏绥臣、郭松婉；第五章　马淑兰、赵京兰；第六章　马秀卿；第七章　闫静瑜；第八章、第十章　陈德义；第九章　姚文英；第十一章　魏绥臣、付献国。本教材由丛培经任主编，丁大建任副主编。

本教材的主审东南大学的杜训教授对本书大纲的编写、初稿的修改和正式书稿的确定，进行了悉心指导、审阅、把关；学科专业指导委员会主任委员毛鹤琴教授给予了亲切的关怀和指导；北京建工集团的武军高级统计师在编写的全过程中，作了大量的组织和指导工作，并为提高本教材的质量进行了认真策划；本书的编写参考了许多作者的书籍和资料，在此谨表衷心感谢！书中存在的问题，切望专家和读者批评指正，以便重印时修改。

目 录

绪 论 ………………………………………… 1

第一篇 经济统计学原理

第一章 统计调查与统计管理 3
第一节 统计数据的来源与类别 ……………… 3
　一、统计数据的概念 ………………………… 3
　二、统计数据的来源 ………………………… 4
　三、统计数据的基本类别及计量水准 ……… 5
第二节 统计调查 ……………………………… 7
　一、统计调查方案设计 ……………………… 7
　二、全面调查 ………………………………… 9
　三、非全面调查 ……………………………… 11
第三节 统计整理 ……………………………… 13
　一、统计整理过程 …………………………… 13
　二、统计分组与频数分布 …………………… 15
　三、表列与图示 ……………………………… 17

第二章 现象特征的数值描述 20
第一节 绝对数与相对数 ……………………… 20
　一、绝对数 …………………………………… 20
　二、相对数 …………………………………… 21
　三、相对数应用的几个问题 ………………… 22
第二节 平均数 ………………………………… 24
　一、平均数的意义和作用 …………………… 24
　二、均值、中位数和众数 …………………… 24
　三、调和平均数和几何平均数 ……………… 29
第三节 离差 …………………………………… 31
　一、离差的意义及作用 ……………………… 31
　二、全距和四分位差 ………………………… 31
　三、方差和标准差 …………………………… 33
　四、相对离差 ………………………………… 34

第三章 动态分析 35
第一节 时间数列及统计分析指标 …………… 35
　一、时间数列的概念及编制原则 …………… 35
　二、平均发展水平与序时平均数 …………… 36
　三、速度与平均速度 ………………………… 38
第二节 时间数列构成分析 …………………… 41
　一、时间数列的构成 ………………………… 41
　二、长期趋势的测定 ………………………… 42
　三、季节变动的测定 ………………………… 45
　四、循环波动及不规则变动的测定 ………… 46
第三节 统计指数 ……………………………… 47
　一、指数的概念与作用 ……………………… 47
　二、综合指数 ………………………………… 48
　三、平均数指数 ……………………………… 50
第四节 指数因素分析 ………………………… 52
　一、指数体系 ………………………………… 52
　二、综合总量变动的因素分析 ……………… 52
　三、加权平均值变动的因素分析 …………… 53

第二篇 建筑企业统计

第四章 建筑企业统计综述 56
第一节 建筑企业统计与建筑业统计 ………… 56
　一、建筑业统计的对象 ……………………… 56
　二、建筑业统计的特点 ……………………… 57
　三、建筑业统计的范围 ……………………… 58
　四、建筑业统计的主要任务 ………………… 59
　五、建筑业统计的内容和指标体系 ………… 60
第二节 建筑企业统计与固定资产投资
　　　 统计 …………………………………… 61
　一、建筑企业统计与固定资产投资统
　　　计的关系 ……………………………… 61
　二、固定资产投资统计的对象和范围 ……… 62
　三、固定资产投资统计的调查方法 ………… 63
　四、固定资产投资统计的指标体系 ………… 63
　五、固定资产投资统计的基础工作 ………… 64
第三节 建筑企业统计概述 …………………… 65
　一、建筑企业统计的任务和内容 …………… 65
　二、建筑企业的工程项目统计 ……………… 75
　三、建筑企业统计工作的原始记录和
　　　统计台账 ……………………………… 80
　四、建筑企业统计分析原理 ………………… 84
　五、建筑企业统计组织与管理 ……………… 86

第五章 建筑企业生产活动统计 89
第一节 建筑产品实物量统计 ………………… 89
　一、建筑产品实物工程量统计 ……………… 89
　二、单位工程的形象进度统计 ……………… 92

三、单位工程个数统计 …………… 93
　　四、建筑面积统计 ………………… 93
　　五、市政工程主要生产活动统计指标 … 97
 第二节　建筑产品质量统计 …………… 101
　　一、建筑产品质量统计的意义和任务 … 101
　　二、评定建筑产品质量的对象和依据 … 101
　　三、评定建筑产品质量的方法和等级
　　　　标准 ……………………………… 102
　　四、建筑产品质量统计指标 ………… 103
 第三节　建筑产品价值量统计 ………… 104
　　一、建筑业总产值统计 ……………… 104
　　二、建筑业增加值统计 ……………… 107
　　三、建筑业净产值统计 ……………… 108
　　四、各价值量指标之间的关系 ……… 109
　　五、竣工工程产值统计 ……………… 110
 第四节　职工伤亡事故统计 …………… 112
　　一、职工伤亡事故统计的意义和任务 … 112
　　二、建筑企业职工伤亡事故分类标准 … 112
　　三、建筑企业职工伤亡事故经济损失
　　　　统计标准 ………………………… 114
　　四、建筑企业职工伤亡事故统计调查
　　　　分析规程 ………………………… 115

第六章　建筑企业劳动工资统计 ……… 118
 第一节　建筑企业从业人员和职工人
　　　　数统计 …………………………… 118
　　一、建筑企业劳动工资统计的任务 … 118
　　二、建筑企业从业人员和职工人数
　　　　统计 ……………………………… 118
　　三、国有企业下岗待工人员统计 …… 123
　　四、建筑企业职工教育统计 ………… 124
　　五、劳动合同统计 …………………… 125
　　六、外包工人数统计 ………………… 126
 第二节　建筑企业劳动时间利用统计 … 127
　　一、建筑企业劳动时间利用统计的
　　　　任务 ……………………………… 127
　　二、建筑企业劳动时间的构成统计 … 127
　　三、建筑企业劳动时间利用情况统
　　　　计指标 …………………………… 130
 第三节　建筑企业劳动生产率统计 …… 132
　　一、劳动生产率统计的任务 ………… 132
　　二、劳动生产率统计指标计算 ……… 132
　　三、劳动生产率动态统计 …………… 134
　　四、劳动定额统计 …………………… 137

 第四节　建筑企业从业人员劳动报酬及
　　　　职工工资统计 …………………… 139
　　一、劳动报酬及职工工资统计的任务 … 139
　　二、职工工资统计指标计算 ………… 139
　　三、工资统计分析 …………………… 140
　　四、人工成本统计 …………………… 140
 第五节　建筑企业保险及福利统计 …… 142
　　一、保险费与福利费 ………………… 142
　　二、保险福利费用分类统计的内容 … 143
　　三、企业保险福利费的统计分析 …… 143

第七章　建筑企业施工机械设备
　　　　统计 ……………………………… 145
 第一节　建筑机械设备数量和能力统计 … 145
　　一、建筑企业施工机械设备统计的
　　　　任务 ……………………………… 145
　　二、建筑企业施工机械设备统计的
　　　　范围 ……………………………… 145
　　三、建筑企业施工机械设备的分类 … 146
　　四、建筑企业施工机械设备数量统计指标
　　　　…………………………………… 146
 第二节　建筑企业施工机械设备装备
　　　　程度统计 ………………………… 149
　　一、建筑企业施工机械设备总功率
　　　　和动力装备率 …………………… 149
　　二、建筑企业施工机械设备的价值和
　　　　技术装备率 ……………………… 150
　　三、建筑企业施工机械设备的装备生
　　　　产率 ……………………………… 150
 第三节　建筑企业施工机械设备完好及
　　　　利用情况统计 …………………… 150
　　一、建筑企业施工机械设备完好情况
　　　　统计的意义 ……………………… 150
　　二、建筑企业施工机械设备利用情况
　　　　统计的意义 ……………………… 150
　　三、建筑企业施工机械设备利用情况
　　　　的统计范围 ……………………… 151
　　四、施工机械设备完好率和利用率有
　　　　关指标 …………………………… 151
　　五、施工机械设备完好率和利用率指
　　　　标计算 …………………………… 152
　　六、施工机械设备运转情况原始资料
　　　　的采集 …………………………… 153

第八章　建筑企业材料及能源统计 …… 160

第一节　建筑企业材料收入量统计……… 160
　一、建筑企业材料统计分类………… 160
　二、建筑企业材料来源渠道………… 161
　三、建筑企业材料收入量计算与分析…… 161
第二节　建筑企业材料消耗量与储存量………
　　　　统计…………………………… 163
　一、建筑企业材料消耗量统计……… 163
　二、建筑企业材料的储存量统计…… 165
第三节　建筑企业材料消耗定额执行情………
　　　　况统计………………………… 167
　一、建筑企业材料消耗定额的种类和………
　　　用途…………………………… 167
　二、建筑企业材料消耗定额执行情况………
　　　统计…………………………… 168
　三、单位工程材料消耗统计………… 169
第四节　建筑企业能源统计……………… 170
　一、建筑企业能源统计的意义……… 170
　二、建筑企业能源消耗指标计算…… 172
　三、建筑企业能源消耗的统计分析… 173

第九章　建筑企业财务统计………………… 176
第一节　建筑企业资本金统计…………… 176
　一、资本金的概念…………………… 176
　二、资本金的筹集…………………… 176
　三、资本金的构成统计……………… 177
第二节　建筑企业资产和负债统计……… 178
　一、建筑企业资产概述……………… 178
　二、流动资产统计…………………… 178
　三、固定资产统计…………………… 180
　四、无形资产和其他资产的统计…… 182
　五、建筑企业负债统计……………… 183
第三节　建筑企业损益和分配统计……… 184
　一、建筑企业损益和分配概述……… 184
　二、建筑企业损益统计……………… 185
　三、建筑企业利润分配统计………… 186
第四节　工程成本统计…………………… 187
　一、工程成本的概念………………… 187
　二、工程成本项目的构成…………… 187
　三、工程预算成本…………………… 188
　四、工程实际成本…………………… 188
　五、工程成本降低…………………… 189
　六、计划成本………………………… 189
　七、工程成本统计分析……………… 189
第五节　建筑企业经济效益统计………… 192

　一、盈利能力和资本保值指标……… 192
　二、企业财务状况指标……………… 193
　三、对国家和社会贡献水平指标…… 194
　四、财务状况统计分析……………… 195

第十章　建筑企业附营业务活动统计…… 199
第一节　附营工业产品统计……………… 199
　一、附营工业产品生产统计………… 199
　二、附营工业产品销售统计………… 203
　三、附营工业产品库存统计………… 204
第二节　附营批发零售贸易业商品销………
　　　　售与库存统计………………… 206
　一、附营批发零售贸易业商品销售………
　　　统计…………………………… 206
　二、附营批发零售贸易业商品库存………
　　　统计…………………………… 207
第三节　附营交通运输业统计及其他………
　　　　指标…………………………… 208
　一、附营交通运输业统计指标……… 208
　二、附营交通运输业统计分析……… 209
　三、其他指标………………………… 210

第十一章　计算机辅助建筑企业………
　　　　　统计………………………… 211
第一节　计算机辅助建筑企业统计………
　　　　概述…………………………… 211
　一、计算机辅助建筑企业统计的………
　　　含义…………………………… 211
　二、计算机辅助建筑企业统计的………
　　　顺序…………………………… 211
　三、计算机辅助建筑企业统计软………
　　　件开发………………………… 211
第二节　计算机辅助建筑企业统计系统… 213
　一、建筑企业统计系统总框图……… 214
　二、建筑企业生产活动统计子系统………
　　　框图…………………………… 214
　三、建筑企业劳动工资统计子系统………
　　　框图…………………………… 214
　四、建筑企业施工机械设备统计子系………
　　　统框图………………………… 215
　五、建筑企业材料和能源统计子系统………
　　　框图…………………………… 215
　六、建筑企业附营业务活动统计子系统………
　　　框图…………………………… 215

七、建筑企业财务统计子系统框图………215
第三节 计算机辅助建筑企业生产活动
　　　　统计子系统设计实例………216
　一、功能模块设计………216
　二、数据结构设计………216
　三、输出设计………222

第四节 计算机辅助统计分析简介………225
　一、计算机描述统计应用………225
　二、计算机相关回归分析………227
　三、计算机统计作图………230
附录　中华人民共和国统计法………233

绪　　论

　　《建筑企业统计》是"建筑管理工程专业"的必修专业课程，教育学生掌握建筑企业统计思想、理论、方法和技能，为企业管理工作打下基础。建筑企业统计提供的核算方法，是建筑企业三大核算方法体系（统计核算、会计核算和业务核算）之一，是很有用的企业管理工具。

　　《建筑企业统计》首先教育学生掌握经济统计学原理，以打下牢固的建筑统计基本理论和方法的根基。其次教育学生掌握建筑企业统计知识，以服务于建筑企业管理。

　　《建筑企业统计》的先行课程主要是概率论和数理统计、建筑施工技术、政治经济学、建筑经济学、技术经济学和建筑工程造价管理等，所以应安排在大学三年级后期学习。

　　"统计"是对大量经济现象和数据进行研究，从而发现其规律，为管理服务的科学，是适应社会经济、政治的需要而建立起来的。我国的统计活动自古有之，奴隶社会的夏朝即有土地粮食和人口统计。古希腊和罗马，有人口和居民财产的统计。中世纪欧洲许多国家利用统计搜集人口、军队、世袭领地、居民、职业、财产、农业生产等方面的资料并编制详细的财产目录。但在前资本主义社会，统计工作还只是原始的登记和比较，简单的计算，还谈不到科学。

　　资本主义经济的发展，对统计提出了新的要求，促进了统计工作和统计科学的发展。人口、税收、土地、商业、航运、外贸和工业等许多领域的统计数字的记录和传播达到了空前庞大的规模。英国人威廉·配第（1623～1687）发表了第一本统计著作《政治算术》，用大量的数字对英、法、荷三国的经济实力进行比较，马克思说他是统计学的创始人。从18世纪起，各资本主义国家都先后设立了专门的统计机关，联合建立国际统计组织，召开国际统计会议。

　　17世纪到19世纪中叶，概率论逐步成为一门独立的数学分支。比利时的统计学家凯特勒（1796～1874）把它的基本原理"大量观察法"引进到统计领域，创立了数理统计学，从而使统计学进入了崭新阶段，数理统计的理论和方法被广泛应用到自然现象统计领域和社会经济统计领域。数理统计方法和其他经济统计学方法日益成为社会经济统计学的主要方法。经济数学（规划论、对策论、多因素分析等）的发展和应用，大大促进了统计学对社会经济现象数量关系的研究，适应了市场经济发展对进行经济预测和经营计划的需要。

　　我国在长期的革命斗争中，领导者十分重视统计方法的应用，毛泽东同志历来倡导并身体力行调查研究就是一例。建国以后迅速建立起了全国的统计组织系统。全国有国家统计局，各省（市、自治区）有地方统计局。地（区）、县、乡（镇）和企业也都建立了统计机构和组织系统。因此，统计工作对我国经济的发展起了重大的作用。改革开放以来，党和国家领导人非常重视对历史资料的统计分析，用来指导全国的经济、社会规划与发展。我国在学习国外的统计学理论的基础上创立了自己的社会主义统计理论和方法体系。在大学里，经济院校普遍设立了统计专业；工科院校的管理专业中也开设了统计课程。建筑管理工程专业历来重视建筑企业统计教学，把它作为重要的必修课程。一名建筑管理工程专业的学生学好建筑企业统计，会使各门专业课程学得更扎实，可以掌握一门非常有用的科学管理方法，以便在工作中进行调查研究、经济核算，生产分析和经营分析。

《建筑企业统计》中的"建筑企业"，是指建筑业企业中的"工业与民用建筑工程施工企业"，并非建筑业企业的总体。建筑业中包含了33个专业的施工企业，各专业统计相差悬殊，难以在一本教材中面面俱到，只突出建筑企业的学习和工作的未来需要。本书对其他专业的学生有参考作用。为了扩展学生的视野，书中用少量篇幅讲解了与建筑企业统计非常相关的建筑业统计和固定资产统计。《建筑企业统计》的内容是这样安排的：

全书共十一章，分成两篇。第一篇是经济统计学原理，共三章，包括：统计调查与统计整理；现象特征的数据描述；动态统计。第二篇是建筑企业统计，共八章，包括：建筑企业统计综述；建筑企业生产活动统计；建筑企业劳动工资统计；建筑企业施工机械设备统计；建筑企业材料及能源统计；建筑企业财务统计；建筑企业附营业务活动统计；计算机辅助建筑企业统计。两篇内容自成体系，相互间进行了必要的沟通和呼应。

本书中内容全面，容有较大的信息量，也有一定数量的实例，有利于学生掌握统计的操作技能。讲解中应突出重点，重视实践教学和电化教学。由于建筑企业统计已基本实现了计算机化，故第十一章的教学应做到使学生应用计算机进行统计。在毕业论文环节中，建筑企业统计应是论文的选题对象之一。应特别指出的是，我国于1983年12月8日已颁发了《中华人民共和国统计法》，它是我国各类统计工作的基本法。在本书各章中贯彻了统计法的精神实质。在书的最后，作为附录登录了该法，以供学习执行。

第一篇　经济统计学原理

第一章　统计调查与统计整理

本章内容共分为三节，第一节介绍了统计数据特点、来源、类别及其计量水准；第二节是关于统计调查方案的设计和五种基本调查方式的介绍；它们是普查，全面统计报表制度，抽样调查、重点调查和典型调查；第三节是统计整理的方法，主要介绍了统计整理的步骤和进行统计分组、编制频数分布、表列与图示统计资料的方法。

第一节　统计数据的来源与类别

一、统计数据的概念

统计学是一门关于大量数据资料的收集、整理、描述和分析的理论和方法的科学。其目的在于通过对大量数据资料的处理，实现对客观现象的数量特征及内在数量规律性的认识。

由此可见，统计学是围绕统计数据而展开的，统计数据构成了统计分析、统计研究的基础。有人将统计数据与统计研究的关系形象地比喻为"米"与"炊"的关系，有道是"巧妇难为无米之炊"，没有统计数据，统计研究就是一句空话。

那么，什么是统计数据呢？你也许会说："数字呗。"是不是数字即统计数据，统计数据即数字呢？让我们来看一个例子：举出任意一个数字（自然数）如"5"，它是统计数据吗？这里它表示一个抽象的量的概念，没有任何实际的含义，既非"5"个人，也非"5"元钱，亦非"5"分的成绩；作为一个数量概念它是大是小呢？没有其他的数字与之比较也是无法判断的。所以，我们说它不是统计数据。

统计数据应该是具有如下特征的数字和概念：

（1）统计数据不是那种纯抽象的，不具任何实际意义的数字，而是反映客观现象某种特征的，具有内在涵义和现实背景的数字，如：10个工作日、86万元利润、5项工程等。这里工作日、利润、工程都应该是有切确定义的。此外，一个现实的统计数据还要有时间和空间两方面的规定性，例如：某建筑公司1997年全年实现利润86万元。

（2）统计数据不是个别的，孤立的单个数据，而是指若干乃至众多、大量的同类数据；这样才可以进行比较，才能够进行分析，才有数量规律性可言。一般地说，统计数据是大量同类数据的集合，个别数据只有存在于大量同类数据之中才具有统计意义。

(3)统计数据不仅仅表现为数字形式（尽管多数情况下是以数字来表示），在某些条件下，它也需要以非数字的概念形式来表现，如：性别测量的男、女；职业测量的医生、护士、教师、建筑工人、农民等等；态度测量的赞成、接受、不接受、反对；成绩测量的优、良、中、差。

二、统计数据的来源

明确了统计数据的性质和重要性，让我们来了解一下统计数据的来源。相对于数据资料的使用者而言，统计数据的来源可区分为直接来源和间接来源两类；自直接来源取得的统计数据称为第一手资料，由间接来源获得的统计数据则称之为第二手资料。

（一）统计数据的直接来源

统计数据的直接来源一般是指为一定的研究目的通过对客观现象的直接观察、测量和调查来取得所需要的统计数据。这种数据通常是一些尚未经任何加工处理的原始数据，常被称之为第一手资料。例如，通过反复的科学实验和现场观测取得的大量科研数据；通过各种统计调查、社会调查收集的有关社会、经济、文化、市场及企业状况的大量基本统计数据等等。

原始数据的质量好坏直接影响到整个统计分析和研究工作的好坏与成败。所以，控制第一手资料的质量是至关重要的，主要应做好如下两方面的工作：第一是确保实验、观测和调查的手段和方式有较高的效率和信度；第二是控制和尽量减少实际操作过程中的失误与差错，降低差错率。

（二）统计数据的间接来源

统计数据的间接来源是指通过直接来源以外的其它间接渠道和方式获取所需要的统计数据。间接来源的数据资料通常是他人为其他目的而调查收集、整理和使用过的统计数据资料，对于他人而言曾为第一手资料，然而对于再次使用者而言则为第二手资料。

使用第二手资料的必要性和必然性是显然易见的，不容忽视。在现代信息社会中，信息量（其中很大部分表现为统计数据）成倍增长，要获取信息，事事都从头做起，既不必要也不可能；必须学会借他人之手，得到为我所用的信息。信息，包括绝大多数统计数据，都是具有开放性质的，是为社会所共有、共享的；就看谁会利用，谁能利用得好。

第二手资料的来源途径广泛而多样，仅就社会经济统计资料而言，主要有：

(1) 公开出版的各类统计年鉴和统计资料汇编（见表1-1）。

公开出版的统计年鉴和统计资料汇编　　　　　　　　表1-1

统计年鉴与统计资料	出版社与出处
中国统计年鉴	中国统计出版社
中国信息报	中国信息报报社
中国城市统计年鉴	中国统计出版社
中国工业经济统计年鉴	中国统计出版社
中国劳动统计年鉴	中国统计出版社
中国物价统计年鉴	中国统计出版社
中国金融统计年鉴	中国金融出版社
中国固定资产投资统计资料	中国统计出版社
中国社会统计资料	中国统计出版社

续表

统计年鉴与统计资料	出版社与出处
中国农村统计资料	中国统计出版社
城镇居民家庭收支调查资料	中国统计出版社
国民收入统计资料汇编	中国统计出版社
国外经济统计资料	中国财政经济出版社
世界工业统计汇编	中国统计出版社
中国海关统计	中华人民共和国海关总署
世界经济年鉴	中国社会科学出版社

（2）经新闻媒体而公开发表的各类统计资料和统计数据，如国家统计局通过新闻机构定期向社会发布的统计公报和重要统计信息等等；

（3）报刊杂志上发表的论文和出版发行的书籍和专著中所使用的各类统计数据；

（4）各类内部统计资料和内部文件、档案中的统计数据。

收集和使用第二手资料并非易事，应特别注意如下几个方面的问题：

（1）目的要明确，即"需要什么资料，干什么用？"这样才能在浩如烟海的资料中明确查阅范围，而不至于盲目行事，空耗时日。

（2）熟悉查询途径。一是了解图书馆、档案馆、有关资料室的借阅程序和图书资料分类方法；二是学会阅读和使用各种索引，如分类目录索引、主题词索引、著者姓名索引等等。

（3）了解掌握有关报刊、书籍、年鉴的出版发行情况。

（4）注意平时的长期积累，平时阅读时，见到有用的资料就摘录下来，可制成卡片注明出处分类保管。

（5）使用第二手资料要特别注意弄清资料来源，注明出处，以备查考；这既是对资料提供者的权益的承认与尊重，也是对读者负责。

（6）使用第二手资料时，要明确指标定义和数据含义；要检验、辨别和判断资料的真伪及准确程度。对于不可信、不准确的资料不要用，不要做以讹传讹的事。

（7）对第二手资料既要忠于原资料，又要做到为我所用。可根据新的目的要求对原资料做合理地重新分组和重新整理汇总；但不能牵强附会，改变原资料的性质。

三、统计数据的基本类别及计量水准

统计分析中统计数据常常被称之为变量，变量即同类数据的集合。变量由名称定义和取值内容两部分构成，如前面所举例子，"利润"是变量名称，"86万元"是变量的取值内容；"职业"是变量名称，"建筑工人"是变量的取值内容。之所以称为变量。是因为就大量同类数据而言，一个变量可有（或可能有）不同的取值。"利润"还可有"10万"、"20万"、"200万"等等一系列的取值；"职业"则还有"医生"、"教师"等等取值。变量的不同取值是统计数据对客观现象具体特征差异的反映。在特定的条件下，变量的取值往往有一定的范围限制，即变量的取值范围。如"企业职工的年龄"变量，其取值范围一般就为"16～60岁"。当变量的取值范围小到只有唯一选择时，变量即为常量了。如研究6岁儿童的智力差异时，年龄就是常量了。

根据变量取值内容的形式不同，变量首先可区分为属性变量和数值变量。属性变量的取值内容是以概念的形式来表现的，如职业是"建筑工人"；数值变量的取值内容是以数值形式来表现的，如利润"86万元"。

再依据变量取值的计量水准高低不同，属性变量可进一步区分为定类变量和定序变量，数值变量则进一步区分为定距变量和定比变量。

（一）定类变量

定类变量（又称列名变量）是计量水准最低的一种变量，如性别、民族、工程、施工地点等，这种变量的取值只有类别属性的划分，而无大小、高低、先后之别；根据其变量值，我们只能知道观察和研究的对象是相同的还是不同的。如性别分男性、女性，民族分汉、回、蒙、藏……，工种分电工、车工、钳工等等，施工地点分甲地、乙地等等。从计量水准来看，定类变量只具有等于或不等于（=、≠）的数学运算特性。

（二）定序变量

定序变量（又称顺序变量）是计量水准较定类变量高一个层次的属性变量，其取值不仅有类别划分，而且还具有大小、高低、优劣、先后等顺序之排列和等级之比较。例如，文化程度有"大学、高中、初中、小学、文盲"，态度有"赞成、接受、不接受、反对"，施工质量有"全优、达标、未达标、差"。从计量水准来看，定序变量既具有等于或不等于（=、≠），还具有大于或小于（>、<）的数学运算特性。

（三）定距变量和定比变量

定距变量（又称间隔变量）和定比变量（又称比率变量）都是比属性变量计量水准更高的数值变量，它们的取值除了具有类别差异和次序排列的性质外，还可以计算出不同取值之间的数值差距；所以，它们除了具有等于、不等于和大于、小于（=、≠，>、<）的运算性质之外，还具有进行加或减（+、−）运算的功能。例如，年龄有（30−10=20），10岁与20岁之差距加上20岁与30岁之差就等于10岁与30岁之差距（（20−10）+（30−20）=（30−10））。

定距变量和定比变量的差别是，定距变量的取值在计量意义上没有一个绝对零点，而定比变量有。所谓绝对零点是指数值0值为变量计量的起点，表示数量为"无"即"没有"的意思；如重量0kg、长度0m、工资0元、产量0t等。在没有绝对零点的变量中，数值0不是计量的起点，不表示"无"或什么都没有，而是一个有意义的数量；如温度中的摄氏0度，表示一种温度状态（冰点），而不是没有温度的意思；再如日期时间变量中的某日0时，表示某一种特定的日期时刻而非没有时间。

定比变量比定距变量有更高的计量水准，即在其取值之间具有一定的比率关系，可进行乘除运算；如重量100kg是300kg的三分之一（100÷300=1/3），300kg的两倍是600kg（300×2=600）。那么，定距变量的取值是否可以进行这种乘除运算呢？严格地说是不行的，其运算结果是没有意义的；如说温度9度比3度高6度（9−3=6），意思是清楚的，但说9度是3度的三倍（9÷3=3），则意义不明确（这样说实际是把0度作为温度起点了）；同理，如说温度3度比零下3度高6度［3−（−3）=6］，意思清楚，而说3度是零下3度的几倍，则无法表达了。事实上，在社会经济现象的数值变量中绝大多数是定比变量，定距变量较少。

表1-2给出了上述四种类型变量的计量水准和描述统计量的差别比较。

四种变量计量水准及描述统计量   表 1-2

变量类型	计量水准（运算特征）	统计描述（统计量）
定类变量	=、≠	频率、众数
定序变量	=、≠，>、<	频率、众数、中位数
定距变量	=、≠，>、<，+、−	频率、众数、中位数、均值/全距、四分位差、方差、标准差
定比变量	=、≠，>、<，+、−，×、÷	频率、众数、中位数、均值/全距、四分位差、方差、标准差

第二节 统 计 调 查

一、统计调查方案设计

在社会经济领域，统计调查是取得研究社会经济现象和管理社会经济活动所需要的统计数据资料的基本手段。统计调查就是根据已确定的研究目的和要求，灵活运用科学的调查形式与调查方法，有组织、有计划、有步骤地对研究对象实施直接调查，以取得有关统计数据资料的活动过程。

组织一次统计调查，无论是全国性的大规模调查，还是小范围的专题性调查，首要的工作是制定一份完整、周密的调查方案，以指导整个调查工作的实施。

统计调查方案的内容包括：调查目的、调查对象与调查单位、调查项目与调查表（或问卷）、调查组织形式与方法、调查误差控制与计算、调查时间与步骤、调查人员与机构、调查经费预算等等。分述如下：

（一）调查目的

调查目的，即调查要了解什么问题，要收集什么资料。通常，调查目的与统计研究目的是直接相关的，但调查目的应更加具体和明确。调查的目的愈明确、愈具体愈好。这是因为调查目的决定着调查对象、内容和方法。目的不确定或不明确，则其他工作都无从做起。

一次调查可以是单目的，也可以是多目的的。多目的时，一般有一个是主要目的。确定一次调查的目的多寡，首先看需要；其次看可能，即人员、设备、经费、时间的投入情况；最后还要考虑各目的之间是否矛盾和相互干扰，尤其不能影响主要目的的实现。

（二）调查对象与调查单位

确定调查对象和调查单位是为明确向谁调查。调查对象，通常是指调查总体，即所要调查的现象全部。调查单位，则是指构成调查总体的相对独立的现象个体（又称总体单位）。确定调查对象即给出调查总体的定义和界限，亦即明确了调查的实施范围；明确了调查单位则指明对谁做直接的调查，谁是调查内容、调查项目的承担者。例如，1985年我国进行的全国工业普查，其调查对象是全国范围内的全部工业经济活动；调查单位是国内每一家独立经营与核算的工业企业。

有时还需要确定调查表的填报单位，又称报告单位或申报单位。有时填报单位与调查单位是一致的，有时不一致。如人口调查中，调查单位是个人，而其填报单位可以是户，即以户为单位申报。

（三）调查项目与调查表（或调查问卷）

根据调查目的和调查对象确定调查的内容，调查内容则又通过具体的调查项目表现出来的，调查项目即调查者想要获得的基本资料，通常以提问的方式给出。调查项目必须是针对调查单位而设置的，其答案是对调查单位个体特征的描述。常见的错误是针对调查总体设置调查项目，即把将来在统计分析中可获得的某些总体特征作为调查项目。如对某企业员工的工资收入状况进行调查，调查对象是该企业全部员工，调查单位是该企业的每个员工，其主要调查项目应是："你上月的工资收入是多少？"而不应是："上月全公司员工的平均工资收入是多少？"或"上月你们部门员工的平均工资收入是多少？"很明显，后两个问题的答案是在对此次调查资料的汇总和分析后才可能得到的对员工总体收入水平特征的描述，而对员工个人直接提问是得不到答案的。

调查项目拟定得好坏，直接影响调查结果的质量。设置一个调查项目既要考虑需要，还要考虑现实可能性，要考虑到调查中是否能得到回答，如果不能，再好再需要的项目也必须舍弃。调查项目的设置还有许多技巧。如排列的顺序，提问的方式，以及提问的语气等等都会对收集的统计数据质量产生影响。这里不一一列举。

调查项目依据是否给出选择性答案又可分为开放型、封闭型和半封闭型三种。对提问给出固定的选择性答案是统计调查的一项重要的技巧，它将使调查所获得的资料更规范、更准确，也更容易整理、分析。当然，这要求答案设计要科学并符合研究的要求，要做到不重不漏，概括全部可能的情况。有些问题则无法或不宜设计成封闭型项目，如"您从事什么工作？""您的年龄？"之类的问题。

将调查项目及选择答案按一定的顺序排列在一定的表格上，即为调查表。调查表是实施调查的基本工具，其设计的基本要求是：简明扼要、方便填写、便于汇总。调查表的格式并无固定要求，根据项目的多少、文字的长短可灵活设计；但一般要求文字尽可能简短明确。调查表的基本结构包括：表头、表身、表脚和填表说明四个部分。表头为表的名称及编号等；表身为表的主体，通常包括调查项目、栏号与编码、计量单位、选择答案和填写答案空格等等；表脚包括填报人、调查员及审核人员的签名和填表日期等；填表说明是附在表后的文字说明，主要是就填表方法和一些调查项目的含义所做的解释。

调查问卷是调查工具的另一种基本形式，一般为调查项目的非表格形式的简单罗列；其在格式上较少约束，在文字叙述上有更大的空间和灵活性，因此编制起来有更大的自由度。

（四）调查组织形式与方法

在社会经济活动中，统计调查的基本形式包括：普查、抽样调查、重点调查、典型调查和统计报表制度等；而具体收集资料的方式与方法则更是灵活多样，如登记调查、通信调查、电话调查、访问调查、直接观察等等。选择哪一种组织形式和具体实施方法是调查方案中应予考虑的。

确定一次调查活动的组织形式和实施方法，应首先明确各种统计调查形式的特点，再根据研究问题的性质、调查的目的和调查对象的性质特点，进一步考虑调查所能投入的费用、人员和设备条件，以及时间、地点方面的限制和数据准确程度上的要求等等来选择决定。在具体的实施方法上，还应因地制宜、实事求是地根据实际情况作出特别的设计和安排。

（五）调查误差控制与计算

在调查方案中，还应包括调查误差的检验控制方法和计算方法。特别是对于抽样调查来说更需如此。首先对于可能产生的调查登记误差，应在调查实施阶段即安排调查质量的复查检验和纠错工作，以把此种误差尽可能地消灭在调查登记阶段；其次，对于抽样误差，应根据抽样方案给出相应的抽样误差计算公式及调控方法。

（六）调查时间与步骤

调查方案中调查时间有两种含义：一是指实施调查的时间，即调查工作从何时开始、何时结束，以及工作实施步骤的时间安排；二是指所调查现象的时间规定性，即时期现象的时期规定和时点现象的时点规定。两种调查时间在调查方案中都必须有明确规定。

统计调查的工作步骤因调查规模、调查内容的不同而有不同，一般说来应包括如下几个阶段：调查的提出与酝酿、调查方案设计、调查的宣传与准备、调查试点、方案调整、调查人员培训、正式调查登记、质量复查检验、调查资料的集中等。

（七）调查人员与机构

是否设立专门的调查机构，应视调查的规模、性质和调查的力量而定，但调查人员的组织与培训是必不可少的。不是任何人都可以充当调查员，调查人员必须具备基本的文化素质和一定的专业知识。因此，除专业人员外，对其他临时招聘、借用的临时调查人员要给以专业培训，使其了解调查目的，熟悉调查对象和调查内容，学会一些调查方法。另外，人员在调查实施过程中的组织安排，必须做到分工明确、责任清楚。

（八）调查经费预算

调查经费是统计调查的一个重要的制约因素，经费的筹措和使用是进行调查的经济保障，对调查的举办与成功有着举足轻重的影响，因此，调查方案中必须包括全部活动的经费预算，并且必须保障有充足确定的经费来源。

二、全面调查

在统计研究中，通常把所研究、考察的某类事物或某种现象的全部定义为一个统计总体；而把总体内部构成总体的一个个相互独立的、同类的个体事物或现象称为统计个体或总体单位。例如，一个国家或一个地区的建筑业活动可视为一个统计总体，构成这一总体的总体单位是该国或该地区的一个个独立核算并具有法人地位的建筑业企业。

统计调查中的所谓全面调查即指对所研究的现象总体中的所有总体单位无一例外地逐一进行调查，其调查范围覆盖了整个总体。无疑，调查所获得的资料是反映总体的全面资料。如某公司工会为了解本公司职工对《公司职工住房分配方案》的意见，而请公司每位职工填写了"分房意见调查表"，即为一次全面调查。对于较大规模的社会经济统计调查而言，全面调查的基本形式有普查和全面统计报表制度两种。

（一）普查

普查，又称普遍调查，是全面统计调查的重要形式，对了解和研究数量规模巨大、分布范围广泛的基本社会经济现象具有着重要的意义。如我国自1980年以来，在全国范围内举行了两次人口普查（1982、1990），一次工业普查（1985），以及一次农业普查（1997）等等。这些全国性的普查为摸清和掌握我国的国情国力，为我国的社会主义市场经济建设提供了重要的基本信息。

可以看到,全国性的大规模普查一般都是为了一定的特殊目的而举办的,具有较强的专门性质。这是因为,这么大规模的调查如搞成综合性多目的调查,将很难于操作和保证质量。

普查的实施有两种基本方式:一种是设立专门的普查机构,配备专门的调查人员,依据调查表对调查对象进行直接的调查登记;另一种是将调查表直接发放到基层填报单位,由填报单位根据已掌握的资料和情况按要求进行填报。普查资料的汇总也有两种基本方式:其一叫做逐级汇总,即将普查的直接调查登记资料,按普查的组织行政(地区)系统进行逐级的汇总、上报,直至普查的中央机构;其二叫做超级汇总,即将普查的调查登记资料由基层普查机构直接上报给中央普查机构,由中央机构进行直接的一次性汇总。

普查的最大优点是取得的资料全面、准确,这往往是其他调查方式难以替代的。但它也有着明显的局限性:首先涉及面广,工作量大,参与人员众多,组织工作复杂,所需的人、财、物投入相当大,且要在短期内集中投入;因此,普查不能经常搞。其次是调查项目不能过多、过难,调查内容不能过深,只能就现象一般普遍的特征进行调查;这是因为普查的普遍性使其难以关注许多特殊性的问题,大量非专业人员的参与使一些有难度的项目得不到回答或登记误差增大。

(二)全面统计报表制度

一般地说,统计报表是一个组织机构系统内部自下而上反映情况、汇总基本信息的工具。我国政府作为国家宏观经济的管理者和协调者,为收集广泛的社会经济统计资料而制定有一套全面统计报表制度。根据这一制度,政府统计部门自上而下地向各级各类社会经济组织和机构统一制发各类统计报表,再由基层组织自下而上地逐级填报汇总。

统计报表制度的执行是受国家法律保障的。《中华人民共和国统计法》规定:全国各地区、各部门、各单位、及每个公民都有接受国家统计部门的正当调查,并如实反映情况,填写统计报表的义务。任何组织和个人,包括各级组织的领导人,弄虚作假填报假资料,或干涉统计人员如实填报统计报表,都是一种违法乃至犯法的行为。

统计报表有不同的种类:

按报送的周期不同,统计报表分为日报表、旬报表、月报表、季报表、半年报表和年报表等。习惯上日报表和旬报表称作进度报表,仅包括少数最重要的项目。月报表、季报表和半年报表称为定期报表,调查项目较进度报表要多一些。年报表简称年报,是包括项目最多,调查内容最全面的统计报表。

按报送方式不同,统计报表分为邮寄报表、电讯报表和专递报表。电讯方式包括:电话、电报、电传和计算机联网等方式。随着计算机的普及和联网,统计资料的传递将成为轻而易举的事情。

按制发报表的单位和报表实施范围不同,统计报表分为国家级的国民经济基本统计报表、各行业部门的专门报表和各地方政府的地方统计报表。

按填报单位不同,统计报表分为基层统计报表和综合汇总统计报表。

按调查范围不同,统计报表分为全面报表和非全面报表。

统计报表制度曾是我国政府统计工作收集统计资料的主要方式,为我国的国家建设与管理提供了大量的统计资料。其所提供的资料具有经常、系统、全面的特点;其逐级汇总过程，也为各级行政管理部门提供了资料。但是，它也带有缺陷，一是滥发报表，使基层单位报表泛滥；二是报表填报汇总过程中极易受到各级领导的不正当干涉，造成数字虚假；三是不能适应社会主义市场经济的发展的需要，市场主体的多元化使主要靠行政手段来推动的统计报表制度陷入困境。改革和完善我国的统计报表制度已是势在必行。

三、非全面调查

在实际生活和工作中，许多时候我们会面临如下这样的一些情况：

例一，要对刚刚购买的一大批建筑水泥的强度质量进行检验。

例二，了解市场上某种商品，如建筑木材的价格水平。

例三，请一位同志在很短的时间，如半天之内了解一下广大职工对《公司职工住房分配方案》的意见。

我们应该如何处理这样的一些问题呢？很显然，全面调查即收集有关上述问题的全面资料似乎是不可能或者是不必要的。不可能对全部水泥的强度都进行检验；也不必收集市场上建筑木材的所有成交价格；了解职工的意见也不一定每个人都问到。我们只要采用非全面调查的方法和技术，花费比全面调查（如果能进行的话）小得多的力气和费用，少得多的时间，就可以达到目的。

所谓非全面调查是指对总体内的部分单位进行直接调查，取得非全面资料的调查方法。具体包括：抽样调查、典型调查和重点调查等几种形式。

（一）抽样调查

抽样调查，又称随机抽样调查，就是依据随机原则从统计总体中抽取一部分单位（个体）作为样本单位构成样本（又称样本总体），通过对所有样本单位进行直接调查获得样本资料，再由样本资料汇总计算出样本指标（样本统计量），进而对总体的相应指标（总体参数）作出推断，达到说明总体的目的。对总体参数的推断是根据概率论的原理，在一定的把握程度下和一定的误差范围内进行的。

所谓随机原则，是指样本的抽取是在"总体中每一个单位都有同等被抽中可能性"的前提下抽取的。譬如，掷一枚质地均匀的硬币，它的正反面出现的机会是相等的，都是二分之一。这就是随机原则的具体表现。

抽样调查方法对各种对象、各种环境和条件都有广泛的适应性，其具体组织形式则又因不同的要求和条件又有所不同，主要有：简单随机抽样、等距抽样、整群抽样和分阶段抽样等几种。

1. 简单随机抽样

简单随机抽样，又称纯随机抽样，是最基本的随机抽样方式，它对总体单位不做任何组合和分类，依随机原则直接从总体中抽取样本。如我们平时常见的抽签、抓阄和摇奖之类形式。当总体容量较大时，可先给所有总体单位排序编号，再利用随机数码表或计算机、计算器上的随机数生成系统抽选编号，组成样本。

简单随机抽样又分为重复抽样（放回式）和不重复抽样（不放回式）两种形式。重复抽样是指每抽中一个单位观察记录后还将其放回总体中去，再抽取下一个单位。这样保证每次抽取时总体构成不变，而已被抽中的单位仍有被抽中的可能。不重复抽样是指每次抽中的单位不再放回总体中去，从而每次抽取之后总体容量和构成都发生了变化（少了一个单位），但各单位被抽中的可能性仍是相同的。重复抽样和不重复抽样在抽样推断和抽样误差计算上有不同之处，所以应注意区分。

在实际应用中，简单随机抽样主要适用于总体容量不是很大，所观察的现象特征分布比较均匀的情况；其次是作为其他抽样方式的基础而使用。

2. 等距抽样

等距抽样，又称机械抽样或系统抽样，即首先将全部总体单位按一定的特征标志进行排序编号，再依样本容量与总体容量的比值确定抽样间距，然后在总体排序的第一间距内，以纯随机方式抽取一个单位，再自被抽中单位的序号起向后类推，每推移一个抽样间距抽取一个单位直至最后，由全部被抽中的单位构成样本。

例如，从某公司1200名职工中抽取80人组成样本，调查职工家庭经济状况。首先将全体职工按班组、工号重新大排序，计算抽样比为1/15（80/1200），抽样间距为15；然后，自第一间距即前15名中，随机地抽取一名，假定是第8名，再依抽样间距向后类推，每推移15人抽取一人，最终抽出编号为8、23、38、53、……、1178、1193的共80人组成的样本。

等距抽样的优点是，使样本在总体中分布比较均匀，可提高样本的代表性，并可简化抽样过程。其局限性是，总体容量不宜过大，并要有全部总体单位的登记册，否则排序编号将发生困难；其次是排序中要避免现象出现周期性变化或一致性的趋势，这将使样本发生系统性偏差。例如，按职工的出生年月排序等距抽样，研究职工的工资收入情况。这个样本就可能是含有系统偏差的样本。为什么？请读者自己考虑。

3. 分层抽样

分层抽样，又称类型抽样，通常是对内部性质差异较大的总体现象进行抽样调查时所采用的抽样方式。具体方法是首先将总体按其内部性质差异划分成几个性质不同部分（称为层或类型），然后分别按比例在每一部分中以随机方式抽样本单位，共同构成样本。

例如，要对某市所有120家建筑公司的质量进行抽样调查。已知这120家建筑公司按规模划分，大型12家，中型36家，小型72家；又知计划抽取20家公司作为样本进行直接调查，抽样比为1/6。按分层抽样方式进行抽样，则从大型公司中随机抽取2家（12×1/6），中型公司中随机抽取6家（36×1/6），小型公司中随机抽取12家（72×1/6），共同构成调查样本。

分层抽样的优点是，在相同条件下，它的抽样误差较简单随机抽样和等距抽样的误差小。但分层抽样要求抽样前对总体情况已有较多的了解。

4. 整群抽样

整群抽样，又称群体抽样，也是先将总体划分为若干个部分（这里称群），然后在群间进行随机抽样，由抽中的群构成样本，群中的所有单位均为样本单位，对它们进行直接调查。

例如，某建筑公司对其去年交付使用的居民楼的建筑质量进行回访，采用了从每座楼随机抽取一个单元门，对该单元门的所有住户进行入户走访调查的整群抽样方式。

值得注意的是，整群抽样和分层抽样都是要先对总体进行划分，但整群抽样划分的依据不同于分层抽样，不是要区分各部分的类型差异，而是相反，划分时要尽量避免造成各群间存在明显的性质差异。简单地说，分层抽样要使组（层）内差异小，组（层）间差异大；而整群抽样则要使组（群）内差异大，组（群）间差异小。

5. 分阶段抽样

分阶段抽样，又称多段抽样，就是把从总体中抽取样本的过程，分成两个或多个阶段来进行的抽样方法。其具体步骤是，先将总体按不同标志作两级或多级的划分；然后先对一级单位进行抽样，在被抽中的一级单位内再对二级单位进行抽样，依此类推，一直抽到基本调查单位。

例如，前例的建筑质量回访调查，如在每个被抽中的单元门栋内，再抽取三户作为样本单位进行入户调查，即为两阶段抽样调查。

分阶段抽样方式主要应用于总体容量很大的大规模抽样调查活动之中，如全国农产量抽样调查、全国职工工资水平比较抽样调查等等，可大大地简化抽样过程，减少抽样的工作量。在抽样的各个阶段上，根据对象特点，可采用前述各种不同的抽样方法，以取得最佳的抽样效果。

（二）重点调查

重点调查是针对某一类现象所经常采用的一种非全面调查方法，这类现象的总体是由较大量的总体单位组成，然而就现象的一些主要特征而言，其总体内很少数一些单位就占有了总体全部的很大比重。因此，重点调查只是有针对性地对这些少数重点单位进行直接调查，即可得到反映总体特征基本状况或大致轮廓的资料，从而对总体有一大体上的，而非全面的把握。

例如，我国最常见的重点调查是全国钢铁产量调查及钢铁生产能力的调查。只要对鞍山钢铁公司、宝山钢铁公司、武汉钢铁公司、包头钢铁公司、攀枝花钢铁公司等少数几个大型钢铁公司进行直接调查，即可掌握全国钢铁生产的基本情况。

重点调查的好处在于调查单位不多，花费的力量不大，却能掌握到对全局有决定性影响的情况。但是，与抽样调查相比，重点调查的数据不能对总体作出具有统计学意义的推断。其次，重点调查方法的应用，仅限于具有少数重点单位存在的现象调查。

（三）典型调查

典型调查，是在对所研究现象已有初步认识和研究的基础之上，为进一步深入研究有关问题，而有意识地从研究对象中选取若干少数具有代表性和典型意义的单位，进行面对面的深入细致的直接调查，以取得深入认识和研究现象的有关资料。

典型调查的关键是选择真正具有代表性意义的典型单位。什么样的单位才是典型单位，并无一确定标准，主要是根据研究的目的和问题来确定。例如，如果是为了了解总体的一般性特征，应选择中等程度或水平的单位；而如果要研究现象的某些特殊表现，如总结成功或失败的经验或教训，则应选择具有各种特殊表现的单位。

典型单位的选择往往易带有较大的主观随意性，这是典型调查方法的主要缺陷，容易造成对现象认识的重大偏差。所以，应用典型调查得到的数据和结论推及其他单位或推及总体时要特别小心，并且不能做统计学意义上的推断。

第三节 统 计 整 理

一、统计整理过程

经过统计调查阶段的工作，通常我们获得的是大量的调查数据资料，一般称为原始资料。例如，某建筑公司机关50名员工的性别和某月工资收入的调查数据如下：

性别	男	男	男	女	女	男	男	男	男	女	男	女	男	男
工资（元）	894	682	927	745	800	655	770	833	755	878	851	640	793	944
性别	女	男	男	男	女	男	女	男	男	男	男	男	女	男
工资（元）	800	709	854	800	760	824	817	861	715	876	715	720	624	786
性别	女	男	男	男	男	男	男	男	女	女	男	女	男	男
工资（元）	770	909	830	817	730	801	780	812	810	755	961	791	793	820
性别	男	男	男	男	女	男	男	女						
工资（元）	821	666	787	743	720	771	888	909						

直观地来看，我们很难从这一数据资料中获得一些整体的信息。如果数据再多一些的话，恐怕连数据中的最小值和最大值也难以找到。这是由于调查数据所处的分散和无序状态造成的。统计整理工作就是通过一定的方法对原始调查数据进行整理，使无序的数据有序化、条理化，使分散的数据汇总集中，使仅仅反映调查单位个体特征的数据转化为能够显示现象总体特征和规律性的数据资料，从而为进一步的统计分析奠定基础。

统计整理过程主要包括如下内容步骤：

1. 对原始资料的审核

原始数据资料的可靠性是非常重要的。因此，统计整理的第一步是对调查资料的再一次复核。审核主要从数据的完整性和准确性两个方面进行。完整性是指，应该调查收集的数据是否都收集了，有无遗漏或重复；准确性是指，调查数据有无逻辑错误，以及数据的计量单位、计算方法和计算机录入、编码等方面有无错误。有些数据错误还可以在以后的数据整理过程中被发现，亦应及时纠正。

2. 数据排序

对一群如前例工资数据那样的分散无序的数据资料而言，排序是最初步的数据整理方式。现将前例50人月工资数据依升序排列如下（见表1-3）：

50人月工资数据排序（升序）（单位：元） 表1-3

624	640	655	666	682	709	715	715	720	720	730	743	745	755
755	760	770	770	771	780	786	787	791	793	793	800	800	800
801	810	812	817	817	820	821	824	830	833	851	854	861	876
878	888	894	909	909	927	944	961						

通过排序，我们可以清楚地看到数据具有明显的集中趋势和规律性分布，这就是该单位员工月工资水平大致在600元到1000元的范围内，绝大多数人的月工资则是在800元左右的水平上波动，收入偏低和收入偏高的人都是少数。如果资料的数据个数非常多，成千乃至上万个，那么即使对数据排了序，恐怕也难以直接看出数据分布特征。即便如此，排序也是有益的，它可以使我们轻易获得数据分布的最小值和最大值，了解变量的取值范围和全距（最大值与最小值之差）。例如，上例中50名员工月工资数据的最小值为624元，最大值为961元，全距是337元。

进一步的统计整理工作是统计分组和编制频数分布,以及将统计信息正确地表列和图示出来。

二、统计分组与频数分布

（一）分组的意义

统计分组是数据整理的一种重要方式。其意义在于通过分组来揭示现象内部差异、结构和分布特征。

由前例经过排序的 50 人月工资调查数据（见表 1-3）可看到,每个数据之间的差异有大有小,还有差异为零,即几个数据完全相同的。正是这些大小不同的差异形成了现象整体的结构和分布特征。然而,这种个别数据间的差异有时往往过于细微、繁杂,使其难于清晰地显示出现象整体的结构与分布特征,特别是在数据量很多时尤其如此。而统计分组方法则是通过数据的分组归类汇总方式,抹煞组内差异,突出组间差异,以牺牲一部分信息细节为代价,使现象结构分布特征更加鲜明地显示出来。

如前例 50 人月工资数据,可分组汇总处理如下（见表 1-4）：

分组汇总表（频数分布表）　　　　　　　　　　表 1-4

月工资（元）	点计汇总过程	频数（人）	频率（%）	累积频数（人）	累积频率（%）
600～649	丅	2	4	2	4
650～699	下	3	6	5	10
700～749	正丅	8	16	13	26
750～799	正正丅	12	24	25	50
800～849	正正下	13	26	38	76
850～899	正丅	7	14	45	90
900～949	正	4	8	49	98
950～999	一	1	2	50	100
合　计		50	100	—	—

由表 1-4 中的频数和频率分布显示的 50 人月工资的分布情况,较表 1-3 中的简单排序,数据明显地简洁、明确、特征突出了。当然,也损失了每个人的具体工资数额这样的细节。

由表 1-4 中我们也看到,频数分布是统计分组与计数汇总的必然结果,是描述数据分布特征的基本形式,在统计整理中具有重要的作用。表中累积频数和累积频率分布另具有特殊的意义,例如,我们可以从中获得月工资在 700 元以下或 900 元以下的人数或人员比率。还可以编制反向的累积分布（递减累积分布）,获得在若干元以上的累积频数或频率的情况。我们在本课程后面,计算中位数和四分位差时,可看到对累积分布表的应用。

（二）分组类型

统计分组的形式有多种。依据分组变量的类型不同,有属性变量分组和数值变量分组。如对企业员工按性别进行分组,就是属性变量分组,更确切地说是定类变量分组;而按月工资水平分组,则是数值变量分组。数值变量分组,又分为组距式分组和非组距式分组。组距式分组,如前例表 1-4 中的按工资水平分组。组距式分组一般尽可能采用等距形式,有利于数据比较;在特殊条件下也有采用不等距形式分组的,如将全部人口划分为：0～15 岁

(少儿人口)、16～59岁（劳动人口）、60岁及以上（老年人口）。非组距式分组一般仅限于离散变量，因为它的每一组取值都是一个确定的数值。例如北京市居民家庭规模分组数据如表1-5所示：

北京市居民家庭规模　　　　　　　　　　　　　　　表1-5

家庭规模	户数	%	家庭规模	户数	%
一人户	26620	12.5	五人户	18162	8.5
二人户	42550	20.0	六人户及以上	13092	6.2
三人户	71192	33.4	合计	212883	100.0
四人户	41267	19.4			

资料来源：《中国1990年人口普查10％抽样资料》

表1-5中的最后一组"六人户及以上"和前面所举例的"60岁及以上"组均为开口组。开口组的使用要尽量避免，它会对数据的进一步处理带来一些麻烦，如计算平均数等。组距式分组又有连续型分组和离散型分组两种形式，以前面50人月工资的资料为例，两种分组形式如下：

按月工资分组（元）	按月工资分组（元）
（离散型）	（连续型）
600～699	600～700
700～799	700～800
800～899	800～900
900～999	900～1000

离散型分组主要适用于离散变量，但因它较易于理解，有时对连续变量也采用这种形式，然而这时其各组上限均为开口，即"600～699"实为"600～699.99……"的含义。连续型分组给人以交叉重叠的印象，但实质是有一个各组"下限闭区间，上限开区间"的隐含定义，亦即两组交点之处数据依"就高，不就低"的原则归入高值组，从而避免了分组重叠。连续型分组更适于连续变量，意义更清楚，描述得更准确。

以上所举例子都是单变量分组，又称简单分组，还有一种较为复杂的多变量分组。多变量分组是指，依据同一对象的多个变量的观测调查数据，对研究对象作多重的分组。这种分组资料一般多用于多变量的相关研究之中，以期揭示现象之间和现象变动的更深刻的联系和原因。多变量分组的具体形式有两种，一种是复合式，一种是交叉式。以前面50人性别和工资数据为例，可编制如下双变量复合式分组表和双变量交叉式分组表（见表1-6、表1-7）。

双变量复合式分组表　　　　　　　　　　　　　　　　　　　　表1-6

工资分组（元）	600～699			700～799			800～899			900～999			合计		
性别分组	计	男	女	计	男	女	计	男	女	计	男	女	计	男	女
人数（人）	5	3	2	20	14	6	20	15	5	5	4	1	50	36	14

双变量交叉式分组表（单位：人） 表 1-7

工资分组（元）	男	女	合　计
600～699	3	2	5
700～799	14	6	20
800～899	15	5	20
900～999	4	1	5
合　计	36	14	50

（三）频数分布

在分组基础上，将落入各组中的数据作点计汇总，然后将各组汇总的频数依分组顺序排列，即为数据的频数分布。前面表 1-4、表 1-5 均为数据的频数分布。编制一个频数分布首先的工作是恰当的分组，其基本原则是"不重不漏，排列有序"。所谓"不重"，是指各组之间具有互斥性，组与组不得重叠、重复；所谓"不漏"，是指所有各组的范围要能覆盖全部数据，而不让一个数据遗漏。分组数目的多少并无确定的标准，主要取决于数据的数目和全距的大小。数据愈多、全距愈大，则分组就应愈多。比较表 1-4 和表 1-7 对同一数据资料的粗细不同的分组结果，可看到分组数目过少（如表 1-7），则使数据分布原有的特征被掩盖和抹煞了。

三、表列与图示

经过统计整理的数据通常以统计表或统计图的形式表现出来，其目的在于将现象特征更直观、更鲜明地表现出来，以便于交流及进一步的分析研究。

（一）统计表

统计表是用来表现统计数据资料的表格形式，具有简明、确切、条理化等特点。从前面我们所用的统计表来看（参见表 1-5），其基本结构包括：表上方的表号、总标题和头注，表内的纵标题、横标题和数据，表下方的脚注。现就统计表的编制要点介绍如下：

(1) 总标题要说明三个"W"。即"WHAT"——什么内容的表，"WHEN"——时间限制，"WHERE"——空间范围。

(2) 纵标题与横标题。纵标题是指表内左侧第一栏内的一系列标题（各行数据定义），通常为数据分组；横标题是表内上方第一行内的一系列标题（各列数据定义），通常为变量名称。纵标题和横标题的结合，才构成一个完整的数据定义，才能说明表中每一个纵、横标题交点上的数字意义。

(3) 表内数据的计量单位或量纲必须在适当的地方标出。如在横标题或纵标题的各单元中。当全表数据的计量单位或量纲一致时，一般在表的右上方表的头注中标出。

(4) 表内数据的排列应有一定的次序。可按时间先后，或空间位置，或数量大小来排列，也可按变量间的内在联系来排列。

(5) 表中空格应区分是资料暂缺，还是无意义空格。可在资料暂缺格中填入"…"，在无意义空格中填入"—"加以区分，并在表的脚注中注明。

(6) 统计表格式灵活多样，不拘一格。但习惯上为两侧不封口的形式，表内亦应少划线条为好。

（二）统计图

统计图因其直观、形象、生动、鲜明而被广泛地应用于社会生活之中。它在统计分析中亦发挥着重要的作用。计算机制图技术的应用，使统计图的精确、美观、生动、多样化大大地发展了。

从图形上分，统计图可分为几何图形、象形图和统计地图三大类，几何图形依其形态又有各种图形，诸如：条形图、圆形图、直方图、曲线图、立体图等等。

1. 图形举例

(1) 条形图和圆形图：

例：某单位员工文化程度状况如下图所示（见图1-1和图1-2）：

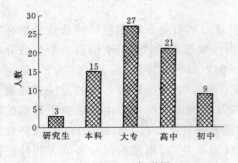

图1-1 条形图

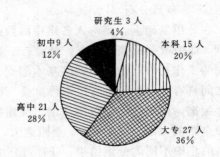

图1-2 圆形图

比较条形图与圆形图可看到，条形图更适于组间数据的比较，而圆形图更适于表现整体的结构比例。再看图1-3形式的结构条形图，其可用来表现现象结构的变动。

例：我国基本建设投资按建设性质的构成变动情况（见图1-3）：

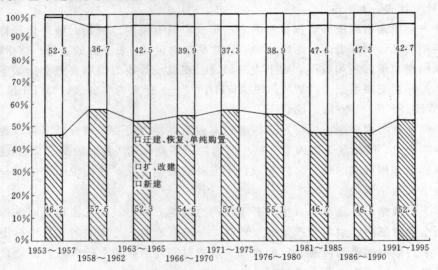

图1-3 结构条形图

(2) 直方图和曲线图

根据前面50人月工资数据的频数分布表（表1-4）的数据，可绘制如下频数分布直方图（见图1-4）和曲线图（见图1-5）：

(3) 立体图：

根据表1-4的数据，可绘制立体图（图1-6）。立体图比直方图更形象生动。

(4) 象形图：

有时用实物的形象绘制象形统计图，给人以直观清晰的印象。图 1-7 是 1953 年至 1995 年我国基本建设新增的炼钢能力；图 1-8 是 1954 年至 1995 年我国新增港口吞吐能力。该两图都是"象形图"

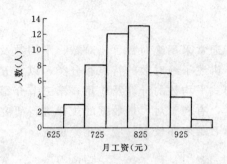

图 1-4 直方图

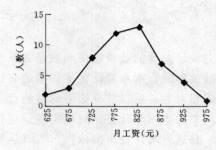

图 1-5 曲线图

2．作图时应注意的问题

在制作和解释统计图时，首先要特别注意尺度的作用。若把相同的数据用两种不同的尺度作成两张图，这两张图会给人以完全不同的印象。作图尺度的缩小，可以夸大数据间的差异；反之尺度的扩大，则给人以忽略数据间差异的印象。其次要注意图坐标的零点位置，并不是所有的图坐标都必须从零点开始的，但尽可能地使纵坐标从零点开始是有意义的，当纵轴数值很大时，可采用断轴方式来保留零点并压缩图形。

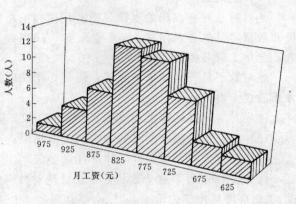

图 1-6 立体图

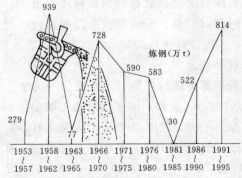

图 1-7 象形图（我国 1953 年至 1995 年新增炼钢能力）

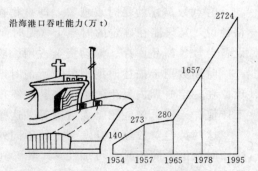

图 1-8 象形图（1954 年至 1995 年我国新增港口吞吐能力）

第二章　现象特征的数值描述

　　对统计总体的数量特征和数量关系进行描述，通常采用绝对数、相对数、平均数及离差等数值形式，本章对此做了详细的介绍。第一节讲述了绝对数的特点和分类，以及五种类型的相对数；第二节介绍平均数的意义和五种形式平均数的计算及应用；第三节介绍了几种离差的作用和计算。对现象特征进行数值描述，有利于对大量数据的规律进行研究和利用，是进行统计分析的依据。本章运算较多，学习难度亦较大，应予充分重视。

第一节　绝对数与相对数

一、绝对数

　　绝对数是对客观现象直接观测、计量和汇总的结果，是对客观现象存在的具体数量规模和数量特征的直观描述。如某建筑公司1996年全年总产值9400万元，年末职工人数543人，全年工资总额1173万元。

　　绝对数不是一个抽象的数值，而是一个反映具体客观事物的量，因此，具有如下三个方面的规定性：

　　（1）对所描述的现象或事物有确切的定义；

　　（2）有具体而明确的时间和空间范围规定；

　　（3）通常为有名数，有具体的计量单位。

　　例如，"460万"这个数值，是统计绝对数吗？不是，它只是一个抽象的数字。但如果说，"北京市某建筑公司1996年全年利润额460万元"，则它是一个确切的统计绝对数，描述了一个确切的事实。因此，平时我们在编制和使用统计绝对数时，要特别注意首先弄清这三个规定性方面的内容。

　　绝对数按其所描述现象的时间性质不同，可区分为时点数和时期数两种类型。

　　时点数描述的是时点现象，即事物在某一时刻（时点）所处的状态。而这种状态，严格地说，又只能在确定的时点上（无时间长度）才能说得清。例如，人口数量、企业数量、设备台数、商品库存、流动资金占用、职工人数等等。

　　时期数用于描述时期现象。所谓时期现象是指那种随时间推移不断发生的现象。时期现象在一定时期内发生的数量（累计额），即为时期数。例如，房屋建筑施工竣工面积、施工产值、工资总额、招工人数等等。这些现象在一个确定的时点上是无法描述的。

　　这两类绝对数除本身意义上的不同外，在序时数据的计算上亦有很大的差别。时点数的序时数据之间不具有可加性，其累积值无任何意义。如，已知某单位一月末、二月末、三月末的职工人数分别为120人、145人和134人。将三个数累加起来等于399人，没有任何意义，并非一季度职工总人数。而时期数的序时数据之间是具有可加性的，其累积值反映了较长一个时期现象发生的累积量。如，已知某公司一月份工资总额13万元，二月份14.8

万元，三月份 14.1 万元。三个月工资总额的累积额即一季度工资总额，为 41.9 万元。

在描述一个总体现象时，绝对数又被称为总量（或总量指标）。因与总体的关系不同，对总体的说明意义不同，总量又可分为单位总量和特征总量两类。单位总量，即为构成总体的基本单位（个体）的个数，可反映总体的构成规模。特征总量，则是总体某方面特征的总量表现。如，对于一个职工总体而言，职工人数为其单位总量，反映总体规模；工资总额为其特征总量，反映总体工资收入总量特征。

二、相对数

相对数是一个比值，即两个数值相除的结果。毫无关系的两个数字相除，不具有任何实际意义。所以，统计相对数是由具有一定联系的两个数据之比构成。相对数能够反映和描述现象与现象之间，以及现象内部的某种关系，所以，具有很强的分析功能。

（一）结构相对数

部分的量与整体的量之比，即为结构相对数，亦称比例、比重。计算公式为：

$$结构相对数 = \frac{部分量}{整体量}$$

例如，表 1-5 中的北京市居民家庭户中各种规模户型的百分比即为结构相对数。

结构相对数反映了部分和整体的关系，说明部分占整体的比重。整体内各部分的结构相对数之和等于 1，将它们排列起来即为频率分布（参见表 1-4），它们反映了现象整体的结构及其分布的特征，在统计分析中具有广泛的意义。而结构相对数的正确应用是以科学的分组为基础的。分组不当，将使它失去意义。

（二）空间差异比较相对数

空间差异比较相对数，简称比较相对数，是不同主体之间同类现象数量特征的比值，反映了同类现象的空间差异的程度。一般计算公式为：

$$比较相对数 = \frac{甲的某一特征值}{乙的同类数值}$$

例如，1986 年年末，北京市国有建筑施工企业共有固定资产（原值）134047 万元，城镇集体建筑施工企业共有固定资产（原值）20167 万元。其比较相对数为 134047÷20167＝6.65，即国有建筑企业的固定资产是城镇集体企业的 6.65 倍，这说明了，当时北京建筑业市场上国有企业力量的强大。

比较相对数的一种派生形式是比较差率，简称差率。公式如下：

$$差率 = \frac{甲的某一特征值 - 乙的同类数值}{乙的同类数值} = 比较相对数 - 1$$

就上例数据而言，比较差率等于 5.65，表明北京国有建筑业的固定资产实力较城镇集体建筑业高出 5.65 倍。

（三）动态比较相对数

动态比较相对数，简称动态相对数，又称速度比率，是反映现象随时间推移而发展变化的相对数。具体形式有两种，一是发展速度（又称变动率），一是增长速度（又称增长率）。计算公式如下：

$$发展速度 = \frac{比较期数值}{基期数值}$$

$$增长速度 = \frac{比较期数值 - 基期数值}{基期数值} = 发展速度 - 1$$

由公式构造可看到，同差率相似，增长速度只是发展速度的派生形式。在统计的动态分析中，速度指标是特别常用的，我们将在动态分析一章中进一步讲解速度比率的用法。

（四）相关现象对比相对数

相关现象对比相对数，是由两个性质不同但又具有一定联系的数据之比构成。它反映一个现象相对于另一现象（两个现象不同类）的相对关系状况。公式如下：

$$相关现象对比相对数 = \frac{某种现象的数量}{另一种现象的数量}$$

例如，一个国家或地区的人口数与土地面积数之比，称为人口密度（每平方公里人口数），表明该国家和地区人口与土地的相对关系状况。

$$人口密度 = \frac{人口总数}{土地面积}$$

再如，将企业的年产值与其全年固定资产平均原值相对比，可得该企业固定资产利用率指标（每百元固定资产产值），表明企业产出与固定资产的相对关系状况，也说明了固定资产的利用状况和利用效率。

$$固定资产利用率 = \frac{企业全年产值}{企业全年固定资产平均原值}$$

这类相对数的具体形式很多，许多社会、经济效益指标都属此类相对数，在社会经济领域中有广泛的应用。

（五）弹性相对数

弹性相对数，又称弹性系数或弹性，是两个相关现象在同一时期内的增长速度之比。反映了两现象在增长变动过程中的关联程度。其计算公式为：

$$弹性系数 = \frac{一种现象的增长速度}{同期另一现象的增长速度}$$

例如，将一定时期内居民食品消费的增长速度与居民收入的增长速度相除，即得到居民的食品消费收入弹性系数。该弹性系数说明，居民收入每增长百分之一，而导致的食品消费增长的百分比数额。

再如，将一定时期市场上的劳动力需求增长速度与同期的市场工资率的增长速度相除，即得到市场劳动力需求的工资弹性系数。研究表明，市场工资率的增加一般会导致劳动力需求减少，即劳动力需求负增长。所以，这一弹性系数一般为负数，说明市场工资率每增长百分之一，所带来的劳动力需求减少百分比。

三、相对数应用的几个问题

（一）相对数计量单位

从以上介绍可看到，相对数因其比较的内容不同有多种形式。概括言之，可划分为两大类。一类包括：结构相对数、空间差异比较相对数、动态比较相对数。它们的共同特征是均为同类现象之比较，分子和分母为同一计量单位，所以相除的结果均为无名数，一般采用百分数的形式，也可采用系数、倍数、千分数、万分数等形式。另一类包括：相关现象对比相对数和弹性相对数。它们是不同类现象对比的结果，前者是静态对比，后者是动态中的对比。静态对比的分子、分母都是绝对数，分别具有不同的计量单位，所以，相除的结果一般为复合计量单位。如人口密度的计量单位是"人/平方公里"，固定资产产值率的计量单位是"元/百元"等。弹性系数的分子、分母均为百分比，故其计算结果为无名数，通常采用系数而非百分数形式。

（二）遵守可比性原则

构造一个相对数必须遵守可比性原则，否则计算结果将无意义。所谓可比性是指，计算相对数的分子和分母之间，必须具备相对数所要求的那种可资比较或对比的关系。如对比较相对数来说，要求分子分母代表的是具有空间差异的同类现象，但不应有时间差异存在，即分子分母应为同期数据。不然的话就是缺乏可比性。例如，将北京市1996年人均收入与上海市1960年的人均收入相比较，其结果就难说明什么问题。对动态相对数则要求分子分母无空间差异，前后是一个东西，在数据定义、计算方法、计量单位（如计算价格）、统计范围等方面都具有一致性，而无大的变化，才叫具有可比性。

（三）基数的选择

在具备可比性的前提下，构造相对数还要注意基数选择的问题。所谓基数，就是与谁比，将谁作为比较的对象和标准。从统计研究的目的出发，正确地、适当地选择比较的对象和对比标准，可使相对数的意义更明确，内容更丰富，更能说明问题。

一般而言，结构相对数永远要以整体数量为基数，这是不言而喻的。动态相对数总是以前面时期的数据为基数，并把这一时期称作基期；作为基期的时期，一般应是现象发展较为稳定正常的时期。譬如描述新中国建立以来的发展进步，通常我们是以1952年而不是1949年为基期进行各种数据比较的。这是因为1949年我国的社会经济状况是经多年内战破坏的不正常状况，以此为基期将难以正确反映我国几十年来的发展进步。比较相对数的基数为比较的对象，选择谁为比较对象对比较结果有极大的影响。俗话说，"比上不足，比下有余，看与谁比了"。因此，确定比较对象完全决定于研究的目的和要说明的问题。相关现象对比相对数是描述两个现象的对比关系的，两个现象谁为分子，谁为分母（基数）并无严格规定，一般遵照习惯。这类相对数，其倒数亦有相同意义。如说，每平方公里土地的人口数（人口/土地面积），和平均每千人口的土地面积数（土地面积/人口），都可反映人口密度的状况。弹性相对数的分子和分母则不能任意对换，它反映了两种现象变动中的因果关系，分母为因，分子为果，表明分母之变动导致分子之变动的程度。因果是不能倒置的。

（四）相对数差异和变动的描述

如何表述相对数与相对数之间差异或相对数的变动，是相对数应用中经常碰到的问题。如某建筑公司两个施工队一月份完成混凝土浇筑施工任务的情况如下：甲队完成全部工程的23%，即9200m³的混凝土浇筑；乙队完成全部工程的29%，即11600m³的混凝土浇筑。比较甲乙两队完成任务的情况，以实际完成的工作量（绝对数）比：乙队比甲队多完成2400m³（11600－9200），乙队完成的工作量是甲队的126.1%（11600/9200），即比甲队多完成了26.1%；而以两队完成任务的进度（相对数）来比较：则乙队比甲队快了6个百分点（即29%－23%＝6%）。这里不说乙队比甲队快了6%，因为这里是在描述相对数的绝对差异或变化。例如，我们在描述物价指数、股票指数的绝对变动时，通常也是以百分点或干脆简称为"点"来有达的。

第二节 平 均 数

一、平均数的意义和作用

可以说，我们人人都见过平均数，处处都在用平均数。但不是人人都知道平均数有多种形式，不是人人都能够正确理解平均数的含义和正确使用平均数。事实上，平均数在统计学中具有一种非常重要的地位，以致于在统计学发展的历史上，曾有人将统计学称之为"是关于平均数的科学"。

那么，在对以数据为代表的现象特征描述中，平均数的作用是什么呢？

首先，平均数代表了数据分布（现象分布）的中心趋势。它表现了分布中心（或者说重心）之所在，并给出了确切的位置。这是数据分布的一个重要特征，对于我们描述一个现象的分布具有重要的意义。

其次，作为分布中心，平均数有着某种代表性意义。它通过对由于偶然性因素所导致的数据间个体差异的忽略、抹杀或平均抵消，来获得一个由群体共性和必然性因素决定的、表现现象一般水平和趋势的数值。这是一个代表性数值，对整个分布有代表作用。例如，你个人的工资水平会受到诸如学历、工龄、职位、职称、表现、上下级关系、以及单位经济效益等等许多因素的影响；但说到你们单位的工资水平，即全体职工的平均工资，就主要是由单位的经济效益、单位所实行的工资制度等共性的、基本的因素决定了。这一工资水平，在忽略了单位内部职工工资收入差异的前提下，反映了全体职工工资收入的总体水平、一般水平。

在统计学中，狭义讲，平均数仅指我们常见的算术平均数（均值）；广义讲，还包括其他形式种类的平均数，如中位数、众数、调和平均数和几何平均数等。

二、均值、中位数和众数

均值、中位数和众数构成了一套配合应用的平均数体系，对一般数据分布的中心趋势描述有着普遍的意义。

（一）均值

均值，又称算术平均数，是各种平均数中最常用的一种，是数据分布中心趋势的最主要测度值。对于未分组数据，其一般计算公式如下：

$$\overline{X} = \frac{X_1 + X_2 + X_3 + \cdots\cdots + X_{N-1} + X_N}{N} = \frac{\sum_{i=1}^{N} X_i}{N} \quad (2-1)$$

式中，$\overline{X}$ 代表均值，$X_1, X_2, \cdots$ 代表未分组的原始数据，N 代表数据个数，Σ 是连加求和符号，表示对 N 个数据求和。用前章表1-3的50人月工资数据，计算得到他们的平均月工资收入如下：

$$\overline{X} = \frac{624 + 640 + 655 + \cdots\cdots + 927 + 944 + 961}{50} = \frac{39712}{50}$$
$$= 794.24（元）$$

均值是总体全部数据的数量中心，大于它的数据之和和小于它的数据之和正好相等，亦可用每个数据对它的离差之和等于零和每个数据与它的离差平方和最小（即与其它任何数值的离差平方和都将大于此值）这两点来说明，用公式的形式表示即为：

$$\sum_{i=1}^{N}(X_i - \overline{X}) = 0 \tag{2-2}$$

$$\sum_{i=1}^{N}(X_i - \overline{X})^2 = 最小值 \tag{2-3}$$

式（2-2）、（2-3）是均值的两个重要的数学性质，它们充分说明了均值消除个体间差异，显示群体一般水平的作用。事实上，许多统计分析方法是源于均值这两个数学性质的。感兴趣的读者可自行证明或用表 1-3 中的数据自行验证一下式（2-2）、（2-3）。

对已经过分组汇总的频数分布数据，如表 1-4 的数据，计算均值一般应采用加权均值公式：

$$\overline{X} = \frac{X_1 f_1 + X_2 f_2 + X_3 f_3 + \cdots X_{K-1} f_{K-1} + X_K f_K}{f_1 + f_2 + f_3 + \cdots f_{K-1} + f_K} = \frac{\sum_{i=1}^{K} X_i f_i}{\sum_{i=1}^{K} f_i} \tag{2-4}$$

式中，$\overline{X}$ 代表均值，X_1，X_2，…为各组组值（非组距式分组）、均值或组中值（组距式分组），f_1，f_2…为各组内单位数（即数据个数），K 代表分组组数。将表 1-4 中的分组数据代入式（2-4）计算，计算过程如下面的计算表（见表 2-1）：

加权均值计算表（一） 表 2-1

月工资分组（元）	组中值（元）X_i	人数（人）f_i	$X_i f_i$	月工资分组（元）	组中值（元）X_i	人数（人）f_i	$X_i f_i$
600~649	625	2	1250	850~899	875	7	6125
650~699	675	3	2025	900~949	925	4	3700
700~749	725	8	5800	950~999	975	1	975
750~799	775	12	9300	合计	—	50	39900
800~849	825	13	10725				

$$\overline{X} = \frac{\sum_{i=1}^{K} X_i f_i}{\sum_{i=1}^{K} f_i} = \frac{39900}{50} = 798(元)$$

以各组组中值计算的加权均值结果是，该公司机关 50 人的平均月工资收入为 798 元。它与前面我们使用未分组数据依式（2-1）计算的结果 794.24 元相差了 3.76 元。显然是加权均值的计算发生了偏差。是计算有误？不是的，是使用了组中值造成的。在计算中，我们是用各组组中值来代表各组均值，并进而代表各组的数据进行计算的。这种代表作用是以假定各组内数据分布对称为前提的，当实际数据与上述假定相背离时，用组中值计算的加权均值就会发生偏误。在各组中产生的偏误，有些是正偏误，有些是负偏误，在组间的加总计算过程中，一部分偏误会被抵消，所以，最终计算结果的偏误一般不会很大。这就是为什么可以采用组中值计算加权均值的道理。

加权均值中的各组权数 f_i 是影响计算结果的另一个重要因素。计算中，哪一组的权数大，表明该组包括的数据多，该组的代表值（如组中值）对计算结果的影响就大。事实上，各组权数 f_i 的大与小，只有相对的意义，即其在全部权数中所占比例的大小。这一点可自加权均值的变形公式中看到：

$$\overline{X} = \frac{\sum_{i=1}^{K} X_i f_i}{\sum_{i=1}^{K} f_i} = \sum_{i=1}^{K} X_i \frac{f_i}{\sum_{i=1}^{K} f_i} \tag{2-5}$$

应用式（2-5）我们可将分组数据中的频率分布（即各组百分比）作为相对权数，计算加权均值。这就使我们在许多没有掌握现象绝对分布的情况下，利用已知的其相对分布状况计算均值。作为例子，我们仍将表1-4中的频率分布百分比代入式（2-5），计算如下（见表2-2）：

加权均值计算表（二）　　　　　表 2-2

月工资分组（元）	组中值（元）X_i	频率（%）$f_i/\Sigma f_i$	$X_i \frac{f_i}{\Sigma f_i}$	月工资分组（元）	组中值（元）X_i	频率（%）$f_i/\Sigma f_i$	$X_i \frac{f_i}{\Sigma f_i}$
600～649	625	4	25	850～899	875	14	122.5
650～699	675	6	40.5	900～949	925	8	74
700～749	725	16	116	950～999	975	2	19.5
750～799	775	24	186	合计	—	100	798
800～849	825	26	214.5				

$$\overline{X} = \sum_{i=1}^{K} X_i \frac{f_i}{\sum_{i=1}^{K} f_i} = 798(\text{元})$$

以相对权数计算加权均值的方法，使均值的应用更加广泛灵活。有些时候，在缺乏直接的客观权数资料的情况下，可根据相关资料或以往的经验人为地给出一套主观权数来计算均值。主观权数通常为相对权数，这是因为相对权数更具稳定性，更易于估计。

（二）中位数

将一个变量的全部数据（变量值）按大小顺序排成一个数列，居于数列中间位置的那个数据即为中位数。更确切地说，中位数把全部数据一分为二，分为数目相等的两个部分，一半数据都比它大，另一半数据都比它小，它居其中。中间意味着不高不低、不大不小、不偏不倚。所以，中位数因其位置而得名，亦因其位置而获得代表性，成为数据分布中心趋势的一个代表值。

对于定序变量来说，我们无法用均值来描述其中心趋势，但可以用中位数来描述。例如，某单位职工的文化程度状况资料如下：

文化程度：　小学及以下　初中　高中　大学　研究生　总计
人数（人）：　　　2　　　　　8　　10　　4　　　1　　　25

可知该单位职工文化程度的中位数是"高中"，即按文化程度由低向高排序后的第13人的文化程度。因此，可以说该单位职工的一般（或中等）文化程度是高中。

对于数值变量，中位数同样有其特殊的描述意义。例如，某公司财务科五名职工的年龄是 21，42，43，43，45 岁。计算他们的平均年龄（均值）等于 38.8 岁。以此年龄作为代表值来描述财务科人员的年龄水平和状况，我们会觉得不符合实际。因为他们中没有人是在这个年龄水平上，并且五个人中有四个人已超过了这个年龄。问题出在哪？我们计算错了吗？没有。原来是均值对这种年龄分布失去了代表性。这时如果我们用中位数来描述，即他们的年龄中位数为 43 岁，这个年龄水平看来对他们的年龄分布更具有一般意义和代表性。

中位数的计算，对未分组的数据来说，非常简单。首先，将全部数据按数值的大小顺序列；然后，通过 $(N+1)/2$ 式求得中位数的位置，这个位置上的数据值即为中位数数值。但当数据个数 N 为偶数时，中位数位置落在了两个数之间，这时中位数即为这两个数的均值。以前面表 1-3 的 50 人月工资数据为例，其中位数位置在 $(50+1)/2=25.5$，即在第 25 和 26 个数据之间，其中位数为：

$$M_e = (793 + 800)/2 = 796.5(元)$$

对于已分组的数据，特别是组距式分组的数据，我们只知道落在各组的数据个数，即各组频数，而不知道数据的原始数值了，自然无法对每一组内的数据进行排序，因此也就不能求得准确的中位数值了。但在组内数据均匀分布这一假定前提下，可采用插值法求得中位数的近似值。计算公式如下：

$$M_e \approx L + \frac{\frac{N}{2} - S_{m-1}}{f_m} \times i \qquad (2-6)$$

式中 M_e 表示中位数，L 表示中位数所在组的下限值，N 为全部数据个数（总频数），S_{m-1} 表示中位数所在组以下各组的频数之和，f_m 表示中位数所在组的频数，i 表示中位数所在组的组距。现以前例 50 人月工资的分组数据（见表 1-4）计算工资中位数如下：

首先，以 $(N/2)$ 式计算中位数位置，本例为 $50/2=25$。再由表 1-4 的累积频数栏查得中位数所在组为 750～799 元组。然后，即可将有关数据代入式（2-6），计算得到其工资中位数。

$$M_e \approx 750 + \frac{\frac{50}{2} - 13}{12} \times 50 = 800(元)$$

前面根据原始数据计算的中位数 796.5 元是准确值，这里由分组数据计算的 800 元是近似值。

（三）众数

众数也是一个数据中心趋势和一般水平的代表值。众数是指数据分布中出现次数最多或有明显集中趋势中心点的数值。例如一般数据分布形态中的峰值点所对的数值即为众数值。当一个数据分布中没有明显的高峰存在时，则没有众数；而当一个数据分布中同时有两个或多个明显的高峰出现，也就是说这个分布有两个或多个众数。

众数的意义如同它的名字，有着"时髦"和"流行"的涵义。例如，将十几种新设计款式的服装推向市场，其中销量最大的，也即最流行的，即为众数。由此我们看到，对于如服装款式这种计量水准最低的定类变量，我们既无法用均值，也无法用中位数来描述，但可以用众数说明它的集中趋势。在一些特殊情况下，众数对描述定序变量或数值变量的数据分布一般趋势也是具有一定意义和作用的。例如，对于一批服装的订货而言，了解市场上销售各种尺寸服装的众数（销量最大的尺寸），比了解销售的平均尺寸（均值）和中位数尺寸都更有意义得多。

对未分组数据进行排序和计次的工作，即可直观地得到出现次数最多的那个数据值，即众数。如根据表 1-3 中的数据，我们可直接观察到这 50 人月工资的众数值是 800 元。

对于组距式分组的数据，可首先直观地找到众数组，然后采用下列公式作插值计算，求得众数的近似值：

$$M_0 \approx L + \frac{d_1}{d_1 + d_2} \times i \tag{2-7}$$

式中 M_0 表示众数，L 表示众数组的下限值，d_1 表示众数的频数与前一组频数之差，d_2 表示众数组的频数与后一组频数之差，i 为组距。我们仍以表 2-1 的分组数为例，按（2-7）式计算众数：

$$M_0 \approx 800 + \frac{13-12}{(13-12)+(13-7)} \times 50 = 807.14(元)$$

（四）均值、中位数、众数之比较

上述三种数据分布中心趋势的测度值具有共同的意义和作用，然而又各具特色。均值由每个数据计算而来，是为计算平均数；中位数和众数则是由其在数据分布中的位置而定，故为位置平均数。定类变量数据只能用众数来描述。定距变量数据既可以用众数，亦可以用中位数来描述。对于数值变量数据，三种平均数都可采用。然后更多的情况下，或尽可能地，应采用均值。这是因为均值具有较好的数学性质，在抽样估计、假设检验、方差分析、相关回归等统计学方法中有更深入的应用；其在普及意义上，也易为更多的人接受。但

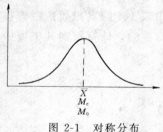

图 2-1 对称分布

均值亦有缺陷，就是前面谈到的易受分布中极端数值的影响，这里众数、中位数可作为均值的补充。特别对一些特殊数据分布描述，中位数或众数是具有重要意义的。

在一些特殊的数据分布情况下，三种平数之间所存在一定的数量关系。

图 2-1 是对称分布，三者之间的关系是：$\overline{X} = M_e = M_0$。

图 2-2 是一般右偏态分布，三者之间的关系是：$\overline{X} > M_e > M_0$，且 $2(\overline{X} - M_e) \approx M_e - M_0$。

图 2-3 是一般左偏态分布，三者的关系是：$\overline{X} < M_e < M_0$，并有：$M_0 - M_e \approx 2(M_e - \overline{X})$

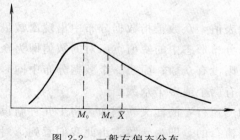

图 2-2 一般右偏态分布

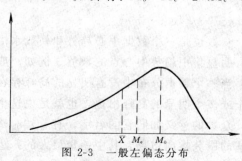

图 2-3 一般左偏态分布

三、调和平均数和几何平均数

一般认为调和平均数和几何平均数是算术平均数的变形，它们与算术平均数一起构成另一个平均数体系，即算术平均数变形应用体系，主要用来描述一些特殊数据的分布中心趋势。

（一）调和平均数

调和平均数，又称倒数平均数，是一群数据的倒数的均值的倒数。也就是说，先求每一个数据的倒数，再计算全部倒数的均值，最后求该均值的倒数，即为原数据的调和平均数。计算公式如下：

$$M_h = \frac{N}{\frac{1}{X_1} + \frac{1}{X_2} + \cdots + \frac{1}{X_N}} = \frac{N}{\sum_{i=1}^{N} \frac{1}{X_i}} \qquad (2-8)$$

调和平均数作为均值的变形，二者的关系可用如下公式表示：

$$M_h = \frac{N}{\frac{1}{X_1} + \frac{1}{X_2} + \cdots \frac{1}{X_N}} = \frac{X_1 \frac{1}{X_1} + X_2 \frac{1}{X_2} + \cdots X_N \frac{1}{X_N}}{\frac{1}{X_1} + \frac{1}{X_2} + \cdots + \frac{1}{X_N}} = \frac{\sum_{i=1}^{N} X_i \frac{1}{X_i}}{\sum_{i=1}^{N} \frac{1}{X_i}}$$

令 $f_i = 1/X_i$，上式则为：

$$M_h = \frac{\sum_{i=1}^{N} X_i \frac{1}{X_i}}{\sum_{i=1}^{N} \frac{1}{X_i}} = \frac{\sum_{i=1}^{N} X_i f_i}{\sum_{i=1}^{N} f_i} = \overline{X} \qquad (2-9)$$

由式（2-9）可清楚地看到，调和平均数等于以变量值的倒数为权数的加权均值。那么必然，大的数值，其权数就小；小的数值，其权数就大，这一加权均值必然小于一般均值。所以，就同一组数据而言，调和平均数必然小于均值。调和平均数的现实意义是什么呢？在什么样的条件下使用它呢？我们可以一个简要的例子来说明。

【例1】 某施工队欲购进一批涂料，包括三个品种，价格分别为每桶400元、200元、100元。它们的平均价格为：

（1）以算术平均数方法计算，

$$\overline{X} = \frac{400 + 200 + 100}{3} = 233.33(元/桶)$$

（2）以调和平均数方法计算，

$$M_h = \frac{3}{\frac{1}{400} + \frac{1}{200} + \frac{1}{100}} = \frac{3}{0.0025 + 0.005 + 0.01} = 171.43(元/桶)$$

两种方法计算的平均价格差异很大，哪一个是真实的平均价格呢？我们再来看以下两种购买方式下的平均价格：

（1）若三种涂料各买50桶，其平均价格为

$$\overline{P} = \frac{400 \times 50 + 200 \times 50 + 100 \times 50}{50 + 50 + 50} = \frac{3500}{150} = 233.33(元/桶)$$

（2）若三种涂料各买1万元，其平均价格为：

$$\overline{P} = \frac{10000+10000+10000}{\frac{1000}{400}+\frac{10000}{200}+\frac{10000}{100}} = \frac{30000}{25+50+100} = 171.43(元/桶)$$

通过上述计算比较我们可看到，简单算术平均数计算的平均价格是每种涂料购买相同数量条件下的平均价格；而简单调和平均数计算的平均价格是每种涂料购买相同金额条件下的平均价格。两种平均价格都是有意义的，只是意思不同罢了。

为进一步明确调和平均数的用法，我们再看一个例子。

【例2】 某人读完一本200页的书，前100页是以每小时20页的速度读完，后100页是以每小时30页的速度读完。求其读这本书的平均速度？

分析：依前例价格是购买金额与购买数量之比，在对几种商品购买相同金额条件下，平均价格应采用调和平均数方法计算。本例中的阅读速度是所读页数与阅读时间之比，求以各种速度读相同页数条件下的平均阅读速度，亦应采用调和平均数来计算。

计算：阅读这本书的平均速度为

$$M_h = \frac{2}{\frac{1}{20}+\frac{1}{30}} = \frac{2}{0.05+0.033} = 24(页/h)$$

进一步思考，如果在不同速度下阅读的页数不同，这时求平均阅读速度则可用加权调和平均数公式计算，各速度下阅读页数为权数。其公式为：

$$M_h = \frac{f_1+f_2+\cdots+f_k}{\frac{1}{X_1}f_1+\frac{1}{X_2}f_2+\cdots+\frac{1}{X_K}f_K} = \frac{\sum_{i=1}^{K}f_i}{\sum_{i=1}^{K}\frac{1}{X_i}f_i} \qquad (2\text{-}10)$$

（二）几何平均数

几何平均数是全部N个数据连乘积的N次方根。计算公式如下：

$$M_g = \sqrt[N]{X_1 \cdot X_2 \cdots X_N} = \sqrt[N]{\prod_{i=1}^{N}X_i} \qquad (2\text{-}11)$$

式中M_g表示几何平均数，$\prod$为连乘符号，其他同前。

如果可以说，均值是以数据间的绝对差异为基础，进行平均化运算消除差异的数据分布一般水平的表现，那么，几何平均数则是以数据间的相对差异（比例差异）为基础，而进行的平均化运算，其目的是消除数据间的相对差异，显示数据分布的一般水平和中心趋势。

几何平均数具有如下数学性质：

$$\frac{X_1}{M_g} \times \frac{X_2}{M_g} \times \cdots \times \frac{X_N}{M_g} = \prod_{i=1}^{N}\frac{X_i}{M_g} = 1 \qquad (2\text{-}12)$$

该性质表明，数据分布中的每个数据与几何平均数的相对差异——比值，最终被互相抵消，它们的连乘积为1；亦说明，几何平均数在数量上居于全部数据相对差异的中心。

例如，2、8两个数的均值为5，几何平均数为4。均值5与2、8两数的绝对差异一为-3，一为3，综合相加起来为0；几何平均数4与2、8两数的相对差异——比值，一为1/2，一为2，综合相乘为1。

几何平均数也是均值的一种数学公式变化结果，它是每个数据对数的均值的反对数值。

数学公式为：

$$\ln M_g = \frac{\sum_{i=1}^{N}\ln X_i}{N} \quad (2-13)$$

$$M_g = e^{\frac{1}{N}\sum_{i=1}^{N}\ln X_i} \quad (2-14)$$

几何平均数在实际统计工作中，一般主要应用于诸如比价、利率、现象的发展速度等相对比率数据的平均计算。

【例3】 某地区近几年来固定资产投资的年发展速度如表2-3，求其年平均发展速度。

表 2-3

年　　份	1991	1992	1993	1994	1995	1996
固定资产投资发展速度（%）	104	107	115	112	109	108

年平均发展速度 $= \sqrt[6]{1.04 \times 1.07 \times 1.15 \times 1.12 \times 1.09 \times 1.08} = 1.091 = 109.1\%$

第三节 离 差

一、离差的意义及作用

我们已经知道，平均数是数据分布中心趋势的代表性数值，它表示了分布中心的位置，是描述数据分布的一个重要的特征值。离差则是与平均数相对应的描述数据分布的另一个重要特征值，它是数据分布离散程度的测量值。如果说，平均数是消除差异显示一致性的分布特征值，离差则是测度和显示差异（即离散性）的分布特征值。事实上仅仅知道数据分布的中心是不够的，数据在中心两边是如何分布的？是很密集地趋向于中心，还是很分散地偏离中心呢？也是我们所关心的。

数据分布的离散程度是我们了解和认识数据分布的一个重要特征。其意义首先在于，它表明现象的稳定性和可靠性的高与低。例如，在产品质量检验和控制过程中，产品质量数据的离差值与质量平均值信息同样重要，它标示了产品生产过程质量的稳定性。其次，它能够说明作为分布中心和代表值的平均数所具有的代表性高低。在日常生活中，平均数（主要是均值）用得很多，如平均工资、平均利润、平均年龄等等；但说明这些平均数意义大小的离差却较少被使用。这不能说不是个缺憾。

从不同的角度反映数据分布的离散程度，以及为适应不同的数据分布使用，统计学中有不同的离差指标，现分别介绍如下。

二、全距和四分位差

（一）全距

全距，又称极差，是全部数据中的最大值与最小值之差。用公式表示：

$$全距 = 最大值 - 最小值 \quad (2-15)$$

对于未分组数据，只要对数据排序找出最大值和最小值，即可直接计算。对于组距式分组数据，一般采用最大组的上限与最小组的下限相减来计算。全距是反映数据分布离散程度最简单的方法，表明了数据的最大变动（差异）范围。其计算简便，意义直观。但其数值大小完全决定于数据分布两头的端点数据,因此,对分布离散程度的描述过于粗略,也极不稳定。

(二) 四分位差

四分位差,又称四分互差,是为克服全距受端点数据影响的缺陷而设计的度量离散程度的另一种方法。它是将全部数据由小到大排序后四等分,用位于四分之三位置上的数据 Q_3 与位于四分之一位置上的数据 Q_1 相减的结果。计算公式为:

$$Q = Q_3 - Q_1 \tag{2-16}$$

由上述定义和公式可看出,四分位差实际上是全部数据中,依排序居于中间的 50% 的数据的小全距,它甩掉了 25% 较小的数据和 25% 较大的数据,以避免极端数值的影响。

四分位差的计算主要是找到 Q_1 和 Q_3 值,获得的方法与求中位数相类似(在这里中位数即为 Q_2)。对于未分组数据,可先找到中位数 Q_2,再分别对中位数两边的数据再求中位数即为 Q_1 和 Q_3 的值。例如,当数据个数 $N=11$,Q_2 则为第六个数据的值,Q_1 为第三个数据的值,Q_3 为第九个数据的值。再以表 1-3 的 50 人月工资排序数据为例,Q_2 为第 25 和 26 个数据的均值,即 $(793+800)/2=796.5$ 元;Q_1 为第 13 个数据,即 745 元;Q_3 为第 38 个数据,即 833 元。该工资分布的四分位差为:

$$Q = 833 - 745 = 88(元)$$

对于组距分组的数据,可采用与求中位数相同的线性插值法求 Q_1 和 Q_3 的近似值,然后再计算四分位差的近似值。具体公式如下:

$$Q_1 \approx L + \frac{\frac{N}{4} - S_{q-1}}{f_q} \times i \tag{2-17}$$

$$Q_3 \approx L + \frac{\frac{3N}{4} - S_{q-1}}{f_q} \times i \tag{2-18}$$

式 (2-17) 和 (2-18) 中 L 表示 Q_1 或 Q_3 所在组的下限值,N 为全部数据个数(总频数),S_{q-1} 表示 Q_1 或 Q_3 所在组以下各组的频数之和,f_q 表示 Q_1 或 Q_3 所在组的频数,i 表示所在组的组距。现仍以前面 50 人月工资的分组数据为例(见表 1-4)计算。

首先,计算 Q_1 和 Q_3 所在位置

$$Q_1 \text{ 所在位置} = N/4 = 50/4 = 12.5$$

$$Q_3 \text{ 所在位置} = 3N/4 = (3 \times 50)/4 = 37.5$$

然后,自表 1-4 累积频数分布栏中分别查出 Q_1 和 Q_3 所在组,Q_1 所在组为 700~749 元组,Q_3 所在组为 800~849 元组。再将相应数据分别代入式 (2-17) 和 (2-18) 中计算如下:

$$Q_1 \approx 700 + \frac{\frac{50}{4} - 5}{8} \times 50 = 746.88(元)$$

$$Q_3 \approx 800 + \frac{\frac{3 \times 50}{4} - 25}{13} \times 50 = 848.08(元)$$

最后计算四分位差的近似值为:

$$Q \approx 848.08 - 746.88 = 101.20(元)$$

比较该例分组数据和未分组数据的计算结果,可看到分组数据的结果有一定的误差。这

主要是由于插值法的数据均匀分布假定与数据实际分布状况的差异造成的。

三、方差和标准差

如果说全距和四分位差都是以数据分布中的两个特定位置上的数据之差来显示数据分布的离散程度的话，方差和标准差则是考虑到分布中每个数据相对于均值的偏离情况而计算的平均离差值。无疑，这种平均离差能够更准确地描述整个分布的离散状况和离散程度。其次，方差和标准差具有极好的数理特性，使它们在统计学中有着广泛的运用，特别在抽样推断理论中居于重要的地位。方差为标准差的平方值，二者实为同一分布特征值的不同表现。下面我们一同介绍。

方差，是数据分布中每个数据与均值的离差平方之和的平均值。计算公式为：

$$\sigma^2 = \frac{\sum_{i=1}^{N}(X_i - \overline{X})^2}{N} \tag{2-19}$$

式（2-19）中的分子项为所有数据与均值的离差平方和，可对其作如下数学变换（推导过程请读者自己作出）：

$$\sum_{i=1}^{N}(X_i - \overline{X})^2 = \sum_{i=1}^{N}X_i^2 - \frac{\left(\sum_{i=1}^{N}X_i\right)^2}{N} \tag{2-20}$$

再将式（2-20）代回到式（2-19）中去，得到方差的另一表达式，其可简化方差的运算为：

$$\sigma^2 = \frac{1}{N}\sum_{i=1}^{N}X_i^2 - \overline{X}^2 \tag{2-21}$$

标准差又称均方差，是方差的正平方根，由方差作开平方运算取得：

$$\sigma = \sqrt{\sigma^2} = \sqrt{\frac{\sum_{i=1}^{N}(X_i - \overline{X})^2}{N}}$$

$$= \sqrt{\frac{1}{N}\sum_{i=1}^{N}X_i^2 - \overline{X}^2} \tag{2-22}$$

仍以前面的 50 人月工资未分组数据为例（表 1-3），首先计算原始数据的平方和：

$$\sum_{i=1}^{N}X_i^2 = 624^2 + 640^2 + \cdots + 961^2 = 31833076$$

再将数据平方和及已知的均值和数据个数一同代入式（2-21），求得该数据分布的方差为：

$$\sigma^2 = \frac{1}{50} \times 31833076 - (794.24)^2 = 5844.34$$

最后，求方差的平方根即分布的标准差：

$$\sigma = \sqrt{5844.34} = 76.45(元)$$

标准差的意义比方差更明确，它有与原数据相同的计量单位，表明数据分布的平均差异程度。如这里说明 50 人月工资的平均差异为 76.45 元。

对于使用分组数据计算的加权均值而言，相对应的加权方差公式为：

$$\sigma^2 = \frac{\sum_{i=1}^{K}(X_i - \overline{X})^2 f_i}{\sum_{i=1}^{K}f_i} \tag{2-23}$$

将表 1-4 的分组数据和加权均值代入（2-23）式，计算过程见表 2-4：

方差（标准差）计算表　　　　　　　　表 2-4

月工资分组（元）	组中值 X_i	人数 f_i	$(X_i-\overline{X})$	$(X_i-\overline{X})^2 f_i$	月工资分组（元）	组中值 X_i	人数 f_i	$(X_i-\overline{X})$	$(X_i-\overline{X})^2 f_i$
600～649	625	2	−173	59858	850～899	875	7	77	41503
650～699	675	3	−123	45387	900～949	925	4	127	64516
700～749	725	8	−73	42632	950～999	975	1	177	31329
750～799	775	12	−23	6348	合计	—	50	—	301050
800～849	825	13	27	9477					

将表 2-4 中计算结果代入式（2-23），计算如下：

$$\sigma^2 \approx \frac{301050}{50} = 6021$$

$$\sigma \approx 77.60（元）$$

加权方差计算公式式（2-23），也可变形为运算较易的形式：

$$\sigma^2 = \frac{\sum_{i=1}^{K} X_i^2 f_i}{\sum_{i=1}^{K} f_i} - (\overline{X})^2 \qquad (2-24)$$

四、相对离差

比较两个或多个数据分布的标准差，通常可用来说明哪个分布集中趋势较强，离散趋势较弱；谁的平均数更具代表性。但在一些情况下，这种比较将失去意义。首先是不同类数据间的比较，如某公司员工的工资分布标准差 90 元，年龄分布的标准差 17 岁，两者无法直接比较，它们计量单位不同，本身含义也不同。其次是不同平均水平上的分布离散程度的比较，如某外资公司的员工月平均工资为 4000 元，工资标准差是 300 元；另一家国有企业员工的月平均工资为 800 元，工资标准差是 90 元。直接比较，外资公司标准差大于国有企业，似乎可说明外资公司工资收入内部差异大。但当我们考虑到在 4000 元的工资水平上，300 元的差异尚不到 10%。而对于国有企业，90 元的差异已占其平均工资的 11% 强。由此可看到，这时讨论和比较它们的相对离散程度，则可能更有意义。

相对离差的计算很简单，将各种离差值与其分布的均值相除即可。计算公式如下：

$$极差系数 = \frac{全距（极差）}{均值}$$

$$四分位差系数 = \frac{四分位差}{均值}$$

$$标准差系数 V_\sigma = \frac{标准差\ \sigma}{均值\ \overline{X}}$$

其中标准差系数最为常用。以上面外资公司和国有企业工资分布差异的比较来看，可先分别计算两家的标准差系数：外资公司工资标准差系数 $V_\sigma = 300/4000 = 7.5\%$；国有企业的工资标准差系数 $V_\sigma = 90/800 = 11.25\%$。比较来看，国有企业内部工资分配相对差异更大一些。

第三章 动态分析

统计分析是经济统计的重要内容,它可以使统计数字"活"起来,说明一定的经济现象。本章为统计分析提供方法。本章从时间数列和统计指数两方面进行动态分析方法阐述。第一节是时间数列概念和分析指标的计算与应用;第二节是将时间数列分解为长期趋势、季节变动、循环波动和不规则变动四大构成要素进行分析;第三节是统计指数的概念、作用、计算公式与编制方法;第四节介绍采用指数体系方式对综合总量变动和加权平均值的变动进行因素分析的方法。

第一节 时间数列及统计分析指标

一、时间数列的概念及编制原则

(一)时间数列的概念和意义

统计上把由某一现象特征在不同时间上的数值表现,按时间先后顺序排列起来而形成的数列称为时间数列,或时间序列。例如,表 3-1 给出了北方建筑公司 1992~1996 年各年工资总额的时间数列。

北方建筑公司历年工资总额　　　　　　　　　　　　表 3-1

年　　份	1992	1993	1994	1995	1996
年工资总额(万元)	1927	2248	2976	3415	3676

由这一时间数列我们不难看出,构成一个时间数列必须具有两个基本要素:一个是时间要素,即各个数值所属的时间。如例中的各年年份,它是对数值所描述的现象发展变化的时间限定。另一个是数值要素,即现象特征的数值描述。如例中各年的年工资总额是时间数列的实质内容。

客观事物和现象的发展变化是普遍存在的,其发展变化的规律性是人类认识的一项重要内容。所以,统计学的时间数列方法在动态分析中具有重要的意义和作用。这种作用具体表现在如下几个方面:第一,编制时间数列可用来描述事物与现象发展变化的过程、状态和结果;第二,利用时间数列资料可以分析研究事物与现象发展变化的方向、趋势和速度;第三,通过对时间数列的分析,可以探索和揭示某些事物和现象发展变化的规律性,如现象发展的长期趋势等;第四,根据对事物或现象发展变化规律性的认识,利用时间数列方法,可以对某些现象的未来作出预测,以及为有关计划的编制提供科学依据。

(二)时间数列的编制原则

时间数列的作用主要是通过数列中不同时间上的数值间的比较来实现的。所以,保证数列中的数据具有连续性和可比性,就成为编制时间数列应遵循的首要的基本原则。所谓连续性是指数据来源于连续的观察或具体有连续性的多次调查和数据收集工作。连续性要求的目的还在于数据间的可比性。对于时间数列而言，可比性要求主要表现为：

（1）数列中各数值对应或间隔的时间应尽可能相等。这是因为数列中各数值对应或间隔时间长度的一致性，是数值间对比分析的基础。如果时间长度长短不一，则数据难以直接比较，必须先进行调整。所以，在时间数列的编制中获得时间上分布均匀的数据，是进行高质量动态分析的保证。

（2）数列中数据所说明的空间范围应保持一致。在社会经济统计中，随着时间推移，一些统计数据的统计范围往往会发生变化。用这种数据编制时间数列，其可比性将受到损害。

（3）数列中数据的定义、计算口径和计算方法应保持一致。随着客观条件的变化和主观认识的提高，一些数据的定义、计算口径和计算方法常常会被调整。这时编制时间数列要特别小心，或中断原数列，编制新数列；或对数据作出调整。

（4）数列中数据的计量单位、计算价格应保持一致。统一计量单位是时间数列的基本要求；而对一些价值量数据时间数列，采用当期价格，还是采用固定价格，可根据研究的目的来选择，但对一个数列来说则必须统一。

二、平均发展水平与序时平均数

（一）发展水平和平均发展水平

构成时间数列的一系列数值，描述了现象在发展变化过程中各个时间上所处的状态、规模和水平，通常被称为数列在各个时间上的发展水平。习惯上，我们用下列代表形式来表示一个时间数列：

$$a_0, a_1, a_2, a_3, \cdots\cdots, a_{n-1}, a_n$$

其中，a 代表时间数列各个时间上的发展水平，下标数字表示按时间顺序排列的序号。a 可以是绝对数、相对数、平均数等等形式的数值，由此构成不同数值形式的时间数列。

将时间数列中全部或部分时间上的数据加以平均计算，求得的平均数即为现象在相应时期的平均发展水平。平均发展水平是将现象在一段时间内的发展变化差异抽象抵消掉，反映现象在这一时期内一般水平的数值，所以，是一个有代表性意义的数值。

平均发展水平是对序时数据的平均，所以又称作序时平均数。计算方法与算术平均数相似，但因其为序时平均，对由时期数、时点数、相对数及均值等不同数值形式构成的时间数列，计算步骤又各有所不同。

（二）时期数列的序时平均数

时期数构成的时间数列简称时期数列。

（1）当数列中各期时间长度相等时，其序时平均数的计算公式如下：

$$\bar{a} = \frac{a_0 + a_1 + a_2 + \cdots + a_{n-1} + a_n}{n+1} = \frac{\sum_{i=0}^{N} a_i}{n+1} \tag{3-1}$$

【例1】 由表3-1资料求北方建筑公司1992～1996年的平均年工资总额：

$$\bar{a} = \frac{1927 + 2248 + 2976 + 3415 + 3676}{5} = 2848.4(万元/年)$$

（2）当数列中各时期长度不等，或序时平均数时间单位与数列中数据时期长度不同时，计算公式可改变为：

$$\bar{a} = \frac{a_0 + a_1 + a_2 + \cdots + a_{n-1} + a_n}{t_0 + t_1 + t_2 + \cdots + t_{n-1} + t_n} = \frac{\sum_{i=0}^{N} a_i}{\sum_{i=1}^{N} t_i} \qquad (3-2)$$

式中 t 为数列中各期的时间长度。

【例2】 某施工单位今年1~2月份完成混凝土浇筑23.8万 m^3，3月份完成10.7万 m^3，4~6月份完成27.9 m^3。求其上半年平均每月完成混凝土浇筑工作量？

由题已知：$a_0 = 23.8$；$a_1 = 10.7$；$a_2 = 27.9$；$t_0 = 2$；$t_1 = 1$；$t_2 = 3$

$$\bar{a} = \frac{23.8 + 10.7 + 27.9}{2 + 1 + 3} = 10.4 (m^3/月)$$

（三）时点数列的序时平均数

时点数构成的时间数列简称为时点数列。时点数列求序时平均数有别于时期数列，通常以两步平均过程来完成。即首先分别求每两个时点之间的平均水平，然后再对各段平均水平再平均求全数列的总平均水平。

（1）当数列中各时点之间的间隔时间长度相等时，计算公式为：

$$\bar{a} = \frac{\frac{a_0 + a_1}{2} + \frac{a_1 + a_2}{2} + \cdots + \frac{a_{n-1} + a_n}{2}}{n} = \frac{\sum_{i=1}^{n}\left(\frac{a_{i-1} + a_i}{2}\right)}{n} \qquad (3-3)$$

将（3-3）式化简，可得如下形式：

$$\bar{a} = \frac{\frac{1}{2}a_0 + a_1 + a_2 + \cdots + a_{n-1} + \frac{1}{2}a_n}{n} \qquad (3-4)$$

【例3】 某施工单位下半年用工统计资料如下：

时间	6月末	7月末	8月末	9月末	10月末	11月末	12月末
人数（人）	132	155	121	187	217	210	194

求该单位下半年平均用工人数，可按式（3-3）先计算7~12月份各月的平均用工人数，再计算下半年平均用工人数；也可按式（3-4）直接计算如下：

$$\bar{a} = \frac{\frac{132}{2} + 155 + 121 + 187 + 217 + 210 + \frac{194}{2}}{6} = 175.5 (人)$$

应进一步说明的是，由式（3-4）可看到，当数列的数值个数很多时，对 a_0、a_n 两个数分别除以2的影响就很小了。这时即可直接采用简单算术平均的方式计算，误差是很小的。如，当我们已知某单位一月份每天的用工人数，求月平均用工人数，则不必采用式（3-3）或（3-4），而是用每天人数之和除以全月天数即可。

（2）当数列中各时点间隔不等时，则第二步平均时要以各时点间隔时间为权数进行加权平均。公式如下：

$$\bar{a} = \frac{\frac{a_0 + a_1}{2}t_1 + \frac{a_1 + a_2}{2}t_2 + \cdots + \frac{a_{n-1} + a_n}{2}t_n}{t_1 + t_2 + \cdots + t_n} = \frac{\sum_{i=1}^{n}\left(\frac{a_{i-1} + a_i}{2}t_i\right)}{\sum_{i=1}^{n} t_i} \qquad (3-5)$$

式中 t_i 为 $i-1$ 与 i 两时点之间的间隔时间长度。

【例4】 某市一年内进行了四次流动人口调查，调查结果如下：

| 调查时间 | 1月1日 | 4月1日 | 9月1日 | 12月31日 |

调查时间　　1月1日　　4月1日　　9月1日　　12月31日
流动人口（万人）118.6　　139.5　　130.2　　105.9

该市全年平均流动人口数：

由题已知：$a_0=118.6$，$a_1=139.5$，$a_2=130.2$，$a_3=105.9$；$t_1=3$，$t_2=5$，$t_3=4$。

$$\bar{a} = \frac{\frac{118.6+139.5}{2}\times 3 + \frac{139.5+130.2}{2}\times 5 + \frac{130.2+105.9}{2}\times 4}{3+5+4} = 127.8(万人)$$

（四）相对数或均值时间数列的序时平均数

相对数和均值都是由两个数值相除得到的。所以，对相对数或均值构成的时间数列求序时平均数，一般不宜直接对数列中的数值进行平均。而是应先把数列中各数值还原为原相除的两个数值，从而形成由各期分子数值和分母数值分别构成的两个数列，可称之为原数列的分子数列和分母数列。求原数列的序时平均数，先分别求其分子数列和分母数列的序时平均数，再将二者相除，结果即为原数列的序时平均数。

【例5】 某施工队二、三月份工资和用工数据如下：

　　　　　　人均工资（元）　平均用工人数（人）　工资总额（元）
二月份　　　　1000　　　　　　20　　　　　　　　20000
三月份　　　　800　　　　　　　90　　　　　　　　72000

求该队二、三两个月平均的人均工资水平，即二、三月份人均工资的序时平均数，计算如下：

　　两月平均月工资总额 $= (20000+72000)/2 = 46000$（元）
　　两月平均用工人数 $= (20+90)/2 = 55$（人）
　　两月平均月人均工资 $= 46000/55 = 836.36$（元）

如直接对两个月的人均工资进行平均，平均值为900元，误差是很明显的。

三、速度与平均速度

（一）发展速度和增长速度

作为动态相对数，在第二章第一节中已经介绍了发展速度和增长速度的基本涵义和计算公式。我们特别强调了增长速度是发展速度的派生形式。这里介绍它们在时间数列中的应用。

对于一个时间数列而言，由于比较基期（基数）的选择方式不同，可以分别计算两类不同的发展速度，即环比发展速度和定基发展速度，构成两个速度数列。计算公式如下：

环比发展速度：　　$\dfrac{a_1}{a_0}, \dfrac{a_2}{a_1}, \dfrac{a_3}{a_2}, \cdots\cdots, \dfrac{a_{n-1}}{a_{n-2}}, \dfrac{a_n}{a_{n-1}}$　　　(3-6)

定基发展速度：　　$\dfrac{a_1}{a_0}, \dfrac{a_2}{a_0}, \dfrac{a_3}{a_0}, \cdots\cdots, \dfrac{a_{n-1}}{a_0}, \dfrac{a_n}{a_0}$　　　(3-7)

由公式可看出，环比发展速度是数列中相邻的两个发展水平比，它说明现象在数列各期上的相对变动发展程度，亦可称为逐期发展速度。定基发展速度是数列中各期发展水平分别与某一固定时期的发展水平对比的结果，通常是将数列的第一个时期作为固定基期，它反映了各期现象的发展水平相对于数列基期水平的发展变化程度，又为总发展速度。

相对于两种形式的发展速度，根据增长速度与发展速度的关系（即：增长速度＝发展速度－1），我们可得到相应两种形式的增长速度数列，即环比增长速度和定基增长速度。

【例6】 根据表 3-1 的资料，可计算北方建筑公司工资总额的发展速度和增长速度（见表 3-2）：

北方建筑公司年工资总额变动情况表　　　　表 3-2

年　份	1992	1993	1994	1995	1996
年工资总额（万元）	a_0 1927	a_1 2248	a_2 2976	a_3 3415	a_4 3676
环比发展速度（%）	—	a_1/a_0 116.7	a_2/a_1 132.3	a_3/a_2 114.9	a_4/a_3 107.6
定基发展速度（%）	100	a_1/a_0 116.7	a_2/a_0 154.37	a_3/a_0 177.2	a_4/a_0 190.8
环比增长速度（%）	—	a_1/a_0-1 16.7	a_2/a_1-1 32.3	a_3/a_2-1 14.9	a_4/a_3-1 7.6
定基增长速度（%）	—	a_1/a_0-1 16.7	a_2/a_0-1 54.3	a_3/a_0-1 77.2	a_4/a_0-1 90.8

定基发展速度与环比发展速度存在着一定的计算关系，即数列各期的定基发展速度等于本期及以前各期的环比发展速度的连乘积。以最末时期的定基发展速度为例，计算公式如下：

$$\frac{a_n}{a_0} = \frac{a_1}{a_0} \times \frac{a_2}{a_1} \times \frac{a_3}{a_2} \cdots\cdots \times \frac{a_n}{a_{n-1}} \tag{3-8}$$

特别值得注意的是，环比增长速度和定基增长速度之间没有直接的换算关系，两者都是由相应的发展速度减一得来的，所以，当已知几个连续时期的环比增长速度，而求定基增长速度时，必须利用环比发展速度和定基发展速度的计算关系来计算。

【例7】 某连锁店销售额连续三年分别增长 13%，21%，19%；试求该店三年来总的增长率。

先求各年的发展速度（环比），分别为：113%，121%，119%

再求三年总的发展速度（定基）为：113%×121%×119%＝162.7%

该店三年总的增长率为：162.7%－1＝62.7%

（二）平均发展速度和平均增长速度

平均发展速度是时间数列各期环比发展速度的平均数，表明现象在较长一个时期内的平均发展变化速度。平均增长速度是平均发展速度的一种派生形式，表明现象在较长一个时期内的平均增长幅度。平均增长速度的计算，不是直接由各期环比增长速度平均而来，而只能是由平均发展速度减去一得到。

平均发展速度是以几何级数曲线描述现象发展变化的，即假定现象从数列最初水平开始在以后各期按同一速度递增的发展过程。由于平均的依据和方法不同，统计中有意义和作用不同的两种平均发展速度，即水平法平均发展速度和累积法平均发展速度。下面分别介绍。

1. 水平法平均发展速度

水平法平均发展速度是数列各期环比发展速度的几何平均数。设 $\overline{G}$ 为水平法平均发展速度，计算公式如下：

$$\overline{G} = \sqrt[n]{\frac{a_1}{a_0} \times \frac{a_2}{a_1} \times \frac{a_3}{a_2} \cdots \cdots \times \frac{a_n}{a_{n-1}}} = \sqrt[n]{\frac{a_n}{a_0}} \qquad (3-9)$$

【例8】 根据表3-2资料，求北方建筑公司各年工资总额的水平法平均发展速度和平均增长速度。

$$\overline{G} = \sqrt[4]{\frac{3676}{1927}} = \sqrt[4]{1.908} = 117.5\%$$

平均增长速度 $= 117.5\% - 1 = 17.5\%$

由式（3-9）可看到，水平法平均发展速度实际上仅由数列最末时期的定基发展速度平均得到，即仅与数列的最初水平和最末水平有关，而不受数列中间各期水平和速度变化的影响。这是水平法平均发展速度的一个重要特征。

2. 累积法平均发展速度

累积法平均发展速度是以"按平均发展速度计算的数列各期发展水平之和与数列各期的实际发展水平之和相等"为前提条件而计算的平均发展速度。根据这一条件，设 $\overline{R}$ 为累积法平均发展速度，即可建立如下方程式：

$$a_0\overline{R} + a_0\overline{R}^2 + a_0\overline{R}^3 + \cdots\cdots + a_0\overline{R}^n = a_1 + a_2 + a_3 \cdots\cdots + a_n$$

$$a_0(\overline{R} + \overline{R}^2 + \overline{R}^3 + \cdots \overline{R}^n) = \sum_{i=1}^{n} a_i$$

$$\overline{R} + \overline{R}^2 + \overline{R}^3 + \cdots \overline{R}^n = \frac{\sum_{i=1}^{n} a_i}{a_0} \qquad (3-10)$$

由式（3-10）求 $\overline{R}$ 则要解这个高次方程。求解高次方程十分麻烦，通常是利用已经编制好的《平均增长速度查对表》进行计算。先由原数列数据计算出式（3-10）等号右侧的值，再以该值除以 n，将结果与1比较，大于1为增长，查表中增长速度部分，小于1为下降，查表中下降速度部分。

【例9】 根据表3-2资料，求北方建筑公司各年工资总额的累积法平均发展速度和平均增长速度。

已知：$a_0 = 1927$，$n = 4$

$$\sum_{i=1}^{4} a_i = 2248 + 2976 + 3415 + 3676 = 12315$$

$$\frac{\sum_{i=1}^{4} a_i}{a_0} = \frac{12315}{1927} = 6.3098 = 639.08\%$$

$$\frac{\sum_{i=1}^{4} a_i/a_0}{4} = \frac{6.3908}{4} = 1.5977 > 1$$

查表中增长速度部分，先找到间隔期 $n=4$ 年的列，再查列中与 639.08% 最接近的一个数为 639.78%，最后横向得其平均增长速度为 19.7%。可知其累积法平均发展速度为：

$$\overline{R} = 19.7\% + 1 = 119.7\%$$

比较两种平均发展速度，可以看到它们的主要区别是：水平法平均速度重在数列最后所达到的水平，按其平均速度计算，最后一期的计算水平与实际水平是相一致的；累积法平均速度重在数列各期发展水平的累积值，其保证计算累积值与实际累积值相一致。

第二节 时间数列构成分析

一、时间数列的构成

仅仅对时间数列的水平、速度进行计算分析有时还不够，要进一步认识现象发展变化的内在原因和规律，就需要对时间数列的构成因素做进一步的分析与研究。

一些社会经济现象的长期变化往往是由多种因素影响所致。在这些因素中，有些是具有决定性作用的本质因素，有些则是偶然发生作用的非本质因素。本质因素的作用稳定、一贯，往往决定了现象发展的长期趋势或有规则的变动；非本质因素的作用是不稳定的，常常导致现象发生短期的不规则变动。对这些因素加以区分，对它们的影响进行测量和分析，无疑将大大有助于我们对现象发展变化规律性的认识和把握，以及对现象未来发展趋势的预测。

就社会经济现象而言，构成时间数列的要素一般可分为四类：即长期趋势、季节变动、循环波动和不规则变动。长期趋势是指现象在较长时期的发展变化中所呈现出来的上升或下降的趋势，通常被解释为是影响现象发展的一些基本因素作用的结果。季节变动是指现象在发展过程中因季节性因素或与季节相关的因素影响而发生的随季节变换而有规则地反复出现的变动，其周期一般为一年。循环波动也是一种周而复始的周期性变动，它与季节变动的区别主要在于变动周期较长，且周期长度也不十分确定，其形成因素也较为复杂，是动态研究中的难点。不规则变动是指那些因突发性事件和偶然性因素导致的现象短期变动，这种变动因其无规律可循而难以预料，动态分析中希望排除它们的影响。

时间数列构成分析首先要建立构成因素与时间数列关系的数学模型，许多研究从不同的角度建立了许多不同的时间数列构成模型。这里介绍一种最基本，也是最常用的乘法模型。

设：时间数列为 Y，长期趋势为 T，季节变动为 S，循环波动为 C，不规则变动为 I，则时间数列构成的乘法模型为：

$$Y = T \times S \times C \times I \tag{3-11}$$

式中长期趋势的测量值 T 是与时间数列 Y 相同计量单位的数值，而其他要素的测量值均为相对数数值，一般为百分数形式。下面我们以表 3-3 中给出的北方建筑公司 1992～1996 年各季度工资总额资料，介绍时间数列构成要素的测定和分析方法。

北方建筑公司 1992～1996 年各季度工资总额　（单位：万元）　表 3-3

年 份	季 度			
	一季度	二季度	三季度	四季度
1992	369	542	525	491
1993	457	598	604	589
1994	568	823	801	784
1995	770	914	890	841
1996	801	975	962	938

二、长期趋势的测定

从时间数列的实际数据中将长期趋势分解出来，可使用的方法很多，这里我们介绍移动平均法和最小二乘法两种方法。

（一）移动平均法

移动平均法是通过对原时间数列的修匀，来达到消除数列中的各种短期变动，呈现现象基本发展趋势的目的。具体做法是：首先，根据原数列变动的特点确定平均的项数，尽量选择奇次项；然后，自数列首项开始逐项向后推移地计算前若干项数值的均值，每次平均的项数不变，直至推移平均到原数列的最后一项；由此得到的一系列均值构成一个新的时间数列。新数列的每个均值，其时间位置应居于所平均各项的中间点。即当平均项数为奇数时，均值正对中间项；若平均项数为偶数时，则均值落在中间两项之间，这时数列的时间状态不明确，需要再做一次两项移动平均，使均值数列移正与原数列的时间对齐。

【例10】 根据表3-3资料，求北方建筑公司季度工资总额数列的移动平均趋势数列，计算如表3-4，并根据表3-4绘制图3-1。

（单位：万元） **表 3-4**

年、季		工资总额	三项平均	四项平均	移动平均
1992	一	369	—	—	—
	二	542	478.7	—	—
	三	525	519.3	481.8	492.8
	四	491	491.0	503.8	510.8
1993	一	457	515.3	517.8	527.7
	二	598	553.0	537.5	549.8
	三	604	597.0	562.0	575.9
	四	589	587.0	589.8	617.9
1994	一	568	660.0	646.0	670.7
	二	823	730.7	695.3	719.7
	三	801	802.7	744.0	769.3
	四	784	785.0	794.5	805.9
1995	一	770	822.7	817.3	828.4
	二	914	858.0	839.5	846.7
	三	890	881.7	853.8	857.7
	四	841	844.0	861.5	869.2
1996	一	801	872.3	876.8	885.8
	二	975	912.7	894.8	906.9
	三	962	958.3	919.0	—
	四	938	—	—	—

由表3-4的计算结果和图3-1可看到，移动平均后的新数列与原数列比较已消除了许多短期变动，明显地体现出该公司工资总额的发展趋势。比较四项移动平均和三项移动平均的结果，很明显四项平均更多地消除了一些数据波动，平均项数越多，消除差异越多。但是，平均的项数多，新数列两端损失的信息也越多，使新数列描述的时间范围缩小。移动平均法的这一特点也使其难以进行趋势的外推，即不适于预测。

（二）最小二乘法

最小二乘法是通过对时间数列的实际数据拟合一个趋势方程式并得到一条与这个方程

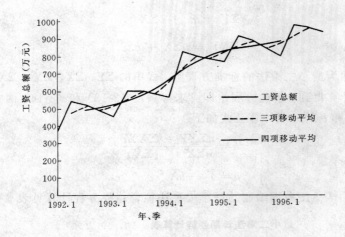

图 3-1 表 3-4 数据的图示

式相对应的趋势线,来表现和描述现象发展长期趋势的基本方法。当我们将时间数列的时间序号作为 X(自变量),时间数列的数值作为 Y(因变量),即可采用最小二乘法为时间数列拟合一个趋势方程来表示其长期趋势。

首先我们要确定趋势方程的形式。是直线方程,还是曲线方程,及是哪一类的曲线方程?这一选择要由研究者根据对实际数列的观察和经验来判断决定。当数列长期趋势表现为直线趋势或研究者主观判断其为直线趋势时,其趋势方程的一般形式为:

$$Y_c = a + bX \tag{3-12}$$

式中,Y_c 为时间数列 Y 的趋势值,X 是时间序号,a 和 b 是待求参数,其中 a 表示趋势线在 Y 轴上的截距,b 是趋势线的斜率。

根据数学原理,要使拟合得到的趋势线对时间数列所有的实际观察值 Y 最具有代表性,就需要这条线符合如下两个条件:

第一,拟合误差(离差)之和等于 0,即:

$$\Sigma(Y - Y_c) = 0 \tag{3-13}$$

第二,拟合误差(离差)的平方和为最小值,即:

$$\Sigma(Y - Y_c)^2 = 最小值 \tag{3-14}$$

上述两个条件实际上是统一的,由(3-14)式出发,将(3-12)式代入(3-14)式即得下式:

$$\Sigma(Y - a - bX)^2 = 最小值 \tag{3-15}$$

求令式(3-15)成立的系数 a 和 b 的值,就要先对该式分别求 a 和 b 的偏导数,并令其等于 0,于是有:

$$\frac{\partial \Sigma(Y - a - bX)^2}{\partial a} = -2\Sigma(Y - a - bX) = 0$$

$$\frac{\partial \Sigma(Y - a - bX)^2}{\partial b} = -2\Sigma X(Y - a - bX) = 0$$

将上面两式整理,得如下方程组:

$$\begin{cases} \Sigma Y = na + b\Sigma X \\ \Sigma XY = a\Sigma X + b\Sigma X^2 \end{cases} \quad (3-16)$$

这一方程组称为最小二乘法的标准方程组。式中的 ΣY、ΣX、ΣX^2、ΣXY 和 n，均可由原数列中的数据计算得到。解此方程组即可求得满足（3-13）和（3-14）两式的趋势方程参数 a 值和 b 值，a 和 b 的一般计算公式如下：

$$b = \frac{n\Sigma XY - \Sigma X \Sigma Y}{n\Sigma X^2 - (\Sigma X)^2} \quad (3-17)$$

$$a = \overline{Y} - b\overline{X} \quad (3-18)$$

【例 11】 由表 3-1 数据编制的最小二乘法拟合趋势方程计算见表 3-5。

最小二乘法长期趋势计算表　（单位：万元）　　表 3-5

年、季		时间序号 X	工资总额 Y	X^2	XY	Y_c
1992	一	1	369	1	369	431.5
	二	2	542	4	1084	461.0
	三	3	525	9	1575	490.6
	四	4	491	16	1964	520.1
1993	一	5	457	25	2285	549.6
	二	6	598	36	2588	579.1
	三	7	604	49	4228	608.7
	四	8	589	64	4712	638.3
1994	一	9	568	81	5112	667.8
	二	10	823	100	8230	697.3
	三	11	801	121	8811	726.9
	四	12	784	144	9408	756.4
1995	一	13	770	169	10010	785.9
	二	14	914	196	12796	815.5
	三	15	890	225	13350	845.0
	四	16	841	256	13456	974.6
1996	一	17	801	289	13617	904.1
	二	18	975	324	17550	933.6
	三	19	962	361	18278	963.2
	四	20	938	400	18760	992.7
Σ		210	14242	2870	169183	

将表中计算结果分别代入式（3-17）、（3-18），计算如下：

$$b = \frac{20 \times 169183 - 14242 \times 210}{20 \times 2870 - 210^2} = 29.54$$

$$\overline{Y} = \frac{14242}{20} = 712.1 \quad \overline{X} = \frac{210}{20} = 10.5$$

$$a = 712.1 - 29.54 \times 10.5 = 401.93$$

按此趋势方程，令 $X=1, 2, \cdots\cdots, 20$，可得到各期相应的趋势值，计算结果见表 3-5 中的 Y_c。根据该栏数据可绘制直线趋势图（见图 3-2）。

以最小二乘法拟合的趋势方程具有外推的意义，可以用来对现象未来的趋势值进行预测。

【**例 12**】 根据趋势方程预测北方建筑公司1997年第二季度和1998年一季度工资总额的趋势值如下：

1997年二季度趋势值，$X=22$，
$Y_{c,22}=401.93+29.54\times22=1051.8$
（万元）

1998年一季度趋势值，$X=25$，
$Y_{c,25}=401.93+29.54\times25=1140.4$
（万元）

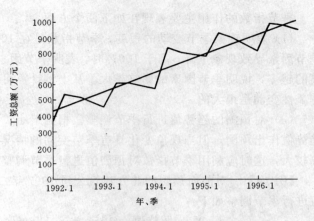

图 3-2 直线趋势图

三、季节变动的测定

测定季节变动，应首先剔除原数列 Y 中长期趋势的影响，然后再以同期平均法消除其它变动因素的影响，求得季节指数。具体步骤是：

第一，以乘法模型式（3-11）为依据，用（Y/T）式剔除长期趋势影响。式中的 T 可以是移动平均法的数列趋势值，也可以是最小二乘法拟合的数列趋势值。

第二，$Y/T=(S+C+I)$ 表明剔除长期趋势后的数列为包含 S、C、I 三者影响在内的相对数数列，对该数列的各年同月或同季数据求同期平均数，再作适当调整，即可得到数列的季节指数。

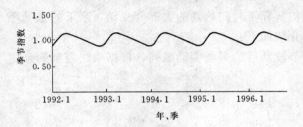

图 3-3 季节指数图

【**例 13**】 北方建筑公司工资总额数列的季节指数计算，见表3-6、图3-3。

季节指数计算表　　　　表 3-6

	年份	一季度	二季度	三季度	四季度
原数列 Y （万元）	1992 1993 1994 1995 1996	369 457 568 770 801	542 598 823 914 975	525 604 801 890 962	491 589 784 841 938
长期趋势 $T=Y_c$ （万元）	1992 1993 1994 1995 1996	431.5 549.6 667.8 785.9 904.1	461.0 579.1 697.3 815.5 933.6	490.6 608.7 726.9 845.0 963.2	520.1 638.3 756.4 874.6 992.7
无趋势变动 Y/Y_c （%）	1992 1993 1994 1995 1996	85.5 83.2 85.1 98.0 88.6	117.6 103.3 118.0 112.1 104.4	107.0 99.2 110.3 105.3 99.9	94.4 92.3 103.6 96.2 94.5
同期平均季节指数 S(%)	1992～1996	88.1	111.1	104.3	96.2

45

季节指数的作用主要表现在如下两个方面：

(1) 表明现象季节变动的程度。季节指数是在100%左右变动的，低于100%时，表明季节因素导致现象下降；高于100%时，表明季节因素导致现象上升。季节指数对100%偏离的越多，说明季节因素的影响越大。从上例计算可看到，北方建筑公司工资总额支出的季节性变动是很大的。

(2) 对预测的趋势值进行季节调整。根据最小二乘法拟合的趋势方程可对现象未来的趋势值作出预测，但当现象变化具有季节变动的情况下，预测的趋势值可能会与实际值偏离较大，这时应利用季节指数对预测值进行季节调整。

【例14】 对前面预测的北方建筑公司1997年二季度和1998年一季度工资总额趋势值进行季节调整如下：

$Y_{c,22}$ 调整值 = 1051.8 × 111.1% = 1168.5（万元）

$Y_{c,25}$ 调整值 = 1140.4 × 88.1% = 1004.7（万元）

四、循环波动及不规则变动的测定

长期趋势和季节变动的测定，已使我们解释了时间数列的大部分变动，余下的是循环波动和不规则变动。测定两种变动的方法介绍如下：

第一步，首先计算剔除长期趋势和季节波动后的剩余变动数列，根据乘法模型剩余变动数列的计算公式为：

$$C \times I = \frac{Y}{T \times S} \qquad (3\text{-}19)$$

第二步，然后对剩余变动数列（$C \times I$）进行移动平均，以消除其中的不规则变动，求得循环波动相对数数列。下例采用三项移动平均方法。

第三步，最后用下式求不规则变动相对数数列：

$$I = \frac{Y}{T \times S \times C} = \frac{C \times I}{C} \qquad (3\text{-}20)$$

【例15】 北方公司工资总额循环波动与不规则变动计算见表3-7，其图形见图3-4和图3-5。

循环波动与不规则变动计算表　　　　　　　　　　　表3-7

年、季		时间序号 X	工资总额（万元）Y	长期趋势（万元）Y_c	季节指数（%）S	循环与不规则变动（%）$C \times I$	循环波动（%）C	不规则变动（%）I
1992,	一	1	369	431.5	88.1	97.1	—	—
	二	2	542	461.0	111.1	105.8	101.8	103.9
	三	3	525	490.6	104.3	102.6	102.2	100.4
	四	4	491	520.1	96.2	98.1	98.4	99.7
1993,	一	5	457	549.6	88.1	94.4	95.2	99.2
	二	6	598	579.1	111.1	92.9	94.2	98.7
	三	7	604	608.7	104.3	95.1	94.6	100.4
	四	8	589	638.3	96.2	95.9	95.7	100.2

续表

年、季		时间序号 X	工资总额（万元）Y	长期趋势（万元）Y_c	季节指数（%）S	循环与不规则变动（%）$C \times I$	循环波动（%）C	不规则变动（%）I
1994，	一	9	568	667.8	88.1	96.5	99.6	97.0
	二	10	823	697.3	111.1	106.2	102.9	103.2
	三	11	801	726.9	104.3	105.7	106.6	99.2
	四	12	784	756.4	96.2	107.7	108.2	98.5
1995，	一	13	770	785.9	88.1	111.2	106.6	104.3
	二	14	914	815.5	111.1	100.9	104.4	96.6
	三	15	890	845.0	104.3	101.0	100.6	100.4
	四	16	841	874.6	96.2	100.0	100.5	99.5
1996，	一	17	801	904.1	88.1	100.6	98.2	102.4
	二	18	975	933.6	111.1	94.0	96.7	97.1
	三	19	962	963.2	104.3	95.6	96.0	99.8
	四	20	938	992.7	96.2	98.2	—	—

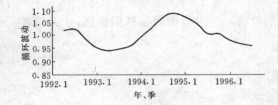

图 3-4 循环波动图

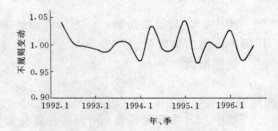

图 3-5 不规则变动图

第三节 统 计 指 数

一、指数的概念与作用

在统计学中，指数的概念不同于数学乘方运算中的指数概念，它是指反映现象发展变化的动态相对数。从广义上理解，它包括发展速度、增长速度等一般动态相对数；但从狭义上理解，指数是一种特殊的动态相对数，即能够反映多种现象综合变动的相对数。例如，一企业同时生产四种产品，与基期相比本期生产情况是：两种产品增产了，另两种产品减产了。如何综合评价其生产情况呢？另一个典型的例子是，测量市场上多种商品价格总水平变动。在同一时期内，有些商品价格上涨，有些下跌，所有这些商品的价格总水平变动如何呢？类似这些问题，只有靠指数的方法将各个个体现象的变动合理地综合起来，反映它们总的变动水平。这就是常见的价格指数和数量指数。

指数的作用还被扩展到多种现象空间差异的综合比较上来。例如，比较北京和上海两地市场物价总水平的高与低，可以计算反映两地价格差异的地区比价指数。

指数的另一方面作用是因素分析，即将一个综合现象的变动，分为多个影响因素的变动影响结果。例如，生产产值的变化可分解为是由价格变动和产量变化两个因素变动的影响造成的。

指数的计算方法主要有两类，一是综合指数方法，一是平均数指数方法。

二、综合指数

（一）综合指数的形式

综合指数方法是编制总指数的基本方法。这一方法的基本思路是："先综合，后比较。"即先分别计算多种现象在基期和报告期的综合值，再进行比较，求得反映这些现象综合变动的总指数。

多种现象综合值的计算是计算综合指数的关键，一般不宜采用简单加总的方式。原因在于：一方面，各现象数值往往因计量单位不同而不具有可加性；另一方面，在指数计算中，简单加总的综合值难以正确体现各现象在现象综合变动中的作用和影响。正确的方法是采用加权的形式，对各现象数值进行加权综合计算。适当的权数既可消除原数值间的不可加性，又可正确体现指数计算中各现象的相对重要性。由此构造综合指数基本公式如下：

价格指数

$$K_p = \frac{\Sigma p_1 q}{\Sigma p_0 q} \tag{3-21}$$

式中：K_p 为价格指数，p_1 为每件商品报告期价格，p_0 为每种商品基期价格，q 为权数，即每种商品的销售量。

数量指数

$$K_q = \frac{\Sigma q_1 p}{\Sigma q_0 p} \tag{3-22}$$

式中：K_q 为数量指数，q_1 为每种商品报告期销售数量，q_0 为每种商品基期销售数量，p 为权数，即每种商品的价格。

由式（3-21）可看到，计算价格指数时通常是以销售量为权数。因为，每种商品的销售量恰恰可以体现该商品价格对价格总水平影响的份额；其次以销量为权数，可使不宜直接加总的各种商品价格转变为可以加总的销售额；最后，作为权数在指数的分子和分母中采用的是同样的销量；所以计算结果并非反映销售额的变动，而是反映了各种商品价格的综合变动。

同样的道理，在计算数量指数时通常采用每种商品的价格为权数，见公式（3-22）。

但问题尚未最后解决。作为权数的销量 q（价格指数）和价格 p（数量指数）是哪个时期的呢？可供选择的时期有三种：基期、报告期、某一稳定时期。由此又构造出小有差异的不同形式的综合指数公式：

（1）以基期资料为权数，公式为：

$$K_p = \frac{\Sigma p_1 q_0}{\Sigma p_0 q_0} \tag{3-23}$$

$$K_q = \frac{\Sigma q_1 p_0}{\Sigma q_0 p_0} \tag{3-24}$$

（2）以报告期资料为权数，公式为：

$$K_\mathrm{p} = \frac{\Sigma p_1 q_1}{\Sigma p_0 q_1} \tag{3-25}$$

$$K_\mathrm{q} = \frac{\Sigma q_1 p_1}{\Sigma q_0 p_1} \tag{3-26}$$

(3) 以某一稳定时期资料为权数，公式为：

$$K_\mathrm{p} = \frac{\Sigma p_1 q_\mathrm{n}}{\Sigma p_0 q_\mathrm{n}} \tag{3-27}$$

$$K_\mathrm{q} = \frac{\Sigma q_1 p_\mathrm{n}}{\Sigma q_0 p_\mathrm{n}} \tag{3-28}$$

式中：q_n 为某特定时期各种商品的销量，p_n 为某特定时期各种商品的价格。

以上三种以不同时期资料加权的综合指数形式都是合理的，但意义各有不同。使用中应根据所分析的问题和占有资料的情况，作出选择。一些统计专家的建议是：在通常情况下，计算价格指数尽可能采用报告期的销量加权，计算数量指数尽可能采用基期的价格加权，而在编制长期连续的指数数列时，无论是价格指数还是数量指数，都应采有固定时期的权数。

(二) 综合指数计算举例

根据综合指数的公式，我们以表 3-8 中的资料为例，计算价格指数和数量指数。

【例 16】 某建材贸易公司在基期和报告期零售的三种主要商品价格和销量资料见表 3-8。

表 3-8

品 名	计量单位	销 售 量		价 格 （元）	
		q_0	q_1	p_0	p_1
砖	块	360000	320000	0.20	0.21
水泥	袋	4000	5000	17.00	23.00
钢筋	t	120	120	3600.00	4200.00

根据表 3-8 中资料，按综合指数公式计算该公司三种零售建材商品的价格指数和销售数量指数，见表 3-9。

综合指数计算表 　　　　　　表 3-9

商 品	销 售 额 （元）			
	$p_0 q_0$	$p_1 q_1$	$p_0 q_1$	$p_1 q_0$
砖	72000	67200	64000	756000
水泥	68000	115000	85000	92000
钢筋	432000	504000	432000	504000
Σ	572000	686200	581000	671600

以基期销量加权的价格指数：

$$K_\mathrm{p} = \frac{\Sigma p_1 q_0}{\Sigma p_0 q_0} = \frac{671600}{572000} = 117.4\%$$

以报告期销量加权的价格指数：

$$K_p = \frac{\Sigma p_1 q_1}{\Sigma p_0 q_1} = \frac{686200}{581000} = 118.1\%$$

两个价格指数的差异主要是由权数结构的差异造成的。从实际意义上来看，人们有理由更关心报告期销量结构条件下的价格变动和影响。

以基期价格加权的数量指数：

$$K_q = \frac{\Sigma q_1 p_0}{\Sigma q_0 p_0} = \frac{581000}{572000} = 101.6\%$$

以报告期价格加权的数量指数：

$$K_q = \frac{\Sigma q_1 p_1}{\Sigma q_0 p_1} = \frac{686200}{671600}$$

比较两个数量指数，以基期价格加权的指数可更单纯地反映销量的变化和影响。

三、平均数指数

平均数指数方法是编制总指数的另一种思路和方法，其基本思路是："先比较，后综合平均。"即先比较计算每一现象的变动相对数——个体指数，然后再以加权平均的方法求得各种现象变动的综合平均值——总指数。

（一）加权算术平均数指数

加权算术平均数指数的基本公式如下：

$$K_p = \frac{\Sigma \frac{p_1}{p_0} pq}{\Sigma pq} \tag{3-29}$$

$$K_q = \frac{\Sigma \frac{q_1}{q_0} pq}{\Sigma pq} \tag{3-30}$$

式中：p_1/p_0 为每种商品的个体价格指数，q_1/q_0 为每种商品的个体数量指数，pq 为权数，是每种商品的销售额，即价格 p 和销量 q 的乘积。

以销售额为权数可以充分体现每种现象的变动在综合变动中的影响和地位。权数的时期同样有基期、报告期和固定时期三种选择。在实际应用中，通常选用基期销售额作为权数。这时的加权算术平均数指数与基期加权的综合指数是等价的。计算公式如下：

$$K_p = \frac{\Sigma \frac{p_1}{p_0} p_0 q_0}{\Sigma p_0 q_0} = \frac{\Sigma p_1 q_0}{\Sigma p_0 q_0} \tag{3-31}$$

$$K_q = \frac{\Sigma \frac{q_1}{q_0} p_0 q_0}{\Sigma p_0 q_0} = \frac{\Sigma q_1 p_0}{\Sigma q_0 p_0} \tag{3-32}$$

【例 17】 以表 3-8 和表 3-9 中资料代入式（3-31）和式（3-32），计算价格指数和数量指数如下：

$$K_p = \frac{\frac{0.21}{0.10} \times 72000 + \frac{23}{17} \times 68000 + \frac{4200}{3600} \times 432000}{72000 + 68000 + 432000}$$

$$= \frac{671600}{572000} = 117.4\%$$

$$K_q = \frac{\frac{320000}{360000} \times 72000 + \frac{5000}{4000} \times 68000 + \frac{120}{120} \times 432000}{72000 + 68000 + 432000}$$

$$= \frac{581000}{572000} = 101.3\%$$

另外,当应用加权算术平均数指数编制长期连续的指数数列时,一般应采用某一特定时期的销售额为固定权数,以使各期指数可进行比较。计算公式为:

$$K_p = \frac{\sum \frac{p_1}{p_0} p_n q_n}{\sum p_n q_n} \qquad (3-33)$$

$$K_q = \frac{\sum \frac{q_1}{q_0} p_n q_n}{\sum p_n q_n} \qquad (3-34)$$

(二)加权调和平均数指数

加权调和平均数指数基本公式如下:

$$K_p = \frac{\sum pq}{\sum \frac{1}{p_1/p_0} pq} \qquad (3-35)$$

$$K_q = \frac{\sum pq}{\sum \frac{1}{q_1/q_0} pq} \qquad (3-36)$$

在实际应用中,为保持其与综合指数的等价关系,通常是以报告期销售额为权数。公式为:

$$K_p = \frac{\sum p_1 q_1}{\sum \frac{1}{p_1/p_0} p_1 q_1} = \frac{\sum p_1 q_1}{\sum p_0 q_1}$$

$$K_q = \frac{\sum p_1 q_1}{\sum \frac{1}{q_1/q_0} p_1 q_1} = \frac{\sum q_1 p_1}{\sum q_0 p_1}$$

【例18】 仍以表5-8和表5-9中有关数据代入,计算价格指数和数量指数如下:

$$K_p = \frac{67200 + 115000 + 504000}{\frac{0.20}{0.21} \times 67200 + \frac{17}{23} \times 115000 + \frac{3600}{4000} \times 504000}$$

$$= \frac{686200}{581000} = 118.1\%$$

$$K_q = \frac{67200 + 115000 + 504000}{\frac{360000}{320000} \times 672000 + \frac{4000}{5000} \times 115000 + \frac{120}{120} \times 504000}$$

$$= \frac{686200}{671600} = 102.2\%$$

与算术平均数指数一样,当编制长期连续指数数列时,应将权数固定在某一时期,以保证数列的可靠性。

第四节 指数因素分析

一、指数体系

对复杂现象的变动进行因素分析，是指数方法的一项重要功能。而建立描述现象间变动关系的指数体系，则是进行指数因素分析的前提。所谓指数体系，是指若干相互联系的指数形成的一个指数群体。这个群体往往是由一个反映多因素综合现象变动的指数和若干反映单因素现象变动的指数构成的。在这些指数之间存在着一定的计算关系，即多因素综合现象指数等于若干单因素现象指数的乘积。例如，如下一些指数体系关系：

商品销售额指数＝商品价格指数×商品销售量指数
产品产值指数＝产品出厂价格指数×产品产量指数
产品总成本指数＝产品单位成本指数×产品产量指数
原材料费用总指数＝产品产量指数×产品单位原材料消耗量指数×原材料价格指数
可变构成指数＝固定构成指数×结构影响指数

在建立指数体系时，对于单因素现象指数中的加权指数要特别注意权数时期的选择，权数时期选择不当，将破坏指数体系内的计算关系。权数时期确定的一般原则是交叉搭配原则，即一个指数的权数确定为基期，另一指数的权数即应为报告期。这样才能保证指数体系计算关系等式的成立。以综合指数公式为例，指数体系的公式表达式为：

$$\frac{\Sigma p_1 q_1}{\Sigma p_0 q_0} = \frac{\Sigma p_1 q_1}{\Sigma p_0 q_1} \times \frac{\Sigma q_1 p_0}{\Sigma q_0 p_0} \tag{3-37}$$

即：价值指数＝报告期数量加权的价格指数 × 基期价格加权的数量指数

$$\frac{\Sigma p_1 q_1}{\Sigma p_0 q_0} = \frac{\Sigma p_1 q_0}{\Sigma p_0 q_0} \times \frac{\Sigma q_1 p_1}{\Sigma q_0 p_1} \tag{3-38}$$

即：价值指数＝报期数量加权的价格指数 × 基告期价格加权的数量指数

这两个指数体系都成立，但如果把同一时期加权的价格指数和数量指数放在一起，则指数体系的计算关系即会失去。

二、综合总量变动的因素分析

指数因素分析，即根据指数体系将多因素综合现象的变动理解为各单因素现象变动的结果，从而从现象的相对变动程度和绝对水平变动两个方面，对各单因素现象对多因素综合现象的影响作出分析，对多因素综合现象的变动作出解释。

综合量是指诸如销售额、总产值、总成本等一类的总价值量指标，具体表现为价格和销量（或产量）的乘积。当其数量发生变化时，我们自然应从其决定因素那里找到变动的原因和解释。

【例19】 以表3-8中的资料为例，对该贸易公司报告期销售额的变动情况作出分析与解释。

由表3-9中的计算已知：

$\Sigma p_0 q_0 = 572000$(元)，$\Sigma p_1 q_1 = 686200$(元)，$\Sigma p_0 q_1 = 581000$(元)

选择式（3-37）形式建立本例的指数体系，然后从相对变动程度方面分析如下：

销售额指数＝报告期销量加权的价格指数 × 基期价格加权的数量指数

$$\frac{\Sigma p_1 q_1}{\Sigma p_0 q_0} = \frac{\Sigma p_1 q_1}{\Sigma p_0 q_1} \times \frac{\Sigma q_1 p_0}{\Sigma q_0 p_0}$$

$$\frac{686200}{572000} = \frac{68200}{581000} \times \frac{581000}{572000}$$

$$120.0\% = 118.1\% \times 101.6\%$$

即说明该公司销售额增长 20％是由价格平均上涨 18.1％和销量平均增长 1.6％所造成的。由此可得到该公司销售额的增长主要来自商品价格水平的上涨的结论。

从绝对水平变动方面分析：

销售实际变动额＝价格变动影响额 ＋ 销量变动影响额

$$(\Sigma p_1 q_1 - \Sigma p_0 q_0) = (\Sigma p_1 q_1 - \Sigma p_0 q_1) + (\Sigma q_1 p_0 - \Sigma q_0 p_0)$$

$$(686200 - 572000) = (686200 - 581000) + (581000 - 572000)$$

$$114200(元) = 105200(元) + 9000(元)$$

即可看到由于价格上涨 18.1％而使销售额增加 105200 元，由于销量增长 1.6％而带来销售额增加 9000 元。两因素共同推动销售额增长 20％，实际增加 114200 元，其中来自价格上涨的收益占了 95.1％。

三、加权平均值变动的因素分析

（一）指数体系与公式

我们已知加权算术平均数是由各组变量值 X 和各组权数比重 $f/\Sigma f$ 两个因素计算的，其计算式可表示为：

$$\overline{X} = \Sigma X \frac{f}{\Sigma f}$$

当我们反映一个加权算术平均数在不同时期的变动时，通常是计算可变构成指数。其计算公式为：

$$可变构成指数 = \frac{\overline{X_1}}{\overline{X_0}} = \frac{\Sigma X_1 \frac{f_1}{\Sigma f_1}}{\Sigma X_0 \frac{f_0}{\Sigma f_0}} \tag{3-39}$$

由式 (3-39) 中的展开式可看到，加数算术平均数的变动是变量值的变化（由 $X_0 \to X_1$）和权数比重的变化（由 $f_0/\Sigma f_0 \to f_1/\Sigma f_1$）这两个因素变化的综合结果。分别测量这两个因素变化对均值变动的影响，将使我们对均值变动的原因和程度作出更深一步的解释与分析。

进行这一分析，首先要编制单纯反映变量值变化影响的固定构成指数和单纯反映权数比重变化影响的结构影响指数；进而与可变构成指数一起组成一个专用于分析加权均值变动的指数体系。这一指数体系公式如下：

可变构成指数＝固定构成指数 × 结构影响指数

$$\frac{\Sigma X_1 \frac{f_1}{\Sigma f_1}}{\Sigma X_0 \frac{f_0}{\Sigma f_0}} = \frac{\Sigma X_1 \frac{f_1}{\Sigma f_1}}{\Sigma X_0 \frac{f_1}{\Sigma f_1}} \times \frac{\Sigma X_0 \frac{f_1}{\Sigma f_1}}{\Sigma X_0 \frac{f_0}{\Sigma f_0}} \tag{3-40}$$

进一步从绝对水平变动来分析，有如下关系式：

均值实际变动额＝变量值变动影响额＋权数比重变动影响额

$$\left(\Sigma X_1 \frac{f_1}{\Sigma f_1} - \Sigma X_0 \frac{f_0}{\Sigma f_0}\right) = \left(\Sigma X_1 \frac{f_1}{\Sigma f_1} - \Sigma X_0 \frac{f_1}{\Sigma f_1}\right) + \left(\Sigma X_0 \frac{f_1}{\Sigma f_1} - \Sigma X_0 \frac{f_0}{\Sigma f_0}\right) \quad (3-41)$$

（二）计算分析举例

我们以一个例子来说明上述分析过程。

【例20】 某施工队按人员分类的平均工资水平数据见表3-10，请进行加权平均值的变动因素分析。

某施工队平均工资计算表　　　　　　　　　表 3-10

人员分类	月平均工资（元）		人　数（人）		工资总额（元）		
	x_0	x_1	f_0	f_1	$x_0 f_0$	$x_1 f_1$	$x_0 f_1$
低级工	400	440	10	24	4000	10560	9600
高级工	500	520	20	24	10000	12480	12000
技术与管理人员	600	610	30	30	18000	18300	18000
Σ			60	78	32000	41340	39600

（1）计算可变构成指数和全施工队平均工资变动额。

$$\text{可变构成指数（总平均工资指数）} = \frac{\frac{\Sigma x_1 f_1}{\Sigma f_1}}{\frac{\Sigma x_0 f_0}{\Sigma f_0}} = \frac{\frac{41340}{78}}{\frac{32000}{60}}$$

$$= \frac{530}{533.33} = 99.4\%$$

$$\text{总平均工资变动额} = \frac{\Sigma x_1 f_1}{\Sigma f_1} - \frac{\Sigma x_0 f_0}{\Sigma f_0} = 530 - 533.33 = -3.33（元）$$

由计算结果可看到，全施工队总平均工资下降了0.6％；实际减少3.33元。可我们自表3-10中资料可看到，每个组的职工平均工资都是增加的，为什么全施工队总平均工资却减少了呢？

（2）计算固定构成指数和各组平均工资变动的影响额。

$$\text{固定构成指数} = \frac{\frac{\Sigma x_1 f_1}{\Sigma f_1}}{\frac{\Sigma x_0 f_1}{\Sigma f_1}} = \frac{\frac{41340}{78}}{\frac{39600}{78}} = \frac{530}{507.69} = 104.4\%$$

$$\text{各组平均工资变动影响额} = \frac{\Sigma x_1 f_1}{\Sigma f_1} - \frac{\Sigma x_0 f_1}{\Sigma f_1} = 530 - 507.69 = 22.31（元）$$

计算结果表明，消除人员结构变动的影响，职工工资平均增长4.4％，人均增加22.31元。

（3）计算结构影响指数和人员结构变动的影响额。

$$\text{结构影响指数} = \frac{\frac{\Sigma x_0 f_1}{\Sigma f_1}}{\frac{\Sigma x_0 f_0}{\Sigma f_0}} = \frac{\frac{39600}{78}}{\frac{32000}{60}}$$

$$= \frac{507.69}{533.33} = 95.2\%$$

人员结构变动影响额 $= \frac{\Sigma x_0 f_1}{\Sigma f_1} - \frac{\Sigma x_0 f_0}{\Sigma f_0} = 507.69 - 533.33 = -25.64(元)$

计算结果表明，由于人员结构的变化（低工资的低级工的比重增加），使全队总平均工资下降了4.8%，人均工资减少了25.64元。

（4）建立指数体系，分析因果关系。

从相对变动分析来看，指数体系为：

$$99.4\% = 104.4\% \times 95.2\%$$

从绝对水平变动的因素分解看：

$$-3.33(元) = 22.31(元) - 25.64(元)$$

综合分析表明，虽然全施工队总平均工资下降了0.6%，人均减少了3.33元。但实际上职工的工资水平并没有下降而是提高的，其仅仅是由于人员结构发生了变化，低工资人员比重上升而导致总平均工资的水平略有降低。

第二篇 建筑企业统计

第四章 建筑企业统计综述

本章共分三节。第一节是建筑企业统计与建筑业统计，介绍两种统计的关系，简要说明建筑业统计的对象、特点、范围和任务。第二节建筑企业统计与固定资产投资统计，介绍两种统计的关系，简要说明固定资产投资统计的对象、范围、调查方法、指标体系及基础工作。第三节建筑企业统计概述，介绍建筑企业统计的任务、内容、原始记录、统计台帐、统计分析原理、组织与管理。本章是以后各章的综合介绍，描述了建筑业统计的总面貌。

第一节 建筑企业统计与建筑业统计

建筑企业是建筑业的主体成员。建筑企业的生产经营和管理活动受建筑业行业规律的支配和制约。建筑企业统计是建筑业统计的基础统计，首先有建筑企业统计数据，然后才有建筑业行业统计数据。因此建筑企业统计应服从建筑业统计的需要。首先学习建筑业统计的基本点是十分必要的。通过了解建筑业统计的对象、特点、范围、任务和内容，为学习建筑企业统计提供前提和宏观指导，使企业统计与行业统计保持协调。企业统计为行业统计和国民经济统计服务。

一、建筑业统计的对象

建筑业是国民经济中的一个重要物质生产部门，是我国国民经济四大主要支柱产业之一。建筑业为国民经济各部门建造厂房、道路、桥梁，住宅和各种构筑物，并进行机械设备的安装，为国民经济的进一步发展，不断创造新的物质基础。因此，高速度地发展我国建筑业，是尽快地把我国建设成为强大的社会主义国家的重要条件。

建筑业统计是建筑业管理工作的一个重要组成部分。因此，搞好建筑业统计，是多快好省地完成建筑业生产的一个重要保证，也为国民经济统计提供资料。建筑业统计是国民经济统计的重要组成部分，是建筑业企业统计的行业归属。

什么是建筑业统计？概括地说：核算建筑业产品的生产和经营的全部经济活动的行业统计就是建筑业统计。建筑业统计的具体对象是：

第一、必须是建筑产品。建筑产品大体上可以分为三大类：第一类是各种用途的房屋、构筑物，包括厂房、仓库、办公室、医院、幼儿园和住宅等房屋建筑；铁道铺轨、桥梁架设、烟囱砌筑和水库渠道的建筑等建设；第二类是机械设备的安装，也就是将机械厂生产的机械设备，安装到固定支架和底座上；第三类是原有建筑物、构筑物的大修理和一部分中小修理，以及按照我国目前规定纳入建筑施工企业施工活动的非标准设备制造。

第二、应当是建筑产品生产和经营的全部经济活动。建筑业统计不仅要反映建筑产品的生产情况，而且还要研究建筑施工的经济管理情况，及时解决问题，以提高建设速度，保证工程质量，挖掘节约建设资金的潜力。为此，建筑业统计必须为掌握建筑施工的人力、物力、财力的配备和使用情况，以及建筑产品的生产、供应、销售的经营成果等提供服务。

第三、观察和分析建筑业的经济效果应当是建筑业统计核算的中心任务。提高经济效果是当前各项经济活动的中心，因此建筑业统计也应当以此为中心，设置一套反映经济效果的指标体系，规定一套核算经济效果的办法，以促使建筑业经济效果的不断提高。

第四、建筑业统计必须站在建筑行业的高度上。建筑行业（建筑业）由三个部分组成：第一部分是土木工程建筑业，包括从事铁路、公路、码头、机场等交通设施、电站、厂房等工业设施，剧院、体育馆、旅馆、住宅等公用和民用建筑的土建施工及修缮的建筑企业；第二部分是线路、管道和设备安装业，包括专门从事电力、通讯、石油、暖气、污水、给水等管道系统的设备安装业；第三部分是装修装饰业，包括从事建筑物内，外装修和装饰的施工活动，车船、飞机等装饰、装潢活动。因此建筑业统计是对以上三个组成部分统一体（组织体）全部活动的统计。建筑业统计要对建筑业行业管理服务，是建筑业行业管理的有机组成部分。

二、建筑业统计的特点

建筑业统计的特点是由建筑业行业特点决定的。建筑行业的产品特点、生产特点和经营特点，以及建筑市场的特殊性，给建筑业统计带来了如下的一些特点。

第一，由于建筑产品生产周期长，决定了建筑产品统计核算必须以半成品、在制品为主要对象。

建筑产品与一般工业产品不同。一般讲来，建筑产品体积巨大，一项工程从设计开始到竣工使用，都需要经过较长的时间才能完成。在建筑产品生产过程中，需要占用大量的人力、物力和财力。它不象工业那样，可以在较短的时间内生产出成品，及时得到产品销售，除了少数生产周期长（如生产期在六个月以上）的可以包括在制品、半成品价值外，大多数都不包括。但在建筑产品核算时，为了解决建筑企业流动资金的周转问题，除了极少数工期特别短的产品可以建成产品计算产值以外，对于绝大多数产品，有必要在工程全部竣工之前，将建筑产品按完工程度加以划分，对其中在技术上达到一定成熟阶段的建筑产品计算产值，作为建设单位与施工单位逐期结算工程价款的依据。同时，也是负责拨款的建设银行进行拨款的依据。经过建设单位与施工单位结算拨款的这部分工程，也就是施工单位已经卖给建设单位的商品。施工单位内部核算成本、计算工资和利税等，也均以在制品作为核算对象，所以，统计按在制品为核算完成产值的对象，与企业的会计核算、业务核算是一致的。

第二，由于建筑产品的固定性和生产队伍的流动性，决定了建筑产品的生产必须依靠建设单位和施工单位的共同配合，投资统计与施工单位统计密切结合。

与工业产品不同，建筑产品是根据使用者的要求，建筑在它将来发挥作用的地点上的，这就决定了施工队伍和施工机械设备随着生产不同的建筑产品而流动。建筑产品的生产工期、质量、成本等情况，不仅生产单位必须了解，而且建设单位也很关心。由于生产单位和建设单位在建筑产品的生产活动中具有一个共同的目标，而且施工单位统计是投资统计中主要指标的资料来源。因此，建设单位和施工单位在建筑过程中必须加强配合，他们的投资统计指标体系、计算方法等必须和施工单位的施工统计相应指标配套，以便全面分析建筑情况。

第三，由于建筑产品内容复杂、形式多样，每个产品从形式到内容都有其特点，决定了建筑业的统计核算必须以设计预（概）算为依据。

建筑生产与工业生产的一个重要区别，在于建筑生产没有或很少有重复生产，每个产品有每个产品不同的设计，其价值（预算）也随之而不同。即使采用的都是标准设计，也会因为建设地点、自然条件的不同而有较大的差别。例如，地下水位高低，有无地震因素，气候条件因素怎样，所采用的施工方法，施工企业的机械装备情况和生产工人的技术熟练程度等等，都可能对其造价有所影响，这就决定了建筑产品的核算必须以设计预（概）算为依据。在实际工作中，设计预（概）算还是编制生产计划，签订承包合同，进行统计核算，会计核算和银行结算的依据。

第四，由于建筑产品的生产都需要集中耗用大量人力、物力和财力，而且每项产品一经建成，就要长时间使用，决定了建筑业统计中的工期统计、质量统计比一般工业生产统计尤为重要。

缩短时间，提高产品质量是所有物质生产部门都必须遵循的共同原则，而这个原则对建筑业生产的重要性更为突出。"百年大计，质量第一"，"时间就是金钱"几乎已成为每个施工现场的座右铭。这是因为：①建筑产品的效果都是在产品建成之后陆续发挥的，早一天投产就可以为国家早一天创造财富，建设投资就可以早一天回收；②建筑产品的生产周期长，在很长一段时间内只有投入没有产出，大量的人力、物力和财力积压在建筑工程上会使企业的流动资金急剧减少，影响企业的效益；③建筑产品极大部分属于固定资产，它一经建成，就要在使用中长期发挥作用，绝不允许生产一件废品流入市场，至少就是个合格品。这充分说明建筑产品的工期统计和质量统计特别重要。

第五，建筑市场存在着以下特点：建筑产品生产与交易的统一性、交易商品的多样性、交易商品的社会性、交易活动的长期性和阶段性、与房地产市场的交融性等。这些特点使建筑业统计产生了以下特点：一是统计范围的宏观性，即：建筑业统计是多产品的、多专业的、多组织的、是建筑市场的总体；二是统计服务的多角性，既要为行业管理者进行本行业管理服务，又要为行业管理者处理与其他行业的关系服务，还要为市场主体进行交易服务；三是统计关系的复杂性，即建筑业统计与建筑业企业、与项目法人、与供应商、与勘察设计单位、与中介服务机构均有密切联系，还与固定资产投资统计及国民经济发展计划有密切联系，这就给建筑业统计工作带来了复杂性及很大的难度。

三、建筑业统计的范围

建筑业统计的范围通常可以从两个方面来考虑：一种是按建筑施工方式（或叫组织形式）进行划分；另一种是按建筑施工阶段来划分。

（一）按建筑施工方式划分

建筑施工方式是指建设单位完成建筑任务所选用的组织形式。在我国，主要有承发包和自营两种组织建筑施工的方式。

1. 承发包方式。指由专门组织的建筑安装企业承担施工任务的组织方式。在建筑施工开始之前,首先由施工单位和建设单位签订工程施工合同,然后由施工单位按照合同要求组织施工,最后按照合同要求向建设单位交工,并由建设单位组织验收。这种承发包形式在国内外都是被采用的组织建筑施工的主要形式,我国目前大部分建设项目都是采用这种方式完成的。

2. 自营施工方式。是指由建设单位自己组织施工力量为完成本单位固定资产建设任务而进行施工活动的组织形式。现行统计制度对这部分施工单位的统计范围作了明确规定。自营施工单位必须具备的条件是:

(1) 对内实行独立核算;

(2) 有固定组织和施工队伍;

(3) 进行常年施工,一般每年施工期在六个月以上。

无论选用哪种组织形式组织施工,建筑企业(包括全民所有制、集体所有制和个体所有制三种)和自营单位均应纳入建筑业统计的范围。

(二) 按建设阶段划分

按照建筑产品的生产过程,一般可分为勘察设计和建筑施工两个阶段。

1. 勘察设计阶段。是指建筑产品的勘察工作和设计工作阶段。在我国,这些工作是由专门组织的勘察设计机构完成的。他们具体负责建设单位各个建筑产品的勘察、设计和预(概)算编制工作。勘察设计统计主要是反映勘察设计工作的完成情况,包括用实物指标和价值指标反映的工作量、职工人数和技术构成等。

2. 建筑施工阶段。是指自建筑产品从开工到竣工为止的全部施工阶段。这部分工作由施工单位来进行,建筑施工统计主要反映从开工到交工、验收的建筑施工完成情况。

无论是哪个阶段的统计,即勘察设计和建筑施工统计,都应纳入建筑业统计的范围。

根据我国的实际情况,建筑业统计的范围总的要求是做到"三全"。即一要全面反映全社会建筑施工单位的情况,除了包括全民所有制单位以外,还要包括城乡集体、个体所有制施工单位的情况,不仅要包括独立经营的施工企业的资料,而且还要包括附设在现有工业交通企业非独立核算的自营建筑施工单位的资料;二是全面反映建设工作的全过程,不仅要包括施工前的勘察设计资料,而且还要包括建筑施工阶段的施工资料;三是全面反映建筑施工的全部经济活动情况,不仅要反映建筑产品的生产情况,而且还要反映建筑施工单位的经营管理情况。

四、建筑业统计的主要任务

《统计法》规定,"统计的基本任务是对国民经济和社会发展情况进行调查,统计分析,提供统计资料,实行统计监督。"由于建筑业统计是国民经济统计的重要组成部分,因此其基本任务也不例外,结合建筑业情况和多年实践经验,建筑业统计的主要任务可以归纳为:准确、及时、全面、系统地搜集整理和分析建筑业统计资料,为制定政策和编制计划,为检查政策和计划执行情况进行统计检查和监督,为企业管理和科学研究提供资料。其具体任务有以下几个方面:

(一) 为各级领导编制计划和检查计划执行情况提供依据

编制一项符合实际的计划,其依据必须是准确、可靠的统计资料。否则,编制的计划将是盲目的,或者是计划目标过高,脱离实际,或者是计划目标过低,达不到计划的目的。

在计划执行过程中，又需要通过统计，随时了解计划执行情况，以便改进工作，确保计划如期实现。所以，为计划服务是统计工作的一项重要任务。为保证计划的顺利执行，统计工作必须实事求是，如实反映情况，既不夸大成绩，又不掩盖缺点。统计部门要坚持原则，敢于与一切违反党的政策、破坏国家计划的行为和不良倾向作斗争。

（二）为各级领导制定政策和检查政策的执行情况提供依据

党的各个时期的方针政策是根据当时的实际情况制定的。如果不了解实际情况，就很难制定出正确的政策。也很难知道政策是否贯彻执行。这一切都必须通过统计工作才能得到解决，建筑业统计是整个国民经济统计的重要组成部分。因此，建筑业统计资料也是制定政策和检查政策执行性况的重要依据之一。我国目前执行的投标承包，实行投资包干，是改革建筑施工管理制度的两大重点。之所以是提出这样两大改革，是根据国内外大量的实际统计资料；要了解这两项改革的进程和效果，同样需要进行统计调查工作。

（三）为企业管理提供一个重要手段

在施工企业中，无论是安排生产、配备劳动力、建筑机械和建筑材料，还是进行经济活动分析，都离不开统计工作，都需要以统计资料为依据。尤其是企业进入建筑市场进行评比活动，更需要以统计数据为依据，建筑企业的管理必须依靠统计工作这一重要手段。

（四）为建筑科学研究提供十分重要的参考资料

建筑科学研究成果必须建立在实际生产活动的基础之上，这同样离不开统计资料。建筑科学研究工作只有经过大量的建筑业统计资料分析，才能总结出符合客观的实际的发展趋势和规律。

综上所述，各级统计部门和基层单位，必须严格贯彻执行国家统一的统计制度和方法，根据统一的统计制度的要求，结合本单位的管理需要，建立和健全原始记录和统计台帐，保证统计数字的质量，以不断提高统计工作水平。

五、建筑业统计的内容和指标体系

建筑业生产是以工农业产品为原料，经过建筑安装活动，建造各种用途的固定资产，如工业厂房、住宅或可以作为生产手段的机械设备等。建筑业统计的内容和指标体系就应该围绕建筑产品的生产和经营管理进行设置，包括建筑产品的生产，劳动力、机械设备的配置和使用，原材料消耗，财务成本及建筑经济效果等几个方面。大体可归纳为：

（一）建筑产品生产统计

建筑产品的产量统计用实物数量来反映，通常又可分为：①实物量统计，即用各种物理计量单位计算的各种实物量，如砌砖立方米，抹灰平方米等；②房屋建筑面积统计，即对施工的房屋建筑面积和竣工的房屋建筑面积进行统计；③工程形象部位统计，即用数量和文字相结合的方式来说明建筑物或构筑物的完成程度。

建筑产品的产值统计用价值量来反映，又可分为总产值统计、净产值统计和增加值统计。

建筑产品的质量统计包括建筑产品本身质量情况的统计和质量事故的统计两部分。建筑产品本身的质量统计用其优良品率来反映；建筑产品质量事故次数的统计，可以反映企业质量管理的情况，通过对质量事故的统计，可以促进产品质量的提高。

（二）劳动工资统计

主要是反映劳动配备和使用情况。其主要指标有职工人数、工资和劳动生产率等。

（三）施工机械设备统计

主要是要反映建筑施工机械设备的拥有量和利用情况。其主要指标有各种建筑施工机械设备的实有数量、能力和完好程度，以及技术装备水平（人均建筑施工机械设备占有台数、价值和总功率）等。

（四）材料及能源统计

主要是要反映建筑材料及能源的消耗情况。其主要指标有各种主要材料和能源的消耗率。

（五）财务成本统计

主要指标有资本金总值、固定资产拥有量、流动资产占有量、工程成本、利润和税金等，用以集中反映建筑业的经营情况和经济效果，其中工程成本构成表不仅可以分析成本超支或节约的因素，也是计算建筑产值、价值指数的重要参数资料。

（六）经济效益统计

这是国家有关部门和统计部门为提高建筑业经济效益而专门布置的建筑业经济效果考评制度，考评的资料来自国家统计报表。

为了反映建筑业生产经营管理情况，反映国家一定时期提出的政策执行情况，在国家报表中还设置一些一定时期填报的统计指标。如1985年开始填报的"百元产值工资含量包干制度"、"建筑业承包责任制度"、"建筑业推行横向经济联合制度"等重要改革制度执行情况的统计指标。这些指标不是长期稳定的，仅在一个时期内起作用。因此，一般不列入专业统计指标体系之中。

（七）建筑市场统计

该项统计应是该行业的以下统计：建筑业企业概况、建筑业企业的主要技术经济指标、企业总产值、施工产值、建筑业增加值、企业的总收入状况（产品销售收入和劳务收入）、房屋建筑面积、建筑业企业个数及职工人数、劳动生产率、工程质量、技术装备、固定资产和流动资产、工程成本、利润、税金等。

1995年10月，建设部颁布《建筑业行业管理综合统计报表制度》（试行），自1996年起试行，该制度共有7张报表，名称如下：《建筑业企业改革情况》、《竣工高层建筑情况》、《在中国境内承包工程的外国企业简况》、《建筑市场管理情况》、《建筑技术推广情况》、《建筑工程施工合同签订和履行情况》、《建设工程质量监督情况》。

（八）建筑工程统计

主要指标有开工时间、竣工时间、工期、建筑面积、工程量、施工产值、形象进度、工程质量、工程成本、降低成本、用工统计、用料统计、机械统计等。

第二节　建筑企业统计与固定资产投资统计

一、建筑企业统计与固定资产投资统计的关系

固定资产投资活动是国民经济重要的经济活动。固定资产投资活动的目的是进行固定资产的扩大再生产，从而发展国民经济，提高人民的物质文化生活水平。

固定资产投资由基本建设投资和技术改造投资两部分组成。基本建设投资的目的是通过新建、扩建，进行外延的固定资产扩大再生产；更新改造投资的目的是通过对原有固定资产的改造提高技术水平,生产新的更高档次的产品或满足新的需要,走内涵扩大再生产的道路。固定资产投资中包括建筑工程投资、安装工程投资、设备购置投资、工具家具器具购置投资和其他投资。前两种投资是其主要构成,约占60%以上。这两部分投资是由建筑业中的建筑企业完成的。因此可以说,建筑企业是完成固定资产投资的最主要生产企业。如此说来,建筑企业统计就与固定资产投资统计的关系密切了。对一个工程项目来说,固定资产投资统计是由项目法人完成的,而建筑安装工程统计是由建筑企业完成的;从宏观上来说,固定资产投资统计中的建筑安装产值是由建筑企业提供的。

固定资产投资统计有以下特点:

1. 固定资产投资统计是综合性较强的专业统计。

这是由于固定资产投资是一项综合性非常强的经济活动。它与国民经济各部门均有密切联系;它与国家的人力、物力、财务的供应关系密切;与国家的生产力布局和生产发展有着密切关系,与人民生活的提高有关。因此,固定资产投资统计就要掌握大量的资料,胸怀国家经济全局,做好这项复杂的综合性工作。

2. 固定资产投资统计是协调性很强的经济统计,必须做好相关各方面的工作。

这就是说,固定资产投资的实现,要依靠多部门协调配合,只有把各方面的统计工作协调起来才能做好固定资产投资统计工作,固定资产投资统计,既离不开项目法人的统计,又离不开建筑企业统计和勘察设计统计。

3. 建筑周期长、耗资巨大,决定了固定资产投资统计必须重视投资指标,工期指标和质量指标。因为投资指标的大小影响投入的多少,牵动着国民经济各部门的产出和财政支出;工期指标影响着固定资产投资效果的发挥,又影响着国民经济各部门的发展和人民生活水平的提高速度;质量指标反映固定资产的质量,这是"百年大计",来不得半点马虎,没有"废品率"的指标,只有合格和优良的质量要求。

4. 由于固定资产投资所得产品(固定资产)的一次性,故必须单独进行估算和预算,因此估算和预算就成了固定资产投资统计指标的重要对比依据和核算依据,固定资产投资统计的质量与预算估算的质量有着密切关系。

二、固定资产投资统计的对象和范围

固定资产投资统计的对象是固定资产建造和购置活动的数量现象。通过对固定资产再生产全过程的数量观察、收集、加工、整理和分析,研究固定资产的投资规模、投资结构和投资效果,发现其规律,服务于国民经济的发展和固定资产投资活动的发展。

固定资产投资统计的任务有四个:

一是准确、及时地调查和提供固定资产投资的完成情况,为国家制定经济政策和编制国民经济发展计划提供依据。

二是对政策和计划执行情况进行检查和监督。固定资产统计得出的实际数量与计划和政策的要求相对比,即可判断计划和政策执行的情况,从而为改善政策、修订计划服务。

三是为加强经济管理服务。固定资产投资统计是提供固定资产投资信息的手段,这些信息又是进行经济管理不可缺少的依据。

四是积累历史资料,为研究经济发展规律服务。如固定资产投资规模、投资结构、它与国民生产总值的关系、与工农业生产状况的关系、各种比例关系的确定、新增固定资产能力的计划与决策等,都需要在研究历史资料的基础上进行。

固定资产投资统计的范围是全社会固定资产投资。不管是何种所有制、何种性质的建设项目、使用什么资金，是什么部门和地区建设的项目，都在固定资产投资统计的范围之内。但是固定资投资统计的项目规模是有要求的。按照我国现行规定，固定资产投资统计的对象是：总投资在5万元以上的全民所有制建设项目；总投资5万元以上的城镇集体所有制的建设项目、农林集体所有制单位固定资产投资、农林个人固定资产投资；城镇个人住房投资。总投资2万元至5万元的全民所有制建设项目一般一年收集一次资料。

三、固定资产投资统计的调查方法

进行统计工作要经过统计设计、统计调查、统计资料整理和统计分析四个阶段。确定调查方法是个关键问题。当前取得固定资产统计资料的基本方法是全面布置报表的方法和抽样调查方法；一小部分资料是根据生产信息推算的。

当前，全面布置报表取得的资料占固定资产投资统计资料的2/3。由于固定资产投资是按照投资性质分口管理的，所以统计资料的取得是按管理分工渠道进行的。有三套报表：一是全民所有制基本建设投资统计报表，二是全民所有制更新改造报表，三是全民所有制其他投资报表。

全民所有制基本建设报表统计列入国家基本建设计划的建设项目；基本建设计划内投资和更新改造计划投资合建的新建项目；达到大中型标准的扩建项目和由于生产力布局调整而全面性迁建项目；既未列入基本建设计划，也未列入更新改造计划的项目，以及行政、事业单位增建业务用房和行政单位增加生活福利建设项目。

更新改造投资报表统计列入更新改造计划内的项目，以技术改造为主的基本建设计划内投资和更新改造投资合建的项目；由于增建主要生产车间、分厂等，其新增生产能力（或效益）未达到大中型标准的扩建项目；以及由于城市环境保护、安全生产需要而进行迁建的项目；既未列入基本建设计划，也未列入更新改造计划的更新改造项目等。

其他投资报表统计未列入基本建设计划和更新改造计划，而用专用资金建设的项目，当前主要包括油田维护费、石油开发基金、采掘、采伐企业维护简单再生产资金、公路养护费，以及简易建筑费进行的指定性工程建设投资。

对城镇集体所有制项目，目前也用统计报表的形式取得资料，但未分基本建设、更新改造和其他投资。凡是固定资产投资，且总投资在5万元以上的均应填报，指标内容与全民所有制项目是一样的。

城镇和工矿区个人建房投资也是用统计报表的形式取得资料的，不过指标内容比较简单。

抽样调查方法在改革中有扩大的趋势。目前它主要用来取得农村集体所有制固定资产投资与农村个体固定资产投资的资料。根据抽样调查原理抽取一定范围的样本，然后用数学方法推算出总体的统计数字。

四、固定资产投资统计的指标体系

固定资产投资统计指标体系，应能全面反映固定资产投资的过程和结果，故应包括三个部分：一是反映建设规模和建设速度的指标；二是反映建设成果的指标；三是反映投资效果的指标，以下七种指标可以满足以上三方面的要求。

1. 建设项目统计指标

建设项目统计指标主要包括建设项目个数、建成投产建设项目个数、建设项目一览表。

2. 投资额统计指标

投资额统计指标包括：累计完成投资额，分构成、用途的投资额，分建设性质、建设阶段、国民经济行业投资完成额等。

3. 财务资金统计指标

财务资金主要统计指标有：本年拨款额、本年贷款额、本年实际支出资金等。

4. 新增固定资产统计指标

新增固定资产统计指标主要有：自开始建设至报告期止累计新增固定资产、本年新增固定资产等。

5. 新增生产能力或工程效益统计指标

新增生产能力或工程效益统计主要指标有：建设规模、施工规模和新增生产能力或工程效益及反映建设成果的实物指标。

6. 房屋建筑面积统计指标

房屋建筑面积主要统计指标有：施工房屋建筑面积、竣工房屋建筑面积、竣工房屋价值等。

7. 投资效果统计指标

投资效果统计指标是对一个时期投入资金和产出成果的比较，或对一个时期内占用的投资和产出的成果的比较，以计算投资效果的高低。由于宏观经济效果和微观经济效果差异很大，因此现行制度分别规定了不同的计算投资效果的指标。例如微观统计指标（工程项目或企业）有：建设工期、单位生产能力投资或单位投资新增生产能力，投资回收期或投资利润率，新增固定资产产值率、单位产品的预计成本等。宏观（国民经济及部门）指标有：建设周期、固定资产交付使用率、未完工程投资占用率、平均单位生产能力投资、国民经济及部门投资经济效果系数等。

五、固定资产投资统计的基础工作

基层统计工作是整个统计工作的基础。固定资产投资统计报表基层填报单位是建设单位（项目法人）。因此，搞好建设单位统计工作对保证统计数据的质量，提高统计工作水平，具有决定性的作用。建设单位投资活动的原始记录和台账（卡片）是基础工作的主要内容，主要有以下几方面：

1. 为计算建筑安装投资完成额，要有工程进度原始记录。这部分工作一般由承包工程的施工单位完成，按时报送给建设单位。

2. 为了了解设备情况，要有完整的出入库手续及安装情况说明。为计算设备、工具、器具投资额，要有设备验收入库单、出库单，以反映设备到货、验收、入库情况，以及出库交付安装情况。

3. 要建立费用支出凭证。为了计算"其他费用"支出额，要有为工程建设所支付的一切费用的原始凭证，反映各种费用的支付情况。

4. 要建立完善的工程档案，在此要注意保存工程建成投产验收鉴定书，包括建设工期起止年月、验收日期、工程质量、生产能力、建筑面积（或容积）及工程造价等。

把各种原始记录数据分门别类地按一定时间顺序加以记录，汇总在表册上，就形成了各种统计台账。统计台账是整理原始记录的一种形式，也是积累资料的基础。通过统计台账了解工程进度，为编制报表提供依据，亦便于对工程进行动态分析。

第三节 建筑企业统计概述

一、建筑企业统计的任务和内容

（一）建筑企业统计的任务

建筑企业统计是经济统计和建筑业统计的重要组成内容，是针对建筑企业的生产经营活动而进行的一项服务性的经营管理工作，是企业的三大核算工具之一。它通过对企业各项生产经营活动数据资料的调查收集、整理、核算和分析，综合反映企业的生产、劳动、材料、动力、机械、附营企业、财务等活动的全局面貌及规划、结构、比例关系、增减规律及原因、发展趋势、应有的对策及战略等。统计法第二条规定："统计的基本任务是对国民经济和社会发展情况进行统计调查、统计分析，提供统计资料，实行统计监督。"建筑企业的统计任务如下：

1. 为建筑企业编制和检查计划提供依据

建筑企业编制计划，需要有历史资料作依据，需要有上期计划的完成情况以保证新老计划的连续性，这些资料需要统计工作提供。计划执行过程中，需要进行动态的情况收集，以便检查与调整计划，统计工作是检查计划依据的主要提供渠道；计划期结束后，要对计划完成情况进行检查、评价和考核，其依据也是统计资料。所以说，统计是为计划服务的，是计划工作的基础和依据。

2. 为上级统计部门和政策部门呈报经营状况和经济效益指标完成情况。

统计法规定，"国家建立集中统一的统计系统，实行统一领导，分级负责的统计管理体制。"因此，企业需按月、季、年，按系统向上级部门呈报统计报表，提供统计资料，为各级政府部门管理经济服务。1985年国家计施［1985］1853号文规定国家计委和国家统计局每年一次、各省（自治区、直辖市）和国务院各有关部门每半年一次公布国营建筑安装企业主要经济效益指标（含工程质量优良品率、工程成本降低率、资金利润率、产值利润率、全员劳动生产率、工期完成率和竣工率等），财政部又于1995年推出新的企业经济效益评价指标体系（销售利润率、总资产报酬率、资本收益率、资本保值增值率、资产负债率、流动比率及速动比率、应收账款周转率、存货周转率、社会贡献率、社会积累率）。这些指标的取得，都要依靠统计工作。

3. 为党政领导决策和检查政策执行情况提供依据，为企业的中心工作和某一时期的重点工作服务。

建筑企业的统计工作作为基层统计工作，担负着为上级党政领导决策和检查政策执行情况提供依据资料的任务，必须及时、准确、全面地提供出来，企业的中心工作是搞好生产和经营，必须明确各时期的重点。统计工作应主动配合，提供统计资料，满足需要。

4. 为总结、评价、奖惩和预测工作服务

只有在统计工作有效完成的基础上才能总结；只有实事求是的总结，才有对工作进行评价的依据；只有在评价的基础上才能奖励和惩罚；只有通过统计工作找到过去的规律，才能看到发展趋势，才有进行科学预测的可能。

（二）建筑企业统计工作的内容

建筑企业的统计工作应围绕企业各种生产经营业务进行。

表格图像内容难以完整准确转录，以下为可识别的主要信息：

单位基本情况表

表 4-1

199__年

法人单位

表　号：101—1表
制表机关：北京市统计局
文　号：京统制字[1996]205号

中华人民共和国统计法第三条规定：国家机关、社会团体、企业事业组织和个体工商户等统计调查对象，必须依照本法和国家规定，如实提供统计资料，不得虚报、瞒报、拒报、迟报，不得伪造、篡改。

50 单位类别 A 农业　B 工业　C 建筑业　D 运输邮电业　E 批发零售贸易及餐饮业　F 服务业　G 行政事业

01 法人单位代码 □□□□□□□□－□

51 产业活动单位代码 □□□□□□□□－□

02 法人单位名称

03 法定代表人（负责人）　职务

06 通讯号码
电话号码
分机号码
传真号码
分机号码
邮政编码

05 单位所在地
市（省、自治区）
市（地、州、盟）
区（县）
街道办事处（乡、镇）
居（村）门牌号
单位坐于　街道（村）
行政区划代码

07 行业类别
主要业务活动（或主要产品）
1
2
3

10 主管部门
主管部门名称：

隶属关系
10 中央　63 乡
20 市　71 居委会
50 区、县　72 村委会
61 街道　90 其他
62 镇

08 经济类型
10 国有经济　72 中外合作经济
20 集体经济　73 外商独资经济
30 私营经济　81 港澳台合资与大陆合资经济
50 联营经济　82 港澳台合作与大陆合作经济
60 股份制经济　83 港澳台独资经济
71 中外合资经济　90 其他

11 企事业机关划分
1 企业单位
2 事业单位
3 机关单位
9 其他单位（包括房地产开发企业）

12 执行会计制度类别
10 企业会计制度
20 事业、行政单位会计制度
21 科技预算
22 基建预算
23 行政全额

15 企业资质等级（限建筑业、房地产业填报）
1 一级
2 二级
3 三级
4 四级
5 五级
9 其他

16 产业活动单位数
合计（个）
1 农林牧渔业
2 工业
3 建筑业
4 交通运输业
5 批发零售贸易业
6 餐饮业
9 其他

14 营业状态
1 营业
2 停业
3 筹建
4 当年撤销
9 其他

13 开业时间
□□□□年
□□月

21 资产情况
1 企业实收资本
国家资本
集体资本
个人资本
外商资本

2 年末生产经营用固定资产（千元中不包括中间原价和中间净值）
原价
净值

企业规模 □

22 企业主要经济指标
1 全年营业收入（千元）
其中：产品销售收入（千元）
2 年末主要产品（设备）生产能力

产品（设备）名称	计量单位	生产能力
1		
2		
3		

企业规模 □

非工业经济活动情况

指标名称	代码计量单位	数值
全年营业收入	1 千元	
自行完成施工产值	2 千元	
货运总量	3 千吨	
货运周转量	4 千吨公里	
客运量	5 千人	
客运周转量	6 千人公里	
内河客货换算周转量	7 标准车辆	
海运客货换算周转量	8 千吨海里	
公路客货换算周转量	9 千公里	
全年进出口总额	10 千美元	
全年营业收入	11 千元	

52 地理位置
1 二环路以内
2 二环路至三环路
3 三环路至四环路
4 四环路以外

53 业务主管系统
1 经委系统
2 商办系统
3 农办系统
4 城建系统
5 其他

限批发零售贸易餐饮业填以下系统

54 单位活动场所
营业面积（批发零售餐饮业填情况）　平方米
营业网点个数　个
建筑物　平方米
1 自有　2 租用　3 其他

法人单位在此盖章

联系电话

单位负责人	统计负责人	填表人
统计报出日期	19　年　月　日	
审表日期	19　年　月　日	

从业人员
总计（百万十万万千百十个）
男
女

从业人员数
兼职人员数

计量单位：人

表 4-2

中华人民共和国统计法第三条规定：国家机关、社会团体、企业事业组织和个体工商户等统计调查对象，必须依照本法和国家规定，如实提供统计资料，不得虚报、瞒报、拒报、迟报、不得伪造、篡改。

单位基本情况表

199 年

产业活动单位

表 号：1 0 1—2 表

制表机关：北京市统计局

文 号：京统制字[1996]205号

00产业活动单位类别 1 法人单位本部(包括本部、本店、总厂、本所等)2 法人单位分支机构(包括分部、分厂、分店、支所等)

50 单位类别 A 农业 B 工业 C 建筑业 D 运输邮电业 E 批零贸易及餐饮业 F 服务业 G 行政事业

01产业活动单位代码

02产业活动单位名称

03产业活动单位负责人

职务

05 单位所在地

市(省,自治区) 区(县)

乡(镇)

街(村)、门牌号

单位位于 街道办事处(乡、镇) 居(村)委会

行政区划代码

06 通讯号码

电话号码

分机号

传真号码

分机号

邮政编码

07 行业类别

主要业务活动(或主要产品)

1

2

3

08 经济类型

10 国有经济　72 中外合作经济
20 集体经济　73 外商独资经济
30 私营经济　81港澳台与大陆合资经济
50 联营经济　82港澳台与大陆合作经济
60 股份制经济　83 港澳台独资经济
71 中外合资经济　90 其他经济

09 隶属关系

10 中央　63 乡
20 市　71 居委会
50 区、县　72 村委会
61 街道　90 其他
62 镇

24 归属法人单位情况

1 法人单位代码

2 法人单位名称

3 法人单位地址 市

区、县

4 法人单位行政区划代码

5 法人单位电话 分机号

13 开业时间

1　年

月

14 营业状态

1 营业
2 停业
3 筹建
4 当年撤销
9 其他

20 从业人员　计量单位:人

	总计							男							女						
	百万	十万	万	千	百	十	个	百万	十万	万	千	百	十	个	百万	十万	万	千	百	十	个
从业人员数																					
兼职人员数																					

22 企业主要经济指标

1 工业经济活动情况　企业规模

1. 全年营业收入　(千元)	
其中:产品销售收入(千元)	

2. 年末主要产品(设备)生产能力

	产品(设备)名称	计量单位	生产能力
1			
2			
3			

2 非工业经济活动情况　企业规模

限填行业	指标名称	代码	计量单位	数值
除工业以外	全年营业收入	1	千元	
限建筑业	自行完成施工产值	2	千元	
限港口业	综合吞吐能力	3	千吨	
限水运业	轮驳船总号位	4	千吨	
	内河客货换算周转量	5	千吨公里	
	海运客货换算周转量	6	千吨海里	
限公路业	运输车辆保有量	7	标准辆	
	公路客货换算周转量	8	千吨公里	
限批发零售贸易业	全年商品销售额	9	千元	
	全年进出口总额	10	千美元	
限餐饮业	全年营业额	11	千元	

52 地理位置

1. 二环路以内
2. 二环路至三环路
3. 三环路至四环路
4. 四环路以外

53 市及市以下企业业务主管系统

限批发零售贸易餐饮业填报
1. 经委系统
2. 商委系统
3. 农办系统
4. 城建系统
5. 其他

54 单位活动场所

建筑面积　平方米
(批发零售贸易餐饮业网点情况)
营业面积　平方米
网点个数　个

建筑物拥有情况 1.自有 2.租用 3.其他

单位负责人

统计负责人

填表人

联系电话

填报单位在此盖章

报出日期 19　年　月　日

审表人

审表日期 19　年　月　日

按统计工作的环节来说，有统计调查、统计数据整理、统计分析与统计报表。统计调查采用科学有效的调查方法，记录和收集生产经营数据和状况。统计数据整理是对调查得来的信息和资料进行分组和计算，从而制成报表或储存起来。统计分析是对统计数据进行定量和定性分析，从中找出规律、问题和经验，说明一定问题，供总结工作、进行决策、指导工作等服务。统计报表是按规定定期和不定期编制和报送统计资料报表，为上级领导服务。以上几个环节构成了统计工作的全部业务活动。

单位基本情况统计见表4-1与表4-2。

按专业来说，统计内容有以下几方面：

1. 建筑企业生产活动统计。包括建筑产品实物量统计、建筑产品价值量统计、建筑产品质量统计。表4-3和表4-4是生产活动统计报表。

2. 建筑企业劳动工资统计。包括：建筑企业从业人员和职工人数统计；建筑企业劳动时间利用统计；建筑企业劳动生产率统计；建筑企业从业人员劳动报酬及职工工资统计，建筑企业保险、福利及职工伤亡事故统计。表4-5是劳动情况统计表。

3. 建筑企业施工机械设备统计，包括：建筑施工机械设备数量和能力统计、建筑施工机械设备装备程度统计，建筑施机设备完好及利用情况统计。表4-6是机械统计报表。

4. 建筑企业材料及能源统计。包括：建筑材料收入量统计，建筑材料消耗量与储存量统计，建筑材料消耗定额执行情况统计；建筑能源消耗量统计；建筑能源消耗水平统计；建筑能源消耗经济效益统计。表4-7是材料统计报表。

5. 建筑企业附营业务活动统计。包括：附营工业产品统计；附营批发零售贸易业商品与库存统计；附营交通运输业统计。

6. 建筑企业财务统计。包括：建筑企业资本金统计；建筑企业资产和负债统计；建筑企业损益和分配统计；工程成本统计；企业经济效益统计。表4-8和4-9是财务统计报表。

建筑业活动单位生产情况 表4-3

表　号：ＣＩＯ９表
制表机关：国　家　统　计　局
文　　号：国统字(1996)230号
执行期限：１９９７年４月底

活动单位代码：□□□□□□□□-□
活动单位详细名称：　　　　　　　　1996年

指标名称	计量单位	代码	本年实际	指标名称	计量单位	代码	本年实际
甲	乙	丙	1	甲	乙	丙	1
建筑业总产值	千元	01	01=02+…+05	房屋建筑竣工面积	m²	13	13≥14；13≥15
1．建筑工程	千元	02		其中：住宅面积	m²	14	
2．安装工程	千元	03		房屋建筑优良工程竣工面积	m²	15	
3．房屋构筑物修理	千元	04		自有机械设备年末总台数	台	16	
4．非标准设备制造	千元	05		自有机械设备年末总功率	kW	17	17≥18
竣工产值	千元	06	如果09>0，则06>0	其中：施工机械功率	kW	18	
单位工程施工个数	个	07	07≥08；07≥09	计算建筑业劳动生产率的平均人数	人	19	
其中：本年新开工个数	个	08					
单位工程竣工个数	个	09	09≥10	年末从业人数	人	20	
竣工的优良单位工程个数	个	10		从业人员报酬	千元	21	
房屋建筑施工面积	m²	11	11≥12；11≥13	计算机检验平衡项		71	71=13+…+21
其中：本年新开工面积	m²	12					
计算机检验平衡项		70	70=06+…+12				

单位负责人：　　　　统计负责人：　　　　填表人：　　　　联系电话：　　　　报出日期：199　年　月　日

建筑业企业生产情况

表 4-4

表　号：C 2 0 2 表
制表机关：国　家　统　计　局
文　号：国统字(1996)230号
执行期限：１９９８年１月底

企业代码：□□□□□□□－□
企业详细名称：　　　　　　1997 年　　季

指　标　名　称	计量单位	代码	自　年　初　累　计
甲	乙	丙	1
建筑业总产值	千元	01	01＝02＋…＋05
1. 建筑工程	千元	02	
2. 安装工程	千元	03	
3. 房屋构筑物修理	千元	04	
4. 非标准设备制造	千元	05	
竣工产值	千元	06	如果 10＞0，则 06＞0
单位工程施工个数	个	07	07≥08；07≥09；07≥10；07＜5000
其中：新开工个数	个	08	
其中：实行投标承包个数	个	09	
单位工程竣工个数	个	10	
房屋建筑施工面积	m²	11	11≥14　11≥13　11≥12
其中：新开工面积	m²	12	
其中：实行投标承包面积	m²	13	
房屋建筑竣工面积	m²	14	14≥15
其中：住宅面积	m²	15	
计算建筑业全员劳动生产率的平均人数	人	16	100000＞16＞0
本企业在国外完成的施工产值	千元	70	
本企业在国外施工的平均人数	人	71	
本企业在外埠完成的施工产值	千元	72	72≤01
本企业在外埠施工的平均人数	人	73	73≤16
计算机检验平衡项 06 栏至 73 栏合计		74	74＝06＋…＋16＋70＋…＋73

单位负责人：　　　统计负责人：　　　填表人：　　　联系电话：　　　报出日期：199 年 月 日

劳 动 情

单位法人代码：□□□□□□□□－□
单位名称：

甲	代码 乙	本年实际 十万｜万｜千｜百｜十｜个 1	甲
一、从业人员年末人数　　　　　1＝2＋16＋18＋58	1		二、从业人员年均人数　　　　　19＝20＋23＋24＋60
1．职工　　　2＝8＋9＋10＋11＋12＋13＋15	2		1．职工　　　　　　　20＝21＋22
总计中：女性　　　　3＜2	3		(1) 长期职工
总计中：合同制职工　　4＜2	4		(2) 临时职工
总计中：专业技术人员　　5＜2	5		2．聘用、留用的离退休人员
总计中：使用的本市农村劳动力　6＜2	6		3．外方及港澳台方人员
总计中：使用的外省市农村劳动力　7＜2	7		4．人事档案关系保留在原单位的人员
总计中：下岗职工人数　　57＜2	57		三、新增和调入的职工人数　25＝26＋……＋32
按用工期限分组： (1) 长期职工	8		1．从农村招收的人员
(2) 临时职工	9		2．从城镇招收的人员
按劳动岗位分组(仅限工业、建筑业余业填报) (1) 工人和学徒			3．录用的复员、转业军人
(2) 工程技术人员	11		4．录用的大学、中专、技校毕业生
(3) 管理人员	12		5．由本市外单位调入
(4) 服务人员	13		6．由外省、自治区、直辖市调入
其中：社会性服务机构人员　14＜13	14		7．其他
(5) 其他人员	15		四、减少和调出的职工人数　　　　　33＝34＋……＋39
2．聘用、留用的离退休人员	16		1．离休、退休、退职
其中：女性　　　17≤16	17		2、开除、除名、辞退
3．外方及港澳台方人员	18		3．终止、解除合同
4．人事档案关系保留在原单位的人员	58		4．调到本市外单位
其中：下岗再就业人数　59＜58	59		5．调到外省、自治区、直辖市

单位负责人：　　　　　统计负责人：　　　　　填表人：

况 表　　　　　　　　　　　　　　　　　　　　　　　　　　　　　表 4-5

表　　号：104 表
制表机关：北京市统计局
文　　号：京统制字（1996）205 号
执行期限：1997 年 6 月底止
单　位：人数：　人
　　　　金额：　元

代码	本年实际							甲	代码	本年实际									
	十万	万	千	百	十	个				十亿	亿	千万	百万	十万	万	千	百	十	个
乙	1							甲	乙	1									
19								6. 其他	39										
20								五、从业人员全年劳动报酬总额 40＝41＋45＋46＋62	40										
21								职工全年工资总额　41≥42＋43＋44	41										
22								工资总额中：下岗职工生活费　60≤41	61										
23								工资总额中：1. 计时、计件标准工资	42										
24								2. 奖金、计件超额工资	43										
60								3. 津贴和补贴	44										
25								2. 聘用、留用的离退休人员劳动报酬	45										
26								3. 外方及港澳台方人员劳动报酬（人民币）	46										
27								4. 人事档案关系保留在原单位的人员劳动报酬	62										
28								其中：下岗再就业人员劳动报酬　63＜62	63										
29								六、工资及劳保福利费用外职工收入　47＋48＋…＋54	47										
30								1. 劳务费	48										
31								2. 保健食品津贴	49										
32								3. 防暑降温费	50										
33								4. 工作服洗补费	51										
34								5. 稿费、讲课费、翻译费、课题费、评审费	52										
35								6. 过节费	53										
36								7. 其他	54										
37								七、职工年平均工资　55＝41/20	55										
38								八、上年全部职工年末人数（1995 年年报数）	56										

联系电话：　　　　　　　　　　　　　　　　　　　　　　　　　　　　　　　　　报出日期：1997 年　月　日

主要施工机械设备拥有量、能力及完好利用情况表

表 4-6(a)

填报单位名称：
制表机关：建设部
文号：建综(1996)678号

机械设备名称	机类号	年末实有机械设备台数(台)				年末总能力		年内制度台日数(日)			完好率(%)	利用率(%)	年内台班利用		台班利用效率(%)
		合计	其中:完好	年内新增	年内减少	能力	计算单位	合计	其中:完好台日	实作台日			定额台班	实作台班	
甲	乙	1	2	3	4	5	6	7	8	9	10	11	12	13	13/12
合计	000						—								
1. 单斗挖掘机	010						m³								

建筑企业技术装备及经营管理情况表(年报)

表 4-6(b)

综合单位：

单位名称	年末自有机械设备台数(台)	年末自有机械设备价值(万元)及功率(kW)					全年机械设备各项费用(万元)							总产值(万元)	职工人数(人)	计算机处理各率(%)						
		原值	净值	其中:新增原值	减少原值	总功率施工机械功率	大修提取折旧额	实提折旧额	机械管理费	收入	支出	其中:对外租赁	支出			技术装备率(元/人)	动力装备率(kW/人)	机械资产新增率	机械资产更新率	大修费用利用率	机械费用盈亏率	装备生产率
甲	1	2	3	4	5	6	7	8	9	10	11	12	13	14	15	3/15	6/15	4/2	5/2	10/9	13/11	14/2

企业原材料、能源消费与库存
（工业、建筑业、运输邮电企业通用）

表 4-7

企业法人代码 □□□□□□□□-□

表　号：205表续
制表机关：国家统计局
文　号：国统字（1996）230号
执行期限：1998年2月底

企业详细名称：　　　　　199　年　月

项目	计量单位	代码	1—月购进量			1—月消费量				月末库存量			
			数量	金额千元	合计	工业生产消费	建筑施工消费	运输邮电消费	其他	合计	工业企业	建筑企业	运输邮电企业
甲	乙	丙	1	2	3	4	5	6	7	8	9	10	11
生铁	t	201											
钢材	t	202											
其中：普通中型钢材	t	205											
普通小型钢材	t	206											
钢带	t	207											
线材	t	208											
中厚钢板	t	210											
薄钢板	t	211											
硅钢片	t	212											
焊接钢管	t	215											
铜	kg	217											
铝	kg	218											
铅	kg	219											
锌	kg	220											
锡	kg	221											
铜材	kg	222											
铝材	kg	223											
硫酸	t	224											
烧碱	t	225											
纯碱	t	226											

建筑业企业财务状况

1996年

表 4-8
表号：C 1 0 3 表
制表机关：国家统计局
文号：国统字(1996)230号
执行期限：1997年4月30日
计量单位：元

企业法人代码：□□□□□□□□—□
企业详细名称：

指标名称 甲	代码 乙	本年实际 1 (百亿千百十万千)	指标名称 甲	代码 乙	本年实际 1 (百亿千百十万千)
一、资本金	—		长期负债合计	21	
资本合计	01	01≥02+03	其中：长期借款	76	76≤21
其中：国家资本金	02	02≤01	负债合计	22	22=19+21
外商资本金	03	03≤01	所有者权益合计	23	23=18−22
二、年末资产负债	—		其中：股本	24	
流动资产合计 04≤18	04	04≥70+71+05	三、损益及分配	—	
其中：货币资金	70	70≤24	工程结算收入	25	25=27+30+33
应收账款	71	71≤04	工程结算成本	27	
存货	05	05≤04	工程结算税金及附加	30	30≤25
其中：在建工程	07	07≤05	其他业务收入	33	
长期投资	72	72≤18	其他业务利润	34	
固定资产合计	09	09≤18, 09≥10−12	管理费用	36	36>37+38+39
固定资产原价	10	10≥12	其中：税金	37	37≤36
其中：生产经营用	11	11≤10	财产保险费	38	38≤36
累计折旧	12		劳动待业保险费	39	39≤36
其中：本年折旧	13	13≤12	财务费用	40	
专项工程	15	15≤18	其中：利息支出	41	41≤40
无形及递延资产合计	16	16≤18	营业利润	42	42=33+35−36−40
其中：无形资产	17	17≤18	投资收益	77	
其他资产合计	73	73≤18	营业外收入	78	
资产总计	18	18=04+72+09 +15+16+73	营业外支出	79	
流动负债合计	74	74≤19	利润总额	44	
其中：短期借款	75	75≤19	应交所得税	45	44>0时 45<44
			转作奖金的利润	46	
			提取盈余公积	80	44>0时 80<(44−45)
			应付利润	47	44>0时 47<(44−45)
			其中：已分配股利	48	48≤47
			未分配利润	81	
			四、工资福利费及补充资料	—	
			本年应付工资发生总额 （贷方累计工资总额）	49	49>0
			其中：主营业务应付工资总额	50	50≤49
			本年应付福利费发生额 （贷方累计利费总额）	51	51<49
			其中：主营业务应付利费总额	52	52≤51
			存货	97	
			所有者权益合计(年初数)	98	
			实收资本(年末数)	99	
			23,33,35,40,42,44 和 47 允许小于0，用"—"表示。	—	
			计算机检验平衡项	95	95=01+…+24
			计算机检验平衡项	96	96=25+…+99

单位负责人： 统计负责人： 填表人： 电话： 报出日期：199 年 月 日

建筑业企业主要财务指标　　　　　　　　表 4-9

表　号：C 2 0 3 表
制表机关：国 家 统 计 局
文　　号：国统字(1996)230号
计量单位：千　　　元
执行期限：１９９８年１月底

企业代码：□□□□□□□□-□
企业详细名称：　　　　　　　　　1997 年　　季

指 标 名 称	代 码	自 年 初 累 计
甲	乙	1
工程结算收入	01	01＝02＋03＋04
工程结算成本	02	
工程结算税金及附加	03	03＜01
工程结算利润	04	
其他业务收入	05	
其他业务利润	06	
管理费用	07	
其中：税金	08	08＜07
劳动、待业保险费	09	09＜07
财务费用	10	
营业费用	11	11＝04＋06－07－10
利润总额	12	
计算机检验平衡项01栏至12栏合计	13	13＝01＋…＋12

单位负责人：　　　统计负责人：　　　填表人：　　　联系电话：　　　报出日期：199 年 月 日

二、建筑企业的工程项目统计

建筑企业工程项目统计是建筑企业的基础统计，是在对原始记录及统计台帐进行综合后做出的。工程项目统计由项目经理部做出。可以是以年、季、月、旬中任何一种时间周期的统计，以服务于动态管理和目标控制；也可以是竣工后的项目竣工资料统计。例 1 是东中街 3 号楼的竣工统计资料。

【例1】东中街 3 号楼的工程是一栋商业服务用房及商品住宅综合楼，地上 9 层，地下 1 层，18119m²。首层为商场及办公用房，2～4 层为复式住宅：下层为客厅，上层为卧室。户型分为三种：4 室户、3 室户、2 室户。框架结构。内装修为初装修；外装修首层贴花岗石，以上为面砖。铝合金窗。全部竣工统计资料如下：

（一）基本情况

表 4-10

建设单位名称	北京市华建房地产开发公司	单位工程名称	东中街 3 号楼
施工单位名称	北京市华美建筑公司一分公司中街项目经理部		
设计单位名称	北京市永丰建筑设计事务所		
出图日期	1994 年 8 月		
层　数	地上 9 层；地下 1 层		
高　度	27m	层高	2.7m
基础类型	现浇	结构类型	现浇框架
外装修	贴面砖	内装修	初装修
建筑面积	18119m²	电　梯	2 部
总　造　价	27112329 元	其中：土建 24072995 元	
		水电暖卫 3039334 元	
单方造价	149636 元	其中：土建基础 280.47 元；结构 392.43 元；水电暖卫 167.74 元；装修 655.72 元	
施工准备开始日期	1995 年 1 月 7 日		
开工日期	1995 年 2 月 8 日	竣工日期	1996 年 6 月 15 日
参加施工的全部工人平均人数	549 人	高峰人数　920 人	劳动力不均衡系数　1.68
主要施工机械实际作业台班数	卷扬机 526 台班；塔吊 1549；电焊机 1433；潜水泵 1411；振捣器 2300；电锯 516；高压水泵 657		

(二) 工期

表 4-11

日历天数	494 天，	实际工作天数	371 天
停工天数	123 天		

	合 计	基 础	结 构	层 面	装 修
实际工作天	371	133	135		103
起止日期	1995 1996 2.8～6.15	1995 1995 2.8～7.21	1995 1996 7.22～3.5		1996 3.5～6.15

各 层 工 作 天　　　　表 4-12

	各层实际工作天																			
	1	2	3	4	5	6	7	8	9	10	11	12	13	14	15	16	17	18	19	20
结 构	32	21	20	15	11	10	10	9	7											
装 修	15	13	16	15	12	7	8	9	8											

（三）工程量

表 4-13

	单 位	实际完成工程量	备 注
土方	m³	10438	
砌砖	m³	853	
混凝土	m³	10678	
其中： 预制构件	m³	18	
抹灰	m²	53697	

（四）用工

表 4-14

	合 计	基 础	结 构	装 修	水、电、油
实际耗用工日	278104	46693	73156	131646	26609
单方用工工日	15.34	2.58	4.04	7.26	1.46

（五）质量

1. 分项工程质量检查评定结果

表 4-15

	检 查 点	其中：合格点	合格率%
合 计	162	122	75.1
基 础	38	28	73.7
结 构	72	52	72.2
装 修	52	40	76.9

2. 单位工程质量评定等级：合格

（六）材料消耗

表 4-16

	单 位	总 耗 用 量		单 方 耗 用 量	
		预 算	实 际	预 算	实 际
钢 材	t	1311.695	1537.063	0.072	0.085
木 材	m³	418.469	577.43	0.023	0.032
水 泥	t	5973.733	4775.25	0.330	0.264

每 1m² 含钢量 84.83kg；每 1m² 水泥用量 263.55kg；每 1m² 木材用量 0.03m³

（七）安全生产

表 4-17

工伤事故人次	安全状况描述
无	
工伤事故频率‰	

（八）各工种用工及实物工程量

表 4-18

用　　工			主要实物工程量			
工　种	工　数	单　方	名　称	单　位	数　量	单　方
总　　计	278104	15.34	挖　土	m³	10438	0.58
			填回土	m³	381	0.02
其中：瓦工	2318	0.13	灰　土	m³	1350	0.07
抹灰	87750	4.84	混凝土	m³	10678	0.59
木	85075	4.70	钢　筋	t	1537	0.08
钢筋	28466	1.57	砌　砖	m³	853	0.05
架子	10931	0.60	吊　顶	m²	3076	0.17
灰土	16634	0.92	抹白灰	m²	3978	0.22
壮工	16281	0.90	抹水泥	m²	49719	2.74
吊装	4040	0.22	水磨石	m²	1202	0.07
磁砖			水刷石	m²		
其它			木门窗	m²	739	0.04
水	11672	0.64	钢门窗	m²		
电	7796	0.43	铝合金窗	m²	3011	0.17
油	7141	0.39				
			水　管	m	14219	0.78
			电　管	m	20606	1.14
			油　漆	m²	42346	2.34

（九）工程成本

总　成　本　　　　　　表 4-19

	预　算（元）	实　际（元）	降低额（元）	降低率％
合　　计	23063293.00	26273467.43	－3210174.43	－13.92
一、直接费	19588858.00	21589286.59	－3572618.99	－18.24
其中：1. 工人基本工资	2409132.00	5770652.84	－3361520.84	－139.53
2. 材料费	15929801.00	14476046.53	1453754.47	9.13
3. 机械使用费	869798.00	693139.46	176658.54	20.31
二、间接费	627187.00	2737049	2109862	－336.40

土 建 工 程 成 本 表 4-20

	预 算	实 际	降低额	降低率%
合　　计	20494929.00	23657191.84	−3162262.84	−15.43
一、直接费	17091981.00	19219044	−3699253.40	−21.64
其中：1. 工人基本工资	2121789.00	5239434.47	−3117645.47	−146.93
2. 材料费	13746594.00	12653350.31	1093243.69	7.95
3. 机械使用费	843471.00	676811.46	166659.54	19.76
二、间接费	555700.00	2491016.00	−1935316.00	−348.27

专 业 工 程 成 本 表 4-21

	预 算	实 际	降低额	降低率%
合　　计	2568364.00	2616275.59	−47911.59	−1.86
一、直接费	2496877.00	2370242.59	126634.41	5.07
其中：1. 工人基本工资	287343.00	531218.37	−243875.37	−84.87
2. 材料费	2183207.00	1822696.22	360510.78	16.51
3. 机械使用费	26327.00	16328.00	9999.00	37.98
二、间接费	71487.00	246033.00	−174546.00	−244

三、建筑企业统计工作的原始记录和统计台账

（一）原始记录对统计工作的意义和记录原则

建筑企业的统计工作从原始记录到报出报表，其流程是：原始记录→项目经理部统计台账→项目经理部统计报表→分公司台账→分公司报表→公司科室台账→对内或对外报

表。因此，原始记录是统计工作的源头。原始记录的意义在于：

1. 原始记录是企业编制统计报表和进行经济核算的依据

从前述流程可以得出原始记录是统计报表编制依据的结论。这亦是说，原始记录是统计核算的依据，其实它还是会计核算和业务核算的依据。原始记录的质量，决定着三大核算和统计报表的质量。

2. 原始记录是实行科学管理的基础

为了进行科学管理，企业就必须从源头抓起，及时准确地掌握第一手资料，积累信息，寻找规律。因此原始记录是科学管理的基础，是"科学"和"规律"的生命所在。

3. 原始记录是发动员工参加管理的良好措施，是贯彻按劳分配原则的根据。

由于原始记录的取得和使用，直接与工人及基层的管理人员的工作相联系，使广大员工从直接参与的本岗位、本班组、本单位的生产管理活动中调查、记录、核算，这就是群众性的管理活动。广大员工参加管理，有利于管理活动的落实、增强力度和取得效益。准确及时的原始记录，记载着每个人的劳动过程、质量和成果，故据以进行分配可以很好地贯彻按劳分配的原则，激发员工的生产和管理热情。

原始记录的记录原则是：

第一，必须从实际情况出发，使原始记录既符合生产的特点；又适应企业管理的要求。

第二，必须满足统计核算、会计核算、业务核算的共同需要，并符合国家统计制度和会计制度的要求。

第三，必须与企业各项管理工作配合进行，使之成为各项管理工作的组成部分。

第四，原始记录必须精简扼要，便于员工掌握和使用。

第五，要充分利用施工任务书作好原始记录工作。施工任务书是将计划任务下达到工人班组的计划文件，也是向工人班组进行技术、质量、操作工艺和安全要求交底的文件，还是核算用工、材料的文件，故它是一种重要的原始记录和班组核算文件，对整个原始记录工作产生重大影响，应受到高度重视。

（二）原始记录的种类

一般地说，建筑企业的原始记录应根据需要与可能设置，主要有两个方面：

1. 生产管理方面的原始记录

（1）产品生产原始记录。如施工任务书，开工报告，竣工报告，停工报告，质量事故报告，伤亡事故报告，施工日记，质量检验记录，施工试验记录，材料检验记录等。

（2）劳动力数量和劳动时间利用方面的记录。这种记录可以用来反映职工人数变动情况和出勤情况，核算职工工资，并为核算劳动生产效率和核算工程成本提供依据，包括职工调动通知单、工资调整通知单、考勤表、请假单、病假证明单、停工单、加班（加点）记录等。

（3）机械设备增减变动、维修和使用方面的记录。如机械设备运转记录，调拨单，修理记录，事故记录和报告，报废申请书等。

（4）原材料、能源消耗方面的记录。如限额领料单，材料库存记录，材料消耗结算记录，煤、水、电、油、气的领用记录等。

2. 企业经营管理方面的原始记录

包括：施工准备情况记录，财务活动记录等。如材料工具和修理配件的验收入库单、借款单、差旅费报销单、缴款收据等。

（三）原始记录的基本形式

原始记录的基本形式有两类

1．综合性原始记录

所谓综合性原始记录，即在一张记录表格上有几个方面的情况，包括：（1）以生产设备为记录对象的生产记录。它记录机械在工作班内生产产品的数量、质量、运行情况，操作中的技术数据等。（2）以产品为记录对象的生产记录，记录分部工程、分项工程或工序的生产日期、班组、耗用工时、实物工程量、检查员签章等（见表4-22）。（3）以生产者记录对象的生产记录。

2．专用的原始记录

专用性的原始记录是在一张表中只记录某一方面的资料，如考勤表、领料单、设备事故报告单等。

施 工 任 务 书　　　　　　　　　　　　　　　表 4-22

施工期限	计划	实际
开 工	月 日	月 日
竣 工	月 日	月 日

单位工程名称：_____

____队　工种____班长____签发日期　年　月　日　编号：

定额编号	工作项目及内容	计量单位	计划工程数量	劳动定额					实际完成					备注
				时间定额	应乘系数	每工产量	单价（元）	工程数量	定额工日	实际耗用工日	达到定额（%）	计件工资	超额工资	

签 发		验 收					
工长	接受人	质量评定	验收人		定额员		队长意见	
			（签章）		（签章）		（签章）	（签章）

（四）统计台账的特点和作用

统计台账是根据统计整理和统计分析的要求而设置的一种汇总资料的账册。它不同于原始记录。它的特点是：资料来源于原始记录或经过加工整理以后的资料（如汇总表，计算表，内部报告，对外报送的报表等）；统计台账是按照时间顺序，对统计资料进行循序地登记；统计台账是企业统计人员设置的一种积累资料的工具。

统计台账的作用很大。第一，可以系统地整理资料，及时进行汇总，为编制统计报表提供依据；第二，可以反映生产进度，研究发展趋势，为编制和检查计划提供依据；第三可以反映人力物力的现状及增减变动情况，为研究各种平衡关系提供依据；第四，可以反映各项经济技术指标完成情况，为总结工作和考核评比提供依据；第五，可以系统地积累资料，为制定长远规划，研究发展规律提供依据。总之，统计台账对统计工作、计划工作和各项管理工作，都具有重要作用。通过台账进行系统地登记、汇总，便能取得企业生产经营活动情况的综合性资料，满足编制统计报表的需要和各级领导掌握情况、指导工作的需要。

（五）统计台账的种类和内容

1. 按台账的整理者分类

（1）项目经理部台账。主要是直接反映施工活动情况的资料，如产品产量和质量、工时利用、物资消耗、机械设备使用等。还可按单位工程设置台账，以登记生产过程中的分部分项工程完成工程量、价值量等资料。表 4-23 是项目经理部的单位工程工程量与产值台账。

1983 年单位工程工程量、产值台帐　　　　　　　　表 4-23

单位工程名称：

工　程　结　构：　　层数：　　房屋建筑面积：　　m²　　开工日期：　　竣工日期：

序次	分部分项工程名称	计量单位	预算单价（元）	预算工程量或价值	自开工至上年底止累计完成	本　年　实　际　完　成											
						一月	二月	三月	四月	五月	六月	七月	八月	九月	十月	十一月	十二月	全年
				工程量														
				价值														
				工程量														
				价值														
				工程量														
				价值														
				工程量														
				价值														
				工程量														
				价值														

（2）分公司和公司台账。除满足本身汇总统计资料的需要外，还要满足编制报表的需要，包括生产进度、产品质量、劳动时间使用情况、单位工程用工情况、劳动定额执行情况、工资发放情况、设备利用情况、各项技术经济指标完成情况等。原则上有一种报表，就要设置一种台账。

2. 按台账的内容不同分类

（1）综合性台账。将各项有关指标按时间顺序综合在一个表册上，以便有联系地综合分析问题，如主要技术经济指标完成台账，主要产品各项技术经济指标台账，各种平衡关系台账（如原材料进库、领用、库存情况台账，职工增减变动台账等）。

（2）专用台账。这种台账把某一指标按照时间顺序系统地登记在一张表册上。这种台账对于企业生产、经营、经济、技术进行深入分析，研究发展变化过程和原因是很有用的，如进度台账，原材料消耗台账、劳动时间使用台账、设备利用台账等。

3. 按积累资料性质的不同分类

（1）定期统计资料台账。用以系统地整理和积累定期统计资料，以反映企业生产经营活动的基本情况。特点是按日、按旬、按月、按季、按事登记并汇总，为检查计划执行情况、做好各项管理工作、编制各种统计报表提供综合性统计资料。统计台账大多属于这种性质。

（2）历史资料台账，即自组织建立以后对各种生产经营活动详细记载。它对于了解企业（组织）的发展变化及规律，总结经验和教训，进行预测和决策，都有重要作用。如企业概况台账，总产值、施工产值、产品质量、事故等台账，职工人数构成、工资总额与平均工资台账，劳动生产率台账，机械完好率、利用率、技术装备率台账，资产台账，资金占用台账，工程成本、利润台账等。

在计算机普及以后，统计原始记录及台账，均可利用计算机记录、储存、整理，这样不论是使用资料或编制报表，均可直接从计算机调出，既快捷又适用。不管设立账册还是利用计算机，均要注意，设立台账要有明确目的，必须符合统计方法和制度的要求，均要满足企业管理需要，都要和报表编制结合，并按责任制要求明确台账的记录整理责任，保管责任，作出使用交接规定。

四、建筑企业统计分析原理

（一）统计分析的意义和任务

统计分析是根据统计的目的，对搜集、整理的统计资料，运用统计分析的方法，通过对比、综合分析、推理和判断，揭示生产经营活动的内在联系及其发展的规律性，从中发现问题，找出主要矛盾，提出解决的办法，推动生产发展。它是把统计资料变活、"说话"、发挥作用的重要手段。它既是统计工作的最后阶段，又是更深化、更全面、更本质的统计阶段。统计分析与预测、控制相结合，就能发挥指导生产、促进生产的积极作用。因此，统计分析担负着以下任务：

（1）检查、总结、分析计划执行情况，对生产经营活动作出综合评价。

（2）及时分析、研究企业生产经营活动过程中的成就和薄弱环节，揭露矛盾，找出差距，提出解决问题的措施。

（3）综合分析各项经济指标的动态、相互依存关系、平衡关系，研究企业生产经营的规律性，不断提高企业的生产经营管理水平和经济效益水平。

（二）统计分析的原则、步骤和方法

1. 统计分析的原则

（1）要运用辩证的观点，即"一分为二"的观点，如既看到支流，也看到主流，既看到成绩，又看到存在的问题等。

（2）要运用全面的观点，即在统计分析时要注意全面、全局、大量、综合、总体、规律等，避免以点概全，以单为总，以个别概括全局。

（3）要运用唯物观点，即实事求事，一切从实际出发，结论产生在分析之后。

（4）数字与情况结合。数字反映生产经营的数量方面，情况则是定性的资料。两者结合使用，才能分析透彻，得出合情合理的结论。

(5) 围绕企业的生产经营活动进行分析，为搞好生产和经营服务。

2. 统计分析的步骤

统计分析分四步进行：

(1) 明确分析目的。应对企业生产经营活动中的重大问题进行分析，事先做出分析设计，提出目的、任务、需用资料及其运用的方法。

(2) 对拥有的统计资料进行鉴别和加工，使之能够真实地说明问题，为分析服务。

(3) 进行分析。分析要系统、缜密、发现问题、揭露矛盾，提出措施。

(4) 编写分析报告。这是把分析结果整理起来，进行文字说明，提供给使用者，以此达到分析的目的，发挥分析的作用。

3. 统计分析的方法

统计分析的方法是由统计数量的大量性和类型多样性规定的，是由分析的目的要求的，可以进行有针对性地选用。主要有以下几种方法。

(1) 分组法。由于数量大，类型多，故要根据统计分析的目的进行分组整理。分组整理首先要选择分组标志，如按指标分组，按时间分组，按部位分组，按机械分组等。分组统计以后，进行分析就容易得出规律性的认识和结论。

(2) 综合指标法。综合指标法是在分组的基础上，从个别到一般，从个性到共性，进行综合概括的方法。综合指标有总量指标、相对指标和平均数指标，各自反映一定的经济现象，有利于进行分析使用。

(3) 动态数列法。即研究现象在不同时间上的发展趋势及变化规律。它是把一系列指标按时间顺序排列起来，加以比较，找出规律的方法。这些指标有增长量，增长速度，发展速度，平均增长量，平均发展速度，平均增长速度等。

(4) 指数法。这也是研究经济现象发展变动的方法。它与动态数列法不同的是，要对影响现象变动的各因素进行分析，观察各因素的变动对总动态的影响程度，用来作计划检查分析和不同地区之间进行对比分析。

(5) 相关法。此法反映现象之间相互关系的形式和相关程度。

(6) 平衡法。它研究一定时期中收付、进出、供需、分配等对应统一的相互关系。可用来研究劳力、材料、设备及资金等的平衡关系，为组织生产、安排供应、进行调度工作提供依据。

(7) 因素分析法。即分析各因素对总体指标的影响。

(三) 统计分析的内容

1. 计划完成情况分析

如求计划指标与实际指标的差异及计划指标完成百分比。

2. 预计分析

如利用动态数到对本期和前期的比较，以及计划和实际累计数分析，预计计划完成情况等。

3. 动态分析

如分析平均发展（或增长）速度，发展趋势与变动的对比分析，现象变动的对比分析季节变动规律分析等。

4. 构成分析

即研究统计对象的内部构成,如职工队伍的构成,某项综合指标的构成分析。

5. 平衡关系分析

包括施工任务与劳动力的关系分析,施工需要与机械设备的平衡关系等。

6. 因果关系分析

包括两因素现象变动分析和多因素现象变动分析等。

7. 现象结构变动分析

如各组工人人数变动和总人均变动和总人均工资变动的影响,价格变化对工程造价的影响等。

(四) 统计分析报告

统计分析报告是运用统计资料和统计方法研究与反映生产经营等情况的文件。统计分析报告可作为领导了解情况、解决问题提供依据,也可以作为一种管理成果。

1. 统计分析报告的基本要点

(1) 统计分析报告是一种以统计数据为依据的经济分析文章。建筑企业的统计分析报告依据企业的各种统计数据及分析的结果编写。

(2) 统计分析报告要以深入的、科学的态度去认识企业的生产经营状况,得出本质的、规律性的结论。

(3) 要求统计分析报告的数据真实可靠、观点鲜明、重点突出、层次分明、通俗生动。

2. 统计分析报告的构成

统计分析报告没有固定的格式,其构成要由分析研究的对象和分析者的构思决定,其一般构成如下:

(1) 基本情况描述,即说清所分析的问题的概况。

(2) 采用一定的统计分析方法进行统计分析,并用文、表或图反映出来。

(3) 肯定成绩,找出问题,作出判断或结论。

(4) 提出建议或措施。

五、建筑企业统计组织与管理

(一) 统计机构

《中华人民共和国统计法》对企业的统计组织有很明确的规定,第十八条规定:"企业事业组织根据统计任务的需要设立统计机构或者在有关机构中设置统计人员,并指定统计负责人。企业事业组织执行国家统计调查或者执行地方统计调查任务,接受地方人民政府统计机构的指导。"

按照这一规定,一般在大中型建筑企业的计划部门中设统计组,负责生产业务统计和综合统计。在其他各专业部门(劳动、材料、机械、财务)中设统计人员负责各专业统计。分公司的生产部门设统计人员。在项目经理部内设统计人员或由生产计划人员兼做统计工作。应当在班组内设兼职统计员。改革以后,有些企业的统计工作由企业管理办公室组织完成。也有的企业交由信息中心或计算机室进行统计工作。

(二) 统计职责

1. 法律规定

《中华人民共和国统计法》中的第二十一条规定:企业、事业组织的统计机构或者统计负责人的主要职责是:

(1) 组织、协调本单位的统计工作,完成国家统计调查、部门统计调查和地方统计调查任务,搜集、整理、提供统计资料。

(2) 对本单位的计划执行情况进行统计分析,实行统计监督。

(3) 管理本单位统计调查表,建立健全统计台账制度,并会同有关机构或者人员建立健全原始记录制度。

建筑企业应根据上述综合统计人员的法律规定制定本单位统计人员的职责。

2．一般综合统计人员的职责

(1) 切实执行上级统计机构颁发的统计制度和统计方法,完成上级交给的统计调查任务。

(2) 组织本企业或本单位的统计工作,检查各项计划的执行情况,编写统计报告。

(3) 开展调查研究,做好统计分析,参与经济活动分析工作。

(4) 统一管理和审查本企业或单位的统计报表,防止漏报、错报或不报。

(5) 整理、积累统计历史资料汇总成册。

(6) 组织统计业务学习与培训,总结交流工作经验,开展统计人员的同业务竞赛。

(7) 会同有关部门建立台账、原始记录等制度。

3．专业部门统计员的职责

专业部门统计人员应本着"管什么专业工作,搞什么统计"的精神,做好相应专业的统计工作,其职责如下:

(1) 执行上级统计机关颁发的统计方法制度,完成上级布置的统计调查任务。

(2) 组织本企业或单位的专业统计工作,检查归口计划执行情况,编写专业统计报告。

(3) 开展调查研究,做好专业统计分析,参与经济活动分析工作;

(4) 管理和审查本企业或单位的专业统计报表,防止差错。

(5) 整理、积累专业统计历史资料。

(6) 建立健全有关专业的统计台账和原始记录。

4．项目经理部统计员的职责

(1) 认真执行上级规定的统计方法制度。

(2) 检查项目计划执行情况、质量控制情况和成本控制情况,填报各种企业内部统计报表。

(3) 认真做好施工记录、进行施工任务书统计,开展单位工程的统计核算。

(4) 全面积累项目和班组的统计资料。

(5) 定期公布项目和班组的计划完成情况。

5．班组兼职统计人员的职责

(1) 认真填写各种原始记录,汇总上报项目经理部。

(2) 做好施工任务书完成情况、考勤情况及耗料情况的记录、汇总,向班组公布,向项目经理部汇报。

(3) 开展班组经济活动分析,找出计划执行情况,节约情况和各项目标完成情况的直接原因。

(三) 统计人员的权限和法律责任

1．权限

《中华人民共和国统计法》第二十二条规定,统计人员有下列权限。

(1) 要求有关单位和人员依照国家规定,提供资料。

(2) 检查统计资料的准确性,要求改正不确实的统计资料。

(3) 揭发和检举统计调查工作中的违反国家法律和破坏国家计划的行为。

2. 法律责任

《中华人民共和国统计法》第二十五条规定,统计人员的法律责任是:有下列行为之一、情节较严重的,可以对有关领导人员或直接责任人给予行政处分:虚报、瞒报统计资料;伪造篡改统计资料;拒报或履次迟报统计资料;侵犯统计机构、统计人员行使本法规定的职权;违反本法,未经批准,自行编制发布统计调查表;违反本法规定,未经核定和批准,自行公布统计资料;违反本法有关保密的规定。

(四) 建筑企业的统计管理

建筑企业应建立统计管理制度,使统计工作制度化、规范化、程序化。

1. 统计制度管理

企业必须在保证满足国家和上级统计部门统计调查任务要求的前提下,根据企业管理的需要,建立企业内部的统计管理制度,制定内部统计用表,并根据国家规定确定统计指标的计算口径和计算方法,严格规定统计取量的方法、台账的建立、资料的供应传递和保管、报表的编制、审核和上报等。

2. 统计数字的管理

对取得的统计数字,在汇总和使用前必须进行技术的和逻辑的审查,以确定其可靠程度,然后决定取舍。对差错的数字,要经查询和订正后再使用。杜绝虚报、瞒报、拒报、迟报、伪造、篡改数字的情况发生。上报的统计报表要按规定由有关负责部门和负责人审查、签字、盖章、由综合统计部门归口管理对外,提供的统计数字,做到数据口径一致,不互相矛盾,按规定公布和保密。

3. 统计人员的管理

由于在企业管理中地位的肯定,管理现代化的发展需要,信息的重要性提高,故统计工作只能加强、不能削弱。统计人员的设立、统计部门的建立是必不可少的。也就是说要保持统计人员队伍的稳定性,任何借"精简"和"一岗多职"为名取消统计人员和统计机构的做法都是不允许的,是与统计法的规定相违背的。还要开展对统计人员的培训,提高他们的业务素质,建立必要的考核制度,保证他们的质量。要用制度保证统计人员的工作顺利进行,学习《统计法》,增强他们的统计法制观念。

第五章 建筑企业生产活动统计

建筑企业生产活动统计是最重要的专业统计。生产统计部门承担综合统计的职能。本章共包含四节。第一节是建筑产品实物量统计，包括实物工程量统计、形象进度统计、单位工程个数统计、建筑面积统计和市政工程主要生产活动统计指标。第二节是建筑产品质量统计，包括质量统计的任务、对象、依据、评定质量的方法和等级标准、质量统计指标等。第三节是建筑产品价值量统计，包括：建筑业总产值统计、建筑业增加值统计、建筑业净产值统计及竣工工程产值统计。第四节是职工伤亡事故统计，包括职工伤亡事故的分类标准，职工伤亡事故经济损失统计标准，职工伤亡事故统计调查分析规程等。

第一节 建筑产品实物量统计

一、建筑产品实物工程量统计

1. 建筑产品的概念

建筑产品是指建筑企业生产活动的直接有效成果，是为国民经济各部门提供的固定资产，如各种用途的房屋，已经安装好的机械设备、铁道、桥梁、港口等等。按建筑统计的规定口径，建筑产品必须具备以下四个条件：

（1）建筑产品必须是建筑企业生产活动的成果，凡未经本企业追加生产劳动的一切物质财富，如，外购的砖、瓦、灰、沙、石、结构件等，在未经建筑施工生产活动及未构成工程实体前，均不能视为建筑产品。

（2）建筑产品必须是建筑企业进行建筑安装活动的成果。

在建筑企业中除了进行建筑安装活动外，一般还有若干为之服务的附属辅助生产单位从事非建筑安装活动。如构件厂、搅拌站、机械处等单位所生产的工业产品或运输作业，如预制构件，商品混凝土及建筑物所需金属件等，虽然也是建筑企业职工生产活动的成果，但不是建筑安装活动的成果，均不视为建筑产品。

（3）建筑产品必须是建筑企业建筑安装活动的有效成果。

企业进行生产的目的，是为社会提供具有一定使用价值的物质财富。在建筑施工过程中出现的不符合质量要求而需要返工的工程，虽然也投入了大量的人工、材料，但在返修合格之前，不应视为建筑安装活动的有效成果。

（4）建筑产品必须是建筑企业建筑安装活动的直接成果。

建筑安装活动的直接目的是为社会建造房屋和构筑物，在建筑施工过程中所生产的付产品，如边角余料，剩余铁件等，虽然可供销售，或作其它用途，但它们不是建筑企业进行生产活动的直接目的，因此不能视为建筑产品。

2. 建筑企业产品实物工程量的表现方法

建筑企业产品实物工程量是指建筑企业在一定时期内完成的，以物理或自然计量单位表示的各种工程数量，如土方工程（m³）、抹灰工程（m²）、砌筑工程（m³）、道路工程（m²/m）、安装工程（t/台）等。建筑产品的实物工程量是基层施工单位编制和检查计划的重要依据，又是计算建筑企业施工产值、建设单位结算工程款和计算实物劳动生产率及其他经济指标的基础。通过一些主要的实物量指标还可以反映一定时期建筑企业发展的规模和水平。

实物工程量包括范围较广，因为建筑产品是一个复杂的整体，在施工过程中由许多分部分项工程构成，分部分项工程是单位工程的组成部分，它按房屋构筑物的主要结构，主要部位划分，一般应与施工工程的预算定额中的规定相一致。实物工程量种类繁多，当前只要求统计施工中的主要实物量，即在整个建筑物中占有较大比重和对整个工程进度有较大影响的工程。

国家规定的主要实物量种类有30种，即：土方工程（m³）、石方工程（m³）、打桩工程（根/m³，根/t）、砌筑工程（m³）、混凝土工程（m³）、金属结构工程（t）、抹灰工程（m²）、装饰工程（m²）、油漆工程（m²）、地面工程（m²）、屋面工程（m²）、道路工程（km/m²）工业管道敷设工程（km）、室内外采暖工程（m/台）、通风工程（m²/台）、电缆敷设工程（km）、动力配线工程（km/台）、机械设备安装工程（t/台）、非标准设备制作（台）、非生产用管道工程（km）、铁路铺设（km）、公路工程（m²/km）、矿山掘进（m/m²）、露天剥离量（m³）、发电机安装（kW）、发电锅炉安装（t/h）、送（输）电线路（km）、变电容量（kVA）、石油钻井进尺（m）和工业窑（炉）砌筑工程（m³）。

3. 建筑产品实物工程量统计方法

建筑产品实物量种类繁多，当前只要求统计施工中主要实物量，按国家规定30种实物量的统计方法如下：

(1) 土方工程（m³）。包括工程本身基础、道路、庭院及房心等部位的挖土、平土、回填土，也包括水下土方工程，但不包括土方运输量。

计算土方工程应注意：利用挖土进行回填，或为填土而进行的挖土不需要夯实的只计算一次，需要夯实的可计算两次。土方工程量一般按预算规定范围以实方计算。

(2) 石方工程（m³）。指施工过程中或工程上的石方开挖数量，包括场地平整、基础石方砌筑、沟槽开挖、隧道、水利、矿山建设中井筒、巷道及露天剥离等石方工程。

(3) 打桩工程（根/m³）（根/t）包括钢筋混凝土预制桩、现浇桩、木桩、钢筋桩、钢板桩和砂桩等。

(4) 砌筑工程（m³）。包括用青砖、红砖、空心砖、灰砖的全部砌筑工程，不包括耐火砖的砌筑和各种贴面工程。

(5) 混凝土工程（m³）。是指使用到工程上构成了工程实体的全部混凝土工程，包括工厂预制、现场预制、现场浇灌的钢筋混凝土，无筋、毛石、矿渣、轻质等混凝土。

计算钢筋混凝土工程量时应注意：不包括工厂和附属生产单位制作的水泥管、石棉水泥管、电杆及水泥瓦等制品，由协作单位吊装的混凝土预制构件，应由原单位计算混凝土实物量。

(6) 金属结构工程（t）。包括工厂、附属生产单位和现场已安装到工程上的钢柱、钢屋架、钢梁、钢檩条等金属结构和各种金属支架工程。

(7) 抹灰工程（m²）。包括建筑物平顶、地坪、楼地面、踏步和内外墙面的抹灰工程。

计算抹灰工程量时应注意：混凝土地坪和楼地面只抹平而不需进行抹灰的，不包括在抹灰工程内，只计算混凝土工程量，抹灰工程要完成打底、抹面等全部工序，才能计算工程量。

(8) 装饰工程（m^2）。指外墙面、门厅柱、台阶、花台、喷水池等水磨石、水刷石、缸砖、瓷砖、陶瓷锦砖、花岗石、大理石和铝合金板等各种贴面，室内墙面、地面的水磨石、缸砖、瓷砖、陶瓷锦砖、花岗石、大理石和墙布墙纸等各种贴面，以及钙塑板、石膏板、铝合金板（条）、顶棚等装饰工程。应完成全部工序才能计算工程量。

(9) 油漆工程（m^2）。指用原漆、清漆以及其他涂料，刷于或喷于木材面、金属面和砖墙抹贴面的油漆工程。不论涂刷几遍，均按实际面积计算，不包括保护金属面的刷油、刷红丹漆等。

(10) 地面工程（m^2）。指建筑物内混凝土地面、灰浆地面、水磨石地面、灰土地面等的铺设工程，不包括道路及瓷砖、缸砖、陶瓷锦砖、大理石等装饰贴面。做完全部工序才能计算工程量。

(11) 屋面工程（m^2）。指各种瓦屋面、铁皮屋面、混凝土及砖拱屋面、卷材屋面、石棉瓦屋面等，完成全部工序后，按展开面积计算工程量。

(12) 道路工程（km/m^2）。指属于市政工程、厂区、生活福利区等范围内铺筑路面的道路工程，包括车行道、人行道、广场、停车场等各种路面结构的道路工程。

(13) 工业管道敷设工程（km）。包括各种金属、非金属工业管道。

(14) 室内外采暖工程（m/台）。包括室内外暖气管道、暖气片、保温油、采暖用锅炉、水泵及其附件。"m"指暖气管道的延长米，"台"指取暖用锅炉、水泵等设备台数。

(15) 通风工程（m^2）。包括通风管通、通风机、加热器、除尘器（包括电动机）。"m"指的是各种直风管和异型管的展开面积。"台"指的是通风设备如通风机，加热器等。

(16) 电缆敷设工程（km）。包括高低压动力电缆、照明电缆、控制电缆和通讯电缆的敷设。

(17) 动力配线工程（km/台）。包括室内动力及其工艺设备的配线。"km"指的是线路实际长度。"台"指的是开关柜的台数。

(18) 机械设备安装工程（t/台）。指各种生产、非生产用的主体设备、附属设备和起重动输设备等的安装工程。

(19) 非标准设备制作（台）。指没有定型的非标准生产设备的加工制作，如各种罐槽及零件等。

(20) 非生产用管道工程（km）。指非生产用工程上下水管煤气，热力管道等。

(21) 铁路铺轨（km）包括重轨和其它轻轨的永久性铁路工程。

(22) 公路工程（m^2/km）。指各种路面结构的公路工程，按公路路面面积和长度分别计算。

(23) 矿山掘进（m/m^2）。按竖井、斜井、平巷、天溜井、洞室分别计算。

(24) 露天剥离量（m^3）。剥离量必须按实方计算。

(25) 发电机安装（km）。指安装完的发电机容量。

(26) 发电锅炉安装（t/h）。是指安装室的发电锅炉的蒸发量。不包括取暖和其它用途的锅炉。

(27) 送（输）电线路（km）。是指已架设完毕的 110kV 及 110kV 以上的送（输）电线路长度）。

(28) 变电容量（kVA）。指已施工完毕用于 110kV 及 110kV 以上变电设备能量。

(29) 石油钻井进尺（m）。是指从转盘方补心表面开始计算的钻井进尺。

(30) 工业窑（炉）砌筑工程（m³）。包括平炉、高炉、热处理加热炉、煤气发生炉、焦炉、隧道窑、回转窑、玻璃窑等砌耐火砖、现浇耐热混凝土、砌块、砌轻质保温砖等。

4. 计算实物工程量时应注意的问题

(1) 正确选定实物量工程的计算单位和准确计算实物工程量。

(2) 实物工程量均按自行完成部分计算。

(3) 施工图预算的实物量与实际工程量有出入或是因采用合理化建议而改变原实物量种类和数量时，均按实作数量计算。

(4) 实物工程量较大、施工周期长的可按比重分段计算。

二、单位工程的形象进度统计

由于建筑产品施工周期长，如果都要求竣工后再统计，显然就不可能及时反映建筑施工企业在各个施工阶段的进度情况。为了及时掌握施工进度，用以指导生产和检查计划完成情况，有必要建立工程形象进度统计。工程形象进度是建筑产品实物量指标一种特殊表现形式，它用文字结合数字简明扼要地反映施工的主要工程部位和进度情况。工程形象进度是检查施工任务完成情况的主要指标之一。基层单位必须以形象进度来表现单位工程的进度。主要以"工程形象进度完成率"这一指标综合说明工程形象进度计划完成情况。公式为：

$$\text{工程形象进度完成率} = \frac{\text{按计划形象进度全部完成或基本完成的单位工程个数}}{\text{计划施工的单位工程个数}} \times 100\% \quad (5\text{-}1)$$

【例1】 某建筑企业报告期计划施工单位工程 15 个，报告期实际按计划形象进度全部完成的单位工程为 12 个，工程形象进度完成率。

【解】

$$\text{工程形象进度完成率} = \frac{12 \text{ 个}}{15 \text{ 个}} \times 100\% = 80\%$$

工程形象进度一般是按单位工程中分部分项的部位表示的，如，土建工程可分为基础工程、结构工程、屋面工程、装饰工程等。

各种房屋和构筑物单位工程的形象进度要根据它们的各自特点来表示：

(1) 民用房屋建筑形象部位一般可分为：基础、结构（多层房屋以层数表示）、屋面、装饰（分内沿、外沿）、收尾、竣工等。

(2) 工业厂房形象部位一般可分为基础、结构（复杂的结构可分为柱、吊车梁、屋架、屋面板、砖墙等或按跨线说明）、屋面、收尾、竣工、交工等。

【例2】 某建设单位的相邻两项单位工程，甲工程 6 层，3252m²，乙工程 6 层，3498m²。3月份甲工程完成基础和 2 层结构，乙工程完成 6 层装修，请编制该工程的形象进度统计表。

该工程的形象进度统计表见表 5-1。

建筑工程形象进度统计表　　　　　　　　　　　表 5-1

单位工程名称	层数	面积（m²）	本月计划到达部位	月末实际完成部位	完成程度
甲工程	6	3252	基础完，2层结构完	基础完，2层结构完	按计划完成
乙工程	6	3498	6层抹灰完，安木门窗完	6层抹灰完，安门窗完	按计划完成

三、单位工程个数统计

单位工程是单项工程的组成部分。是按不同性质的工程内容能否独立施工的要求划分的。一个单项工程可以划分为若干个单位工程。一般民用建筑以一幢房屋作为一个单位工程。

单位工程个数统计分为以下几种：

1. 在施工程个数。是报告期在施工的全部单位工程，包括，本期新开工的单位工程，上期施工跨入本期继续施工的单位工程，上期停建、本期复工的单位工程，以及本期竣工的单位工程。

2. 新开工单位工程个数。是指报告期内新开工的单位工程个数，不包括上期施工跨入本期继续施工的工程，也不包括上期停缓建本期复工的单位工程。

3. 竣工单位工程个数。是指报告期内按设计所规定的工程内容及施工合同所承包的工程内容全部完成、达到使用条件、经有关政府部门验收鉴定合格的全部单位工程。为综合反映单位工程的生产完成情况，可使用竣工率指标，其计算公式为：

$$竣工率 = \frac{报告期竣工的单位工程个数}{报告期在施的单位工程个数} \times 100\% \qquad (5-2)$$

【例3】 某建筑企业报告期在施的单位工程为18个，报告期达到竣工条件并取得有关政府部门验收鉴定合格的单位工程为17个，则报告期的竣工率为：

$$竣工率 = \frac{17个}{18个} = 94.4\%$$

四、建筑面积统计

建筑面积的统计应按建设部颁发的《全国统一建筑工程预算工程量计算规则土建工程》（GJDGZ—101—95）进行计算，其规定如下：

1. 计算建筑面积的范围

计算工业与民用建筑面积，其总的规则应该本着凡在结构上，使用上形成具有一定使用功能的空间的建筑物和构筑物，并能单独计算出其水平面积及其相应消耗的人工、材料和机械用量的可计算建筑面积。反之不应计算建筑面积。

（1）单层建筑物不论其高度如何，均按一层计算建筑面积。其建筑面积按建筑物外墙勒脚以上结构的外围水平面积计算。具体作了三项规定：

1) 建筑物的勒脚及装饰部分不计算建筑面积。

2) 单层建筑物内设有部分楼层者，是指厂房，剧场、礼堂等建筑物内的部分楼层。首层建筑面积已包括在单层建筑物内，首层不再计算建筑面积。二层及二层以上应计算建筑面积。

3) 高低联跨的单层建筑物，需分别计算面积时，应以结构外边线为界分别计算。

(2) 多层建筑物建筑面积，按各层建筑面积之和计算，其首层建筑面积按外墙勒脚以上结构的外围水平面积计算，二层及二层以上按外墙结构的外围水平面积计算。

(3) 同一建筑物如结构、层数不同时，应分别计算建筑面积。

(4) 地下室、半地下室、地下车间、仓库、商店、车站、地下指挥部等及相应的出入口建筑面积，按其上口外墙（不包括采光井、防潮层及其保护墙）外围水平面积计算。

(5) 建于坡地的建筑物利用吊脚空间设置架空层和深基础地下架空层设计加以利用时，其层高超过2.2m，按围护结构外围水平面积计算建筑面积。

(6) 穿过建筑物的通道，建筑物内的门厅、大厅，不论其高度如何均按一层建筑面积计算。门厅、大厅内设有回廊时，按其自然层的水平投影面积计算建筑面积。

(7) 室内楼梯间、电梯井、提物井、垃圾道、管道井等均按建筑物的自然层计算建筑面积。

(8) 书库、立体仓库设有结构层的，按结构层计算建筑面积；没有结构层的，按承重书架层或货架层计算建筑面积。

(9) 有围护结构的舞台灯光控制室，按其围护结构外围水平面积乘以层数计算建筑面积。

(10) 建筑物内设备管道层、贮藏室其层高超过2.2m时，应计算建筑面积。

(11) 有柱的雨篷、车棚、货棚、站台等，按柱外围水平面积计算建筑面积；独立柱的雨篷、单排柱的车棚、货棚、站台等，按其顶盖水平投影面积的一半计算建筑面积。

(12) 屋面上部有围护结构的楼梯间、水箱间、电梯机房等，按围护结构外围水平面积计算建筑面积。

(13) 建筑物外有围护结构的门斗、眺望间、观望电梯间、阳台、厨窗、挑廊、走廊等，按其围护结构外围水平面积计算建筑面积。

(14) 建筑物外有柱和顶盖走廊、檐廊，按柱外围水平面积计算建筑面积；有盖无柱的走廊、檐廊挑出墙外宽度在1.5m以上时，按其顶盖投影面积一半计算建筑面积。无围护结构的凹阳台、挑阳台，按其水平面积一半计算建筑面积。建筑物间有顶盖的架空走廊，按其顶盖水平投影面积计算建筑面积。

(15) 室外楼梯，按自然层投影面积之和计算建筑面积。

(16) 建筑物内变形缝、沉降缝等，凡缝宽在300mm以内者，均依其缝宽按自然层计算建筑面积，并入建筑物建筑面积之内计算。

2. 不计算建筑面积的范围

(1) 突出外墙的构件、配件、附墙柱、垛、勒脚、台阶、悬挑雨篷、墙面抹灰、镶贴块材、装饰面等。

(2) 用于检修、消防等室外爬梯。

(3) 层高2.2m以内设备管道层、贮藏室、设计不利用的深基础架空层及吊脚架空层。

(4) 建筑物内操作平台、上料平台、安装箱或罐体平台；没有围护结构的屋顶水箱、花架、凉棚等。

(5) 独立烟囱、烟道、地沟、油（水）罐、气柜、水塔、贮油（水）池、贮仓、栈桥、地下人防通道等构筑物。

(6) 单层建筑物内分隔单层房间，舞台及后台悬挂的幕布、布景天桥、挑台。

(7) 建筑物内宽度大于 300mm 的变形缝、沉降缝。

3. 房屋建筑面积的统计分类

房屋建筑面积可按结构分类和按用途分类。

(1) 按结构分类。主要是按房屋主要承重结构（如梁、柱、墙及各种构架）所用的主要建筑材料进行划分。一般可分为以下几类：

1) 混合结构。承重的主要结构是采用钢筋混凝土和砖木建造的，如一栋房屋的梁是钢筋混凝土的，并以砖墙为承重墙，或者梁是木材制造、柱是钢筋混凝土建造的。

2. 钢筋混凝土结构。承重的主要结构是采用钢混凝土建造的。

3) 钢、钢筋混凝土结构。承重主要结构是用钢、钢筋混凝土建造的，如一栋房屋的一部分梁柱采用钢制构架，一部分梁柱采用钢筋混凝土的架构建造。

4) 钢结构。承重的主要结构是用钢材建造的，包括悬索结构。

5) 砖木结构。承重的主要结构是用砖、木材建造的，如一栋房屋是木屋架，砖墙、木柱建造的。

6) 其他结构。凡不属于上述结构的房屋都归此类，如竹结构、砖拱结构，窑洞等。

随着新的施工技术和新型建筑材料的不断出现，新结构建筑也不断增加，如装配式大板结构、整体预应力板柱结构、升板结构等。

房屋建筑面积按结构分类计算，可以观察各种结构的房屋面积比重，进行前、后期对比，反映建筑技术的发展变化，用以分析材料、造价、工期等指标，衡量建筑设计和施工组织的经济性和合理性等。

(2) 房屋建筑面积按用途分类。是按设计所规定的用途进行划分，一般可分以下种类：

1) 厂房。是指直接用于生产或为生产配套的各种房屋，包括主要车间、辅助用房、附属设施用房。

2) 住宅。是指各部门的职工家属宿舍和集体宿舍（眷宿、单宿）等供居住用房屋。

3) 仓库。指工业、交通运输业、商业、供销、外贸、物资及其他企事业单位建造的成品库、半成品库、原材料库、货物仓库、物资储备库、冷藏库、粮油库。

4) 商业营业用房。是指商业、粮食、供销、饮食业等部门对外营业的商店、门市部、粮店、书店、供销店。饮食店及多功能商业大厦。

5) 服务业用房。是指浴室、理发、照相、旅馆、各类公寓、日用品修理等为人民生活服务的用房。

6) 办公用房。是指企业、事业、机关、团体、学校、医院等单位的办公用房，也包括各种类型的写字楼。

7) 教育用房，指各类学校（包括党校、技校、干校、工读学校、幼儿园等）的教室、图书馆、试验室、体育馆、展览馆等有关教育用房，不包括学校的教职工宿舍、学生宿舍、食堂、浴室等非教育用房。

8) 文化体育用房。指俱乐部、影剧院、文化馆、体育馆、展览馆、宗教寺院等各种文化娱乐设施用房。

9) 医疗用房。是指各类医疗机构（包括防疫站、防治所、门诊部、保健站、卫生所、化验室、药房、病案室、太平间等房屋，不包括医护人员的宿舍、食堂及独立的办公用房。

10) 科学实验研究用房。指独立的科学实验研究机构或企业、事业单位进行科学实验研究工作所用的房屋（包括天文台的科研用房）。

11）其他。指不属上述各项用途的房屋，如各有关部门的业务用房、人防用地下室、托儿所、职工食堂、学生食堂、厕所等。其它房屋中的业务用房是指铁路、公路、水运、航空、邮政、电信、金融等部门的营业用房，如火车站、汽车站、候机室、邮电局、电报大楼、气象、地震测绘、计量、电子计算等综合技术服务部门的业务用房，以及牧业中的各种养殖场、种籽化验楼、畜牧楼和外贸部门的商品检验等房屋。

多种用途的房屋，应按设计规定的用途分别计算建筑面积。如城市居民楼，楼上是住宅，楼下是商店、粮店等，应分别列入住宅和商业营业用房。如果面积不易分开，可全部计入主要用途中，如一个车间带有生活间和办公室，则都可计入厂房面积。

房屋按用途分类，一方面可以反映房屋建筑对社会物质文化需要的满足程度，并为有计划地发展房屋建设提供依据，还可以从中观察施工技术水平。

4. 房屋建筑面积的主要指标

房屋建筑一般要经历一个较长的施工过程，在一定时期内，可能有的工程刚开工，有的正在施工，也有的已经竣工。因此就需要反映某时期施工活动的规模、速度及取得的成果，建立一套房屋建筑面积指标。

（1）房屋施工面积。是指报告期内施工的全部房屋建筑面积，包括：本期新开工的面积，上期跨入本期继续施工面积，上期停缓建本期复工的施工面积，本期竣工面积，以及本期施工后又停缓建的面积。

施工面积反映企业报告期房屋建筑总的施工规模，用来说明、反映、研究施工任务与施工力量、建筑材料的平衡关系。

施工面积是以房屋单位工程对象进行计算的，即一栋房屋已进行施工即以整栋房屋的建筑面积计算施工面积。多层的不论哪一层施工，都以整幢楼的面积计算施工面积。

（2）房屋新开工面积。是指在报告期内新开工的各个房屋单位工程的建筑面积之和。它不包括在上期开工跨入报告期继续施工的房屋建筑面积和上期停缓建而在本期复工的建筑面积。

新开工面积反映报告期内投入施工的房屋建筑规模，新开工面积应保持合理比例。新开工面积过大、过小都会给施工企业生产带来不均衡，降低效益。所以要真实掌握新开工面积的情况。这对于研究建设规模，合理组织施工和提高建设效果都有重要意义。

（3）房屋竣工面积。是指在报告期内房屋建筑按照设计规定要求已全部完工，达到了使用条件，并经检查验收鉴定合格的房屋建筑面积。

计算房屋竣工面积，必须严格执行房屋竣工验收标准。对民用建筑来讲，一般应按设计要求在土建工程和房屋本身附属的水、电、卫、气、暖等工程已经完成，通风、电梯等设备已经安装完毕，做到水通灯亮，经验收鉴定合格，并正式交付给使用单位后，才能计算竣工面积。对于工业及科研等生产用房，一般应按设计要求在土建工程（包括水、暖、电工、通风）及属于房屋组成部分的生活间、操作间、烟囱等土建工程已经完成，只差安装工艺设备管理工程，也可以计算竣工面积。

房屋竣工后即可交付建设单位使用。竣工面积数量的多少和进度的快慢，可以反映建筑企业在一定时期内为国民经济提供可使用的房屋建筑的规模和速度。因此竣工面积指标是反映建筑企业工作成果的重要指标，又是检查企业竣工面积计划完成情况的依据。

(4) 开工面积、施工面积和竣工面积之间存在着下列关系：

1) $\dfrac{\text{本期施}}{\text{工面积}} = \dfrac{\text{本期新开}}{\text{工面积}} + \dfrac{\text{上期开工跨入}}{\text{本期继续施工面积}} + \dfrac{\text{上期停建而跨入}}{\text{本期继续施工面积}}$ (5-3)

2) $\dfrac{\text{期末施}}{\text{工面积}} = \dfrac{\text{本期施}}{\text{工面积}} - \dfrac{\text{本期竣}}{\text{工面积}} - \dfrac{\text{本期停}}{\text{建面积}}$ (5-4)

3) $\dfrac{\text{自年初累计}}{\text{施工面积}} = \dfrac{\text{年初施}}{\text{工面积}} + \dfrac{\text{自年初起到报告}}{\text{期末新开工面积}} + \dfrac{\text{自年初至报告}}{\text{期末复工面积}}$ (5-5)

4) $\dfrac{\text{房屋建筑}}{\text{面积竣工率}} = \dfrac{\text{报告期房屋竣工面积（个数）}}{\text{报告期房屋施工面积（个数）}} \times 100\%$ (5-6)

【例 4】 某建筑企业 1996 年跨入 1997 年继续施工面积为 693043m²/71 栋，1996 年因故停建而跨入 1997 年继续施工面积为 83469m²/3 栋，1997 年新开工面积为 234786m²/12 栋，1997 年竣工面积为 407693m²/31 栋，1997 年因故停建 2347m²/1 栋。要求计算：1997 年施工面积；1997 年年末施工面积；1997 年累计施工面积；房屋建筑面积竣工率。

【解】 1997 年施工面积 = 234786m² + 693043m² + 83469m²
      = 101.1298m²

1997 年末施工面积 = 1011298m² − 407693m² − 2347m²
      = 601258m²

1997 年累计施工面积 = 693043m² + 83469m² + 234786m²
      = 1011298m²

竣工率 = $\dfrac{407693}{1011298} \times 100\% = 40.3\%$

五、市政工程主要生产活动统计指标

（一）污水及下水道

1. 污水总量

是指生活污水、工业废水管道和雨污水合流制管道排出的雨污水量。不包括分流制管道排出的雨水量。根据每条管道排出口的实际观测的日平均流量，污水处理厂的处理量及抽升泵站的抽升量计算。未经管道排出的污水量，如居民户的渗水井或直接列入明沟及大土坑的污水，一律不算。

2. 污水处理厂

是指运用机械处理、生物处理和化学处理等方法对污水进行净化的城市（县镇）范围内的市政部门管理的生产单位（不包括大土坑渗水井）。为排除污水而设立的抽水站及中途抽升站不算城市污水处理厂。

3. 污水处理能力

是指污水处理厂每昼夜处理污水量的设计能力，如无设计能力时，可根据上级主管部门批准的实际查定能力计算。

（1）生化处理。是指通过生物滤池、曝气池以及利用药物加速污水有机物的氧化分解而改变污水的有害成分的处理方法。

（2）机械处理。是指经过格栅、沉淀等工艺过程除去污水中的泥砂及比较粗大的物质，但不改变其有害成分的处理方法。

4. 全年污水处理率

是指污水处理厂本年内实际处理的全部污水量占全年污水总量的百分比。

$$污水处理率 = \frac{全年处理污水量}{全年污水总量} \times 100\% \qquad (5-7)$$

5. 下水道

凡是起汇集排除户院、街道、工厂、学校下水作用，埋在地下各种结构的管道，包括干管、支管以及通往处理厂的管道，无论修建在任何地方。只要是为了两个或两个以上单位服务的公用排水管，都应作为城市（县镇）下水道统计。专用管道不统计在城市下水道内。下水道可按其排水性质分为污水管、雨水管、合流管三种。

6. 下水道长度

是指城市（县镇）范围内所有排水总管、干管、支管及暗渠、检查井、连接井进出水口等长度之和。不包括雨水口至下水道间的连接管、进户管及排水的明沟。计算时应按单管计算，即在同一条街道上如有二条或二条以上并排的下水道，应按每条下水道的长度计算。

7. 下水道完好率

$$下水道完好率 = \frac{一、二级下水道长度}{全部下水道长度} \times 100\%$$

一、二级下水道划分，可根据技术部门规定的标准。

（二）道路、桥梁、防洪

1. 城市道路

是指市区范围（包括郊区）及县镇内修筑的交通线路。包括全市性干道、高速道路、工业区道路和住宅道路，但不包括土路和胡同。

城市道路和胡同的区别如下：

（1）凡铺装路面宽度在 3.5m 以上者作为城市道路；宽度不足 3.5m，但建筑红线宽度在 9m 以上者，或能通行机动车辆并与主、次干道连通者，亦作为城市道路。但不能通行机动车辆的窄小胡同，不论是新铺装路面或过去已列入城市道路的铺装路面，一律不能作为城市道路统计。

（2）县镇道路是指各单位和公路部门在县镇范围内修筑和管理的交通线路，包括干道、高速道路（包括穿越县镇的公路）、工业区道路和住宅区道路。但不包括土路和胡同。

城市道路和公路的区别，根据城市道路和公路管理部门的管辖分工划分。在一个城市中，城市道路和公路数量不得重复或遗漏。

2. 实有道路长度

是指除土路外，路面经过铺装的道路，应按道路中心线长度计算。道路面积的计算只包括铺装路面的面积和平面的面积，不包括街心花坛、侧石、人行道和路肩的面积。按路面分为：

（1）高级路。水泥混凝土路、沥青混凝土路、沥青碎砾石路、石板路、水泥大方砖路。

（2）次高级路。碎石路沥青表面处理、砾石路沥青表面处理、灰土基础沥青混凝土路。

（3）快慢车分行路。系指一条路，中间是快车线，两侧是慢车线的道路，即三块板路。其长度按快车线计算一次。两侧慢车线只计算面积，不计算长度。面积数量按路面种类分别统计，不包括街心花坛、侧面、人行道和路肩的面积。

在同一条道路上，凡中间为高级路面，两旁为次高级或低级路面，在计算长度时，应以中间道路为准计算为高级道路，其面积应分别计算为高级路和次高级路或低级道路。

如在年内由普通道路改为高级道路，则按高级道路统计，同时扣除低级道路数字。

3. 道路网密度（km/km²）

是指每平方公里面积上平均的道路长度。

$$道路网密度 = \frac{城市部门管理道路(km) + 社会单位管理道路(km)}{市区面积(km)} \quad (5-8)$$

4. 道路完好率

是指完好道路数与全部道路数的比例。

$$道路完好率 = \frac{二、二级道路长度}{全部道路长度} \times 100\% \quad (5-9)$$

5. 实有步道长度

是指在城市道路的两侧，为了便利行人，使用各种材料修建的步道。其长度按占有道路的长度计算，其面积按两侧面积相加计算。

6. 桥梁

指城市（县镇）范围内。修建在河道上桥梁和道路与道路立交、道路跨越铁路的立交桥，只统计永久性、半永性的桥，不包括临时桥、铁路桥、涵洞。

（1）永久性桥。桥梁在设计时，其目的在于长时间使用（50年以上）。在使用期间经过正常的使用及养护。其所采取的材料能保持规定的强度，都属于永久性桥，如石桥、混凝土桥、钢筋混凝土桥和钢桥等。

（2）半永久性桥。桥梁上部构造为临时性的，墩台为永久性的，以及经过防腐的木桥，都属于半久性桥。

（3）临时性桥。

桥梁在设计时，其目的为短期使用（平均4～5年）或在永久性桥未修成以前用来维持交能的桥梁，都属于临时性桥梁。如未经过防腐的木桥、浮桥等。

7. 防洪堤

是指为了防止洪水泛滥，保护城市安全，沿江河两岸建设的水工构筑物，如石堤、石坝和混凝土防水墙等，或经过人工疏竣的自然沟道。

8. 防洪沟

是指为了防止山洪浸入城市，用人工开挖的渠道，或经过人工疏竣的自然河道。

9. 防洪泵站

是指为排除洪水修建的抽升泵站，不包括中间的提升泵站，其计算能力为 t/s。

（三）自来水及供水管道

1. 自来水厂

是指城市建设部门管理的，具有一定生产设备，能完成自来水整个生产过程，且水质符合一般工业用水和生活用水要求，并可作为公司（厂）内部一级核算的生产单位。不包括厂、矿企业的自备水厂。

按其取水方式不同，可分为地面水水厂和地下水水厂两种。

按其生产的水质不同，又可分为浑水厂、净水厂和既生产浑水又生产净化的混合水厂三种。

按其生产规模不同,还可分为大型水厂、中型水厂和小型水厂三种。即现有综合生产能力在 10 万 t/d 以上的（不包括 10 万 t/d）大型水厂；3～10 万 t/d 的为中型水厂；不足 3 万 t/d 的为小型水厂。

2. 综合生产能力（万 t/d）

是指自来水厂取水、净化、送水、出厂输水干管等环节的综合生产能力。一般按设计能力计算，如实际生产能力大于或小于设计能力时，应按实际测定的生产能力计算。

3. 自来水管道长度

是指从送水泵至用户水表之间所有管道的长度，不包括水源地至水厂的管道、水源井之间的井群络管、水厂内部的管道、进度管、庭院管。在计算时，应按单管计算。即：如在同一条街道上埋没 2 条或 2 条以上管道时，应按每条管道的长度计算。管道长度应按不同口径管道分别统计。

（四）城市管道

1. 煤气管道

是指输送和分配燃气的管道。包括低压、中压、次高压、高压等级别的煤气和天然气管道。

管道长度（km）：是指压缩机、鼓风机、煤气罐的出口到用户立管之间的全部管道长度。不包括煤气厂厂内的管道和用户立管。但在同一条街道不管铺设几条管线均按每条管道的长度来计算。

2. 热力及蒸汽供热管道

是指热力公司、热电厂和集中采暖的集中锅炉房向城市输送蒸汽、热水的管道。

热力及蒸汽管道长度。是指由热电厂和热力公司管理与集中供热热源到用户之间全部供汽、供热水的管道长度。不包括热电厂和其他供热热源内部的管道和用户立管的长度。在同一方向设有 2 条和或 2 条以上管道，应按每条管道的长度来计算。

3. 电信管道

为通讯电缆铺设的单孔及多孔混凝土管块、塑料管及光纤管道等。

电信管道长度（孔/m）：电信管道长度不分管道孔数多少，一律按设计桩号以完成量的延长米计算。

4. 顶管管道

指采用暗挖施工方式穿越铁路、道路、河流或建筑物等多种障碍物的管道。

（五）维修养护

1. 全年实际支出的维修养护费用

是指本年内对市政工程设施进行维修养护工作所支出的全部费用：

2. 大中修工程

是指市政工程设施遭受自然损坏后，在不改变原有设施的结构和技术等级的情况下，列入本年度大中修计划项目，并经上级主管部门批准，进行全部或部分改善、翻修、以恢复或延长其使用价值。

道路、下水道、桥梁、防洪堤只统计大中修工程量。

（1）道路大中修。是指对道路的路面进行表面处理，全面或部分改善、翻修路基路面。

(2) 下水道大中修。是指更换各种口径的管道和暗渠。
(3) 桥梁大中修。是指更换桥面板和全部栏杆或桥架油漆。
(4) 防洪堤大中修。是指防洪堤的加固、加高堤坝的工程。

3. 小修维护工程

是指对市政设施经常进行维修养护、小修小补,以保证市政设施能够达到正常作用。统计小修维护工程量,只作为维修养护部门内部使用。

4. 养护费

$$平均每平方米道路养护费 = \frac{全年道路养护费支出(元)}{年末实有养护的道路面积(m^2)} \quad (5-10)$$

$$平均每千米下水道养护费 = \frac{全年下水道养护费用(元)}{年末实有养护的下水道长度(km)} \quad (5-11)$$

$$平均每座桥梁养护费 = \frac{全年桥梁养护费用(元)}{年末实用养护桥梁数(座)} \quad (5-12)$$

5. 全年完成工作量

是指城市市政企事业单位(包括附属企业)全年完成的工作量。包括新建、维修及承包工程的全部工作量。

第二节 建筑产品质量统计

一、建筑产品质量统计的意义和任务

建筑业是专门从事各种房屋、构筑物建造的物质生产部门,在建筑生产实践之中应牢固树立"百年大计,质量第一"的思想。它提供的产品质量的高低与人们的生活水平高低密切相关。正确处理质量与数量的关系,按照国家规定的技术标准全面加强质量管理,大力提高建筑产品质量,对增强国家经济实力、保证经济建设高速发展具有深远的政治意义。建筑产品质量是衡量建筑生产技术和经营管理水平的主要标志,也是建筑企业统计的一个重要方面。

建筑产品质量统计的主要任务是:准确反映产品质量情况,分析质量升降原因及其变化趋势,提出改进和提高质量的措施,促进产品质量的提高,发挥统计的服务和监督作用。

二、评定建筑产品质量的对象和依据

1. 评定建筑产品质量的对象

建筑产品的质量是以最终产品和中间产品为对象进行检验评定的。

(1) 最终产品质量是指完成合同或设计规定的全部内容,具备交付使用或投入生产条件,经政府质量监督部门验收评定等级的建设项目、单项工程和单位工程的质量。

建筑项目和单项工程的质量等级根据总体设计要求由国家或主管部门负责组织验收并鉴定。单位工程质量等级由企业技术负责人组织检验评定后,提交当地质量监督站或主管部门核定。

(2) 中间产品质量是指已完成的分部、分项工程的质量等级。分项工程质量等级应在工人班组自检的基础上由单位工程负责人(工程项目经理)组织评定,专职质量检查员核定。分部工程质量等级由项目经理部的技术负责人组织评定,专职质量检查员核定。其中地基与基础、主体分部工程质量应由企业技术和质量部门组织核定。

2. 评定建筑产品质量的主要依据

评定建筑产品质量的主要依据是：

（1）国家或主管部门规定的建筑安装工程施工及验收规范，施工操作规程和质量检验评定标准。

（2）设计图纸、施工说明书及有关设计要求。

（3）原材料、成品、半成品、构配件及设备的合格证或试验报告。

（4）土样试验，打（试）桩、结构吊装、设备情况、调试和试运转等各种纪录。

三、评定建筑产品质量的方法和等级标准

（一）评定建筑产品的程序

先分项工程，再分部工程，最后是单位工程。分项工程是评定分部工程的基础，分部工程是评定单位工程的依据。

在建筑工程中，多层建筑和高层建筑的主体工程必须按楼层（段）划分分项工程。单项建筑的主体工程必须按变形缝划分分项工程。其他分部工程的分项工程也可按层（段）进行划分。在机械设备安装工程中，各分部工程的分项工程可以按系统、区段划分。

一个单位工程如由几个分包单位施工时，总包单位应对建筑产品质量全面负责，各分包单位负责检验本单位所承担的分项，分部工程质量等级，并将评定结果及资料送交总包单位。

（二）建筑工程质量评定等级标准

分项、分部、单位工程质量均分为"合格"与"优良"两个等级。

1. 分项工程的质量等级应符合以下规定：

（1）合格

1）保证项目必须符合相应质量检验评定标准的规定；

2）基本项目抽检的处（件）应符合相应质量检验评定标准的合格规定；

3）允许偏差项目抽检的点数中，建筑工程有70%及其以上、建筑设备安装工程有80%及其以上的实测值应在相应质量检验评定标准的允许偏差范围内。

（2）优良

1）保证项目必须符合相应质量检验评定标准的规定；

2）基本项目每项抽检的处（件）应符合相应质量检验评定标准的合格规定；基中有50%及其以上的处（件）符合优良规定，该项即为优良；优良项数应占检验项数50%及其以上。

（3）允许偏差项目抽检的点数中，有90%及其以上的实测值应在相应质量检验评定标准的允许偏差范围内。

2. 分部工程的质量等级应符合以下规定：

（1）合格：所含分项工程的质量全部合格。

（2）优良：所含分项工程的质量全部合格，其中有50%及其以上为优良（建筑设备安装工程中，必须含指定的主要分项工程）。

注：指定的主要分项工程，如：建筑采暖卫生与煤气分部工程为锅炉安装、煤气调压装置安装分项工程；建筑电气安装分部工程为电力变压器安装、成套配电柜（盘）及动力开关柜安装、电缆线路分项工程；通风与空调分部工程为有关空气洁净的分项工程；建筑电梯安装分部工程为安全保护装置、试运转分项工程等。

3. 单位工程的质量等级应符合以下规定:
(1) 合格:
1) 所含分部工程的质量应全部合格;
2) 质量保证资料应基本齐全;
3) 观感质量的评定得分率应达到 70% 及其以上。
(2) 优良:
1) 所含分部工程的质量应全部合格,其中有 50% 及其以上优良,建筑工程必须含主体和装饰分部工程;以建筑设备安装工程为主的单位工程,其指定的分部工程必须优良。如锅炉房的建筑采暖卫生与煤气分部工程;变、配电室的建筑电气安装分部工程;空调机房和净化车间的通风与空调分部工程等。
2) 质量保证资料应基本齐全。
3) 观感质量的评定得分率应达到 85% 及其以上。
注:室外的单位工程不进行观感质量评定。

4. 当分项工程质量不符合相应质量检验评定标准合格的规定时,必须及时处理,并应按以下规定确定其质量等级:
(1) 返工重做的可重新评定质量等级;
(2) 经加固补强或经法定检测单位鉴定能够达到设计要求的,其质量仅应评为合格;
(3) 经法定检测单位鉴定达不到原设计要求,但经设计单位认可能够满足结构安全和使用功能要求可不加固补强的;或经加固补强改变外形尺寸或造成永久性缺陷的,其质量可定为合格,但所在分部工程不应评为优良。

四、建筑产品质量统计指标

1. 最终建筑产品的质量统计指标

按单位工程个数或房屋建筑面积计算的优良品率

$$单位工程优良品率 = \frac{报告期评定优良的单位工程个数(面积)}{报告期进行检验评定单位工程个数(面积)} \times 100\% \quad (5-13)$$

2. 中间建筑产品的质量统计指标

$$分部分项工程优良品率 = \frac{报告期评为优良的分部分项工程个数}{报告期进行检验评定的分部分项工程个数} \times 100\% \quad (5-14)$$

3. 建筑产品生产质量管理统计指标

质量事故统计范围,只计算在建筑产品生产过程中发生在工程上的质量事故。不包括:1) 尚未使用到工程上去的;2) 设备开箱验收时发现机械设备本身已损坏的。3) 工程交付使用后发生的事故;4) 由于自然灾害而造成的质量故事;5) 返工损失金额在规定限额以下的事故。

质量事故按发生事故的次数计算。发生质量事故必然造成各方面的经济损失,这种损失综合表现为返工损失金额。其计算公式为:

返工损失金额 = 返工损失的材料费、人工费、机械使用费 + 规定的管理费
      − 返工工程拆下后可以重复利用的材料价值。

返工损失率是指返工损失金额和自行完成施工产值的比,它可以综合地说明质量事故

的大小和严重程度。

$$返工损失率 = \frac{自年初累计返工损失金额}{自年初累计自行完成施工产值} \times 100\% \qquad (5-15)$$

返工损失率一般采用累计数值进行计算,并以千分率计算。

第三节 建筑产品价值量统计

建筑产品价值量是指用货币表现的建筑产品价值数量,一般有四种表现方式,即:建筑业总产值、建筑业净产值、建筑业增加值和竣工产值。为了反映一个建筑施工企业全面经济活动情况,目前有些部门和企业除计算以上四项产值之外,还要计算建筑施工企业总产值。

一、建筑业总产值统计

建筑业总产值是以货币表现的建筑施工企业和附营施工单位在一定时期内生产的建筑产品的价值总和。它是反映建筑业生产规模、发展速度、经营成果的重要标志。也是计算建筑业经济效益、劳动生产率和建筑业在国民经济中所占比重的依据,在分析研究建筑业的现状和今后发展趋势时,在为国家制定方针、政策、计划时、以及在衡量、判断建筑安装单位工作成绩和问题时,都离不开建筑业总产值指标。

1. 建筑业总产值的统计范围

建筑业总产值计算口径有三次较大的变动。一次是1982年,一次是1991年,一次是1993年。

1982年以前计算的建筑业总产值(又叫自行完成工作量),是指建筑安装企业(或单位)自行完成的与建筑安装施工直接有关的产值,只计算施工产值,即建筑安装产值、房屋及构筑物修理产值、现场非标准设备制造产值。

1982年以后进行调整,扩大总产值计算口径,包括施工产值、建安附属构件产值、建安运输产值、其它产值。

1991年又一次进行了调整,建筑业总产值基于突出行业总产值的目的,包括施工产值、建筑安装附属生产外销构件产值和建筑安装附属勘察设计产值。

1993年进一步修改了建筑业总产值的计算口径。此次修改是根据新的《国民经济行业分类与代码》《国标修定方案》和会计制度的要求进行的。新的行业分类按照其活动的性质,将原来的"工程勘察设计划归地质勘察业、水利管理业"门类,因此原建筑业总产值中的附属勘察设计产值,因其不属于建筑业生产活动而不再包括在建筑业总产值中。对于附属外销构件产值的计算问题,按照行业分类,水泥预制构件制造业和金属结构制造业属于制造业门类。新老施工企业会计制度也都把施工企业附属单位的外销构件的生产作为"工业生产"处理。因此为规范企业的生产成果及其构成,将附属外销构件产值作为附营业产值处理。建筑业总产值不再包括这部分内部。修改后的建筑业总产值,等于自行完成施工产值。

2. 建筑业总产值统计的内容

建筑业总产值包括四部分内容:

(1)建筑工程产值。指列入建筑工程预算内的各种工程价值,其中包括:

1）各种房屋价值，如厂房、仓库、住宅、商店、学校等等，按照当前预算制度规定，列入房屋工程预算内的暖气、卫生、通风照明、煤气等设备价值及装饰工程，以及列入预算内的各种管道、电力、电机、电缆等敷设工程的价值。

2）设备的基础、支柱、烟囱、水塔等建筑工程，各种窑炉的砌筑工程及金属结构工程的价值。

3）为施工而进行了建筑场地的布置、原有建筑物拆除及平整土地、施工用临时水电汽道路等的价值。

4）矿井的开凿、露天矿的剥离、天然气钻井工程和铁路、公路、桥梁等工程的价值。

5）水利工程，如水库、堤坝以及河道整治等工程的价值。

6）防空、地下特殊建筑工程的价值。

（2）设备安装工程产值。指设备安装工程价值，包括：

1）生产、动力、起重、传动、实验等各种设备的装配和安装与设备相连的工作台、梯子、栏杆等设备安装工程价值。

2）为测定安装工程质量对单个设备、系统设备进行单机试运和系统联动无负荷试运工作的价值。

在设备安装产值中，不得包括被安装的设备本身的价值。

（3）房屋构筑物修理产值：是指房屋和构筑物的修理所完成的价值，但不包括被修理房屋、构筑物本身价值和生产设备的修理价值。

（4）非标准设备制造产值。是指加工制造没有定型的、非标准生产设备的加工费和原材料价值（如化工厂、炼油厂用的各种罐、槽，矿井生产系统使用的各种漏斗、三角槽、阀门等，以及附属加工厂为本企业承建工程制作的非标准设备的价值。

3. 建筑业总产值的计算方法和价格

（1）总产值计算方法

1）施工产值计算方法一般按"单价法"计算，也就是按照一个时期实际完成的实物量乘以单价，再加一定比例的费用。计算方式为：

$$报告期建筑工程产值 = [预算单价 \times 实际完成实物量 \times (1 + 间接费率)] \\ \times (1 + 计划利润率) \times (1 + 税率) \quad (5-16)$$

2）安装工程产值的计算公式为：

$$报告期安装工程产值 = \Sigma[安装预算价格 \times 实际完成实物量 + 已完工程的基本工资 \\ \times 间接费率] \times (1 + 计划利润率) \times (1 + 税率) \quad (5-17)$$

3）为了简化施工产值的计算方法，也可以按"部位进度法"计算，即把一个单位工程的价值分为若干部分，如一幢房子可以分为基础部分、结构部分、装饰部分、庭院道路部分，按实际工程进度分别计算各部分的施工产值。也可以先按扩大分部、分项工程的预算价值计算出各分部、分项的价值占单位工程总产值的比重，然后根据实际完成分部、分项价值，估算出实际完成的施工产值。

（2）总产值计算的价格：

建筑业总产值原则上按施工单位和建设单位结算价格计算。具体说双方结算时，如果按承发包合同规定强调按预算或概算价格结算的，结算价格也就是预概算价格。如果是进行投标承包的工程，按照中标合同规定，实际按中标价格结算的，结算价格也就是指中标价格。

(3) 计算建筑业总产值应注意的几项具体规定：

1)"未完施工"不应计入建筑业总产值。"未完施工"是指已经投入劳动力、材料等，但还没有完成规定的全部工序，不具备办理中间结算的分部、分项工程价值。

2) 计算房屋、构筑物修理产值时，不管是使用新料或旧料，都应该包括实际耗用的材料、工资、机械使用费以及一定数额的间接费用。

3) 在施工现场制作的预制构件和金属结构件制作完成后，即可计算构件制作部分的价值，待安装到建筑物上，构成了工程实体，再计算安装费用。由外单位购入的或内部核算单位购进的预制构件和金属结构件，必须吊装完毕，并构成了工程实体时，才能计算构件本身价值和安装费用。

4) 非标准设备制造产值，应按实际完成程度计算。由附属、辅助生产单位制造的非标准设备，应在使用到本企业承建的工程上去之后，再计算非标准设备本身的价值。

5) 使用国外进口材料和结构件完成的建筑安装工程，为了统一取费标准和统计数字的可比性，一般应用国内相同材料的预算价格和费用进行计算。

6) 凡属于生产、动力、起重、运输设备、非工业的医疗、科研、实验设备、专业性生产单位的设备（如冷藏库中的冷冻设备，电讯部门的通讯设备，供电单位的变电设备和专用于生产科研的定型设备），既用于生产，同时也用于生活的设备（如锅炉、冷冻设备、变压设备等）以及正式批准的设计预算中作为生产设备的设备安装工程，只计算安装费，不计算设备本身价值。

随设备同时供应的管材、配件、零件、凡因原材料性质需经安装工人在现场进行下料、煨弯、配制、组装、焊接、检验的，除计算安装费外，还要计算这部分材料、配件、零件本身的价值。

7) 建筑物有机组成部分的暖气、通风设备价值，是否计入施工产值，原则上可按设计预算规定统计，即在编制设计预算时，如将这些设备视作材料处理的，其价值就应当计入建筑总产值。

8) 凡属建设单位供应的成套仪表盘、柜、屏等设备；随主机设备配套的仪器、仪表，如果是外单位加工的非标准设备未完成全部制作工序，而分片装运到安装现场后，仍需施工单位进行坡口校正、修理、组装、焊接、校验等工序的；为控制温度、压力、流量、物位所安装的管、线路和自控管、线路系统，同时组合安装的一些仪器、仪表、配件、元件等，凡属上述三种情况的，设备本身价值一般应计入建筑业总产值。

但由于此种情况比较复杂，不便统一规定，统计上可以按施工单位和建设单位实际结算价款的内容计算，也就是实际结算时包括了设备价值，就应当把设备价值计入建筑业产值，否则只计算安装费。

9) 因施工造成的返工，其返工价值不应计入实际完成的产值内。但由于建设单位或设计变更、图纸错误造成的返工、其返工价值应计入总产值内。

10) 由于施工单位采用合理化建议，改变了施工方法，在保证工程质量的前提下，经征得建设单位同意，节约了投资，但计算产值时可按原预算计算。

11) 营业税、城市维护建设税、教育费附加都应计入建筑业总产值。因为建筑业总产值是由工程或本加其他间接费，再加计划利润、营业税、城市维护建设税、教育费附加构成。

12) 总承包施工企业在计算总产值时，应区分"总包产值"与建筑业总产值。因为建筑业总产值的口径是自行完成施工产值，即是指总包企业自己组织施工力量和机械设备进行施工而完成的产值。而总包产值是指施工单位与建设单位签字的承包合同中规定的工程内容实际完成的价值，它包括了总包单位自行完成的产值，也包括分包单位的产值。

13) 在对境外承包工程或出国援外的劳务收入中提取的一部分上交给企业的现金收入，不计入建筑业总产值中，但在国外承包的工程产值应计入本企业国外完成产值中（应以人民币计入）。

二、建筑业增加值统计

建筑业增加值是建筑业企业在报告期内以货币表现的建筑业生产经营活动的最终成果的货币表现。"增加值"是指在生产产品和提供劳务总值中扣去外购原材料、燃料和劳务后，新创造的价值和固定资产的转移价值。

增加值的统计方法：

（1）生产法。公式为：

$$建筑业增加值 = 建筑业总产出 - 建筑业中间投入 \qquad (5-18)$$

1) 建筑业总产出。指建筑企业在一定时期内生产活动的总成果，其价值等于建筑业总产值。

2) 建筑业中间投入。指建筑企业在建筑施工活动中消耗的外购物质产品和对外支付的服务费用。中间投入的确定必须遵循以下二条原则：第一必须是从外部购入的，并已计入建筑业总产出的产品和服务价值；第二，必须是本期投入生产、并一次性消耗掉的产品和服务价值。建筑业中间投入包括外购的材料、结构件、机械配件燃料动力的消耗价值，以及向外单位支付的运输费、邮电费、修理费、仓储费、利息支出、保险费、职工教育费等各种服务费用。

建筑业中间投入的资料来源主要依据会计核算资料，可根据会计科目归纳填报。主要有以下几个项目：

1) 材料费中的中间投入价值。包括施工过程中耗用的构成工程实体的原材料、辅助材料、构配件、零件、半成品的费用和周转材料的摊销及租赁费用。

2) 机械使用费中的中间投入价值。包括施工过程中使用自有施工机构所发生的机械使用费，租用外单位施工机械的租赁费，以及施工机械安装、拆卸和进出场费。

3) 其他直接费中的中间投入价值。包括施工过程中发生的临时设施摊销费，生产工具用具使用费，工程定位复测费，工程点交费，检验试验费，场地清理费等。

4) 间接成本中的中间投入价值。包括修理费、物料消耗、低值物耗品摊销、取暖费、水电费、办公费、检验试验费、工程保修费、差旅费、财产保险费、排污费及其他费用。

5) 管理费用中的中间投入价值。包括办公费、运输费、修理费、物料消耗、低值易耗品摊销、递延费用摊销、技术开发费、坏账损失、差旅费、保险费、业务招待费、咨询费、诉讼费、绿化费、技术转让费、无形资产摊销费、土地损失补偿费、排污费、工会经费、职工教育经费等。

（2）分配法（收入法）为：

$$建筑业增加值 = 固定资产折旧 + 劳动者报酬 + 生产税净额 + 营业盈余 \qquad (5-19)$$

1) 固定资产折旧。是指固定资产在使用过程中,通过逐渐损耗而转移到产品成本的那部分价值,即为补偿生产中所耗用的固定资产而提取的价值。

2) 劳动者报酬,是指劳动者从事生产活动而从生产单位得到的各种形式的报酬。劳动报酬有三种形式,一是货币工资及收入,包括企业支付给劳动者的工资、薪金、奖金、各种津贴和补贴;二是实物工资,包括企业以免费或低于成本价提供给劳动者的各种物质产品和服务;三是由企业为劳动者个人支付的社会保险,具体包括:生产单位向政府和保险部门支付的劳动、待业、退休、养老,人身、医疗、家庭、财产等保险。

3) 生产税净额。指企业向政府缴纳的生产税与政府向企业支付的生产补贴相抵后的差额。计算公式是:

$$生产税净额 = 生产税 - 生产补贴 \tag{5-20}$$

生产税是政府向企业征收的有关生产、销售、购买、使用物质产品的服务和税金,包括各种利前税。

生产税有三种形式:一是含在物质产品和服务价格中,由企业向政府缴纳的税金,如产品税、营业税等;二是不含在物质产品和服务价格中而由购买者直接缴纳,并由企业代征的税金,如特别消费税等;三是依照规定向政府支付的有关费用。

生产税主要包括:营业税、产品税、城市维护建设税、房产税、车船税、印花税、土地使用税、特别消费税等,企业缴纳的各种规定费,如教育费附加、排污费等。

生产补贴是指政府支付给生产部门的补贴,包括价格补贴和亏损补贴。由于建筑施工企业没有生产补贴及相应的会计科目,因此建筑业增加值中的生产税净额就等于生产税。

营业盈余:指社会总产出扣除中间投入、固定资产折旧、劳动者报酬、生产税净额之后的剩余部分。

$$营业盈余 = 建筑业总产出 - 建筑业中间投入 - 固定资产折旧$$
$$- 劳动者报酬 - 生产税净额 \tag{5-21}$$

增加值的内容与构成清楚后,也可以用构成增加值的各项内容相加或相减得出。

加法公式:增加值=利润+税金+工资+职工福利基金+利息净支出+其它开支
$$+固定资产折旧费 \tag{5-22}$$

减法公式: 增加值=总产值-中间消耗 (5-23)

三、建筑业净产值统计

建筑业净产值是指建筑安装企业或单位在生产经营活动中新创造的价值,是国民收入的组成部分。它和总产值的区别主要是不包括建筑安装生产活动的转移价值。

建筑业总产值中扣除物质消耗以后的价值,即为建筑业净产值。

计算建筑业净产值的主要作用。一是用以分析在再生产过程中物质消耗和新创造价值的比重及其变化的情况,分析净产值在国家、企业和职工间的分配构成变化情况;二是用以比较确切地反映建筑安装企业或单位的贡献大小,劳动生产率高低,以及经济效益的好坏;三是结合总产值进一步分析建筑安装活动的规模、水平、发展速度和内部比例关系。

1. 建筑业净产值的统计范围

建筑业净产值的统计范围原则上应和总产值统计范围一致。具体包括:

施工净产值、附属构件厂生产的净产值、附属生产机构(企业内部核算单位)生产的净产值。

2. 建筑业净产值统计方法

(1) 生产法，即从总产值中直接减去建筑活动中的物质消耗价值。计算公式是：

$$建筑业净产值 = 建筑业总产值 - 物质消耗价值 \qquad (5-24)$$

物质消耗价值包括：外购材料、外购燃料、外购动力、折旧费、其他支出中的物质消耗，产品销售费用中的物质消耗，定货中来料价值。按照此种方法计算出来的净产值，数字比较精确，但因计算时一般应具有会计部门编制的"生产费用表"，而目前建筑安装企业大多未编制此表，故难度较大。

(2) 分配法。即从国民收入的初次分配角度出发，将构成净产值的各要素直接相加求得。公式为：

$$建筑业净产值 = 利润 + 税金 + 工资 + 职工福利基金 + 利息 + 其他 \qquad (5-25)$$

1) 利润：指应得利润，是工程利润、产品及作业销售利润、材料及其他销售利润的总和。工程利润是指已完工程预算成本减已完工程实际成本后的降低额再加上计划利润。(没有预算成本的单位按实现利润统计)。

产品、作业、材料及其他销售利润是指附属生产产品、作业、材料及其他销售收入减去销售税金和销售成本后的利润。

2) 税金。指全民、集体所有制建筑安装企业向国家缴纳的各种税金，包括所得税、产品、材料、作业销售税、营业税、城市维护建设税和教育费附加。

3) 工资可从财务决算报表或劳动工资统计报表内的应发职工工资总额中，扣除由职工福利基金和其他专用基金开支的医务室、浴室、理发室、幼儿园、俱乐部的工作人员工资、扣除营业外开支的六个月以上病假人员、出国援外人员、长期学习人员和企业办学校的教职员工资扣除用工会会费开支的工作人员工资，扣除企业基金和利润留成开支的各种奖金，以及其他应扣除的工资。

4) 职工福利基金。是以职工工资总额为基数按国家规定比例提取的职工福利基金。

5) 利息。是指利息支出和利息收入相抵后的支出净额。

6) 其他。是除上述各项以外的属于国民收入初次分配性质的支出。主要包括：

①支付给非物质生产部门的费用，如上级管理费、外单位管理费、职工教育经费、养路费、差旅交通费、财产保险费、业务招待费、会议费、广告及租赁费、定额管理费、城市清洁卫生及绿化费。

②支付给个人的费用包括探亲路费、出差误餐补助、保健津贴、房租及交通补贴、劳保基金、工地津贴。

③支付给本企业的费用，主要有：工会经费、民兵活动经费、文体宣传费等。

四、各价值量指标之间的关系

设 C_1 为折旧额，C_2 为原材料价值，V 为劳动报酬，M 为剩余劳动所创造的价值，则：

$$总产值 = C_1 + C_2 + V + M \qquad (5-26)$$

$$增加值 = C_1 + V + M \qquad (5-27)$$

$$净产值 = V + M \qquad (5-28)$$

$$总产出 = 总产值 \qquad (5-29)$$

$$增加值 = 总产出 - C_2 \qquad (5-30)$$

五、竣工工程产值统计

1. 概念

竣工工程产值是指以货币形式表现的建筑业生产所形成的成品价值。它反映建筑业成果，是考核建筑业施工速度和经济效益的依据。竣工产值一般是以单位工程为对象。当该工程按照设计图纸所规定的工程内容全部完成，并达到了设计规定的交工条件，经有关政府部门检查、验收、鉴定合格的单位工程价值，即为竣工产值。

有的专业承包公司按照合同规定，仅承包单位工程中某一部分工程内容，如电梯工程、水塔建筑等，只要按照合同规定的内容全部完成，经验收鉴定合格之后，即可计入专业承包公司的竣工产值。

2. 范围

竣工产值包括范围就是报告期内竣工单位工程从开工到竣工的全部自行完成的价值，如果一个单位工程是跨两个年度施工的大型工程，如厂房、高级宾馆等，能分段分层、并按合同规定施工，能分开交付使用的，可分开计算竣工产值。竣工产值不包括附属、辅助企业或中核算的单位为外单位生产和服务的价值。竣工工程产值水平以竣工率表示，其计算公式为：

$$竣工率 = \frac{报告期竣工产值}{报告期施工工程全部产值} \times 100\% \tag{5-31}$$

【例5】 请对例2所述的工程进行价值量统计。

为了进行价值量统计，首先必须对该两项工程本月完成的分项工程价格进行统计，然后加以汇总。而要进行分项工程价格统计，必须借助预（概）算文件。

例如，甲工程的基础，概算直接费（北京地区只编概算）为236449元（见表5-2），其分项工程统计报表见表5-3，合价亦为236449元。

工程概算书（直接费部分） 表5-2

定额号	工程项目	单位	数量	单价	合价	其中			
						人工单价	人工合价	单方工日	工日合
1-1	平整场地	m²	496.36	1.68	834	1.68	834	0.080	39.7
1-25	其他结构带形基础挖土方	m³	375.35	71.36	26785	51.17	19207	2.540	953.4
1-71	混凝土其他结构带形基础	m³	52.20	213.08	11123	32.72	1708	1.560	81.4
1-105	其他结构混凝土带形基础	m³	86.72	396.28	34365	31.56	2737	1.510	130.9
2-01	其他结构砖带形基础	m³	129.24	307.79	39779	41.27	5334	1.930	249.4
2-67	现浇普通混凝土内墙	m²	670.81	114.89	77069	8.03	5387	0.380	254.9
3-29	现浇混凝土构造柱	m³	108.45	35.02	3798	5.86	636	0.290	31.5
1-146	室内靠墙管沟	m	166.20	144.79	24064	33.06	5495	1.580	262.6
1-179*2Y	管沟高度每增加200mm	m	174.15	28.38	4942	13.36	2327	0.640	111.5
1-166	室内不靠墙管沟	m	32.35	311.95	10092	77.16	2496	3.680	119.0
1-179*5Y	管沟高度每增加200mm	m	14.56	70.95	1033	33.40	486	1.600	23.30
1-183	室内管沟混凝土垫层增加费	m	197.46	12.99	2565	-1.69	-334	-0.090	-17.8
小计					236449		46313		2239.8

分部分项工程统计月报　　　　　　　　　　　表 5-3

顺序号	工 程 项 目	单位	单价	本期完成量	合价（元）	备 注
1	场地平整	m²	1.68	496.36	834	
2	基础挖土方	m³	71.36	375.35	26785	
3	带形基础 C10	m³	213.08	52.20	11123	
4	带形基础 C20	m³	296.28	86.72	34365	
5	砖带形基础	m³	307.79	129.24	39799	
6	现浇混凝土内墙	m²	114.89	670.81	77069	
7	现浇混凝土构造柱	m³	35.02	108.45	3798	
8	室内靠墙暖沟	m³	144.79	166.20	24064	
9	管沟内高度每增加 200mm	m	28.38	174.15	4942	
10	室内不靠墙暖沟	m	311.95	32.35	10092	
11	管沟内高度每增加 20mm	m	70.95	14.56	1033	
12	室内混凝土垫层增加	m	12.99	197.46	2565	
	小计				236449	

然而，价值量统计应是工程造价，故在统计了直接费之后，还应按概（预）算规定，增加其他各项费用，其计算过程见表 5-4。因此，3月份的总产值统计数中，甲工程基础的总产值应为 342381 元。

总产值计算表　　　　　　　　　　　表 5-4

序 号	取费项目	取费费率	算　　式	合价（元）
(1)	直接费			236449
(2)	市场差价	3.8553%	(1)×3.8553%	9115
(3)	人工费调整	3.8306%	(1)×3.8306%	9057
(4)	小计		(1)+(2)+(3)	254621
(5)	临时设施费	2.06%	(4)×2.06%	5245
(6)	现场经费	2.91%	(4)×2.91%	7409
(7)	小计		(4)+(5)+(6)	267275
(8)	企业经营费	13.28%	(7)×13.28%	35494
(9)	利润	7%	(7)×3%	18709
(10)	税金	4.09%	(7)×4.09%	10931
(11)	工程造价		(7)+(8)+(9)+(10)	332409
(12)	劳保	1.0%	(11)×1.0%	3324
(13)	建材发展基金	2.0%	(11)×2.0%	6648
(14)	合计		(11)+(12)+(13)	342381

按照例 2 所述的工程形象进度、该工程 3 月份完成甲工程的基础 342381 元，两层结构 596795 元；水配合 23359 元，电配合 21432 元，乙工程抹灰及门窗安装 143513 元。该公司

的施工产值月报见表 5-5。

编制单位：建五公司　　　　　施工产值综合月报表　　　　　表 5-5

工程名称	完成项目	本月计划（元）	本月完成（元）	完成程度（%）
甲工程	基础	342381	342381	100
	一、二层结构	596795	596795	100
	水配合	23359	23359	100
	电配合	21432	21432	100
	小　计	983967	983967	100
乙工程	六层抹灰，安木门窗	143513	143513	100
	小计	143513	143513	100
	本月合计	1127480	1127480	100

注：表中的统计取量是按概算造价，以完成的比例分摊的。

第四节　职工伤亡事故统计

一、职工伤亡事故统计的意义和任务

加强劳动保护，搞好安全生产，保护职工的安全和健康，是党的一贯方针，也是现代企业管理的一项基本原则。企业在实施增产节约的同时，必须要安全生产。安全生产和文明生产是企业管理水平的一个重要标志，是我国经济发展的客观要求。

建筑生产露天作业多、高空作业多，存在着许多不安全因素。随着生产机械化程度不断提高，建筑机械和运输设备大量增加，不安全因素增多。为了把生产过程中可能产生的安全事故减少到最低限度，一方面应加强对职工安全生产的教育，另一方面要按照国家要求，采取措施，保障职工的健康和安全。加强安全管理统计，正是为安全管理工作提供信息。职工伤亡事故统计的任务是：反映安全生产情况，为各级领导机关制定安全生产的方针、政策和规划方向提供资料，检查企业执行安全生产政策和规划的情况，使领导及时了解企业中职工安全生产情况及由不安全而引起的损失，及时给事故的责任者以必要的处理，找出事故的发生规律，制定预防事故再发生的措施，教育职工自觉遵守安全操作规程，实现安全、文明生产。

二、建筑企业职工伤亡事故分类标准

1. 术语

（1）伤亡事故。指企业职工在生产劳动过程中发生的人身伤害和急性中毒。

（2）损失工作日。指被伤害者失能的工作时间。

（3）暂时性失能伤害。指伤害及中毒者暂时不能从事原岗位工作的伤害。

（4）永久性部分失能伤害。指伤害及中毒者肢体或某些器官部分功能不可逆转的丧失的伤害。

（5）永久性全失能伤害。指除死亡外，一次事故中使受伤者造成完全残废的伤害。

2. 事故类别

事故类别包括：物体打击；车辆伤害；机械伤害；起重伤害；触电；淹溺；灼烫；火

灾；高空坠落；坍塌；冒顶片帮；透水；放炮；火药爆炸；瓦斯爆炸；锅炉爆炸；容器爆炸；其他爆炸；中毒和窒息；其他伤害。

3. 伤害分析

受伤分析包括以下内容：

（1）受伤部位及受伤性质分析。指身体受伤部位和身体受伤类型，其确定原则是：以当时受伤身体受伤情况为主，结合可能产生的后遗障碍全面分析确定；多处受伤按最严重的伤害分类；当无法确定时，应鉴定为"多伤害"。

（2）起因物分析。即导致事故发生的物体、物质（即起因物）的分析。

（3）致害物分析。指直接引起伤害及中毒的物体或物质分析。

（4）伤害方式分析。指致害物与人体发生接触的方式。

（5）不安全状态分析。指能导致事故发生的物质条件。

（6）不安全行为分析。指能造成事故的人的错误。

4. 伤害程度分类

伤害程度分为以下几类：

（1）轻伤。指损失工日低于105日的失能伤害。

（2）重伤。指损失工日等于或超过105日的失能伤害。

（3）死亡。

5. 事故严重程度分类

事故严重程度分为以下几类：

（1）轻伤事故。指只有轻伤的事故。

（2）重伤事故。指有重伤、无死亡事故。

（3）死亡事故，又分重大伤亡事故和特大伤亡事故两类。前者指一次事故死亡1~2人的事故；后者指一次事故死亡3人以上的事故（含3人）。

另外，建设部于1989年以部令第3号发布《工程建设重大事故报告和调查程序》规定：重大事故分为四级：一级重大事故具备下列条件之一：死亡30人以上，直接经济损失300万元以上；二级重大事故具备下列条件之一：死亡10人以上29人以下，直接经济损失100万元以上不满300万元；三级重大事故具备下列条件之一：死亡3人以上9人以下，重伤20人以上，直接经济损失30万元以上，不满100万元；四级重大事故具备下列条件之一：死亡2人以下，重伤3人以上19人以下，直接经济损失10万元以上，不满30万元。

6. 企业职工伤亡事故的计算方法

（1）千人死亡率：

表示报告期平均每千名职工中，因工伤事故造成死亡的人数。其计算公式为

$$千人死亡率 = \frac{死亡人数}{平均职工人数} \times 1000‰ \tag{5-32}$$

（2）千人重伤率：

表示报告期内平均每千名职工因公（工）伤事故造成的重伤人数，其计算公式为

$$千人重伤率 = \frac{重伤人数}{平均职工人数} \times 1000‰ \tag{5-33}$$

（3）伤害频率：

表示报告期内每百万工时事故造成伤害的人数。伤亡人数为轻伤、重伤与死亡人数之和。计算公式为：

$$百万工时伤害率(A) = \frac{伤害人数}{实际总工时} \times 10^6 \tag{5-34}$$

（4）伤害严重率。表示报告期内每百万工时事故造成的损失工作日数。计算公式如下：

$$伤害严重率(B) = \frac{总损失工作日}{实际总工时} \times 10^6 \tag{5-35}$$

（5）伤害平均严重率。指每人受伤害的损失工作日。计算公式如下：

$$N = \frac{B}{A} = \frac{总损失工作日}{伤害人数} \tag{5-36}$$

三、建筑企业职工伤亡事故经济损失统计标准

1. 基本定义

（1）伤亡事故经济损失。指企业职工在劳动生产过程中发生伤亡事故所引起的一切经济损失，包括直接经济损失和间接经济损失。

（2）直接经济损失。指因事故造成人身伤亡及善后处理支出的费用和毁坏财产的价值。

（3）间接经济损失。指因事故导致产值减少、资源破坏和受事故影响而造成的其他损失。

2. 直接经济损失的统计范围

（1）人身伤亡所支出的费用。包括：医疗费用（含护理费用）；丧葬及抚恤费用；补助及救济费用；歇工工资。

（2）善后处理费用。包括：处理事故的事务性费用；现场抢救费用；事故罚款和赔偿费用；财产损失价值；固定资产损失价值；流动资产损失价值。

3. 间接经济损失的统计范围

包括：停产、减产损失价值；工作损失价值；资源损失价值；处理环境污染的费用；补充新职工；其他损失费用。

4. 计算方法

（1）经济损失。计算公式是：

$$E = E_1 + E_2 \tag{5-37}$$

式中 E——经济损失（万元）；

E_1——直接经济损失（万元）；

E_2——间接经济损失（万元）。

（2）工作损失价值。计算公式如下：

$$V = D \cdot \frac{M}{S \cdot D} \tag{5-38}$$

式中 V——工作损失价值（万元）；

D——一起事故的总损失工作日数（死亡一名职工按 6000 个工作日计算）；

M——企业上一年税利（税金加利润）；

S——企业上年职工平均人数；

D——企业上年法定工作日数（日）。

（3）固定资产损失价值。按下列情况计算：

1) 报废的固定资产。以固定资产净值减去残值计算。
2) 损坏的固定资产。以修复费用计算。
(4) 流动资产损失价值。按下列情况计算：
1) 原材料、燃料、辅助材料等均按面值减去残值计算。
2) 成品、半成本、在制品等均以企业实际成本减去残值计算。
(5) 事故已处理结案而未能结算的医疗费、歇工工资等，采用测算方法计算。
(6) 对分期支付的抚恤、补助等费用，按审定支出的费用，从开始支付日期累计到停发日期。
(7) 停产、减产损失。按事故发生之日起到恢复正常生产水平时止，计算其损失的价值。

5. 经济损失的评价指标和程度分级
(1) 经济损失的评价指标。
1) 千人经济损失率。公式为

$$R = \frac{E}{S} \times 1000‰ \tag{5-39}$$

式中　R——千人经济损失率；
　　　E——全年经济损失（万元）；
　　　S——企业职工平均人数（人）。

2) 百万元产值经济损失率。计算公式为：

$$R = \frac{E}{V} \times 100\% \tag{5-40}$$

式中　R——百万元产值经济损失率；
　　　E——全年内经济损失（万元）；
　　　V——企业总产值（万元）。

(2) 经济损失程度分级
1) 一般损失事故。指经济损失小于万元的事故。
2) 较大损失事故。指经济损失大于 1 万元（含 1 万元）但少于 10 万元的事故。
3) 重大损失事故。指经济损失大于 10 万元（含 10 万元）但少于 100 万元的事故。
4) 特大损失事故。指经济损失大于 100 万元（含 100 万元）的事故。

四、建筑企业职工伤亡事故统计调查分析规程

(一) 术语
伤亡事故是指企业职工在生产劳动过程中发生的人身伤亡、急性中毒。
(二) 事故调查程序
伤亡、重伤事故，应按如下要求进行调查：
1. 现场处理
(1) 事故发生后，应救护受伤害者，采取措施制止事故蔓延扩大。
(2) 认真保护事故现场，凡与事故有关的物体、痕迹、状态，均不得破坏。
(3) 为救护受伤害者，需要移动现场某些物质时，必须做好现场标志。
2. 物证搜集

(1) 现场物证包括：破损部件、碎片、残留物、致伤物的位置。
(2) 在现场搜集到的所有物件均贴上标签，注明地点、时间、管理者。
(3) 所有物件均应保持原样，不准冲洗擦拭。
(4) 对健康有害的物品，应采取不损坏原始证据的安全防护措施。

3. 事故事实材料搜集

(1) 与事故鉴别、记录有关的材料，包括：

1) 发生事故的单位、地点、时间。

2) 受害人和肇事者的姓名、性别、年龄、文化程度、职业、技术等级、工龄、本工种工龄、支付工资的形式。

3) 受害人和肇事者的技术状况，接受安全教育情况。

4) 出事当天受害人和肇事者什么时间开始工作，工作内容、工作量、作业程序、操作时的动作。

5) 受害人和肇事者过去的事故记录。

(2) 事故发生的有关事实，包括：

1) 事故发生前设备、设施等的性能和质量状况。

2) 使用的材料。必要时进行物理性能或化学性能试验与分析。

3) 有关设计和工艺方面的技术文件、工作指令和规章制度方面的资料及执行情况。

4) 关于工作环境方面的状况，包括：照明、湿度、温度、通风、声响、色彩度、道路、工作面状况，以及工作环境中的有害、有害物质取样分析记录。

5) 个人防护措施状况。应注意其有效性、质量、使用范围。

6) 出事前受害人和肇事者的健康状况。

7) 其他可能与事故有关的细节或因素。

4. 证人材料

要尽快找被调查者搜集材料。对证人的口述材料，应认真考证其真实程度。

5. 现场摄影

(1) 显示残骸和受害者原始信息的所有照片。

(2) 可能被清除或践踏的痕迹，如刹车痕迹、地面和建筑物的伤痕、火灾引起的损害照片、冒顶下落物的空间等。

(3) 事故现场全貌。

(4) 利用摄影或录相，以提供较完善的信息内容。

6. 事故图

事故报告中的事故图，应包括了解事故情况所必须的信息，如事故现场示意图、流程图、受害者位置图。

(三) 事故分析

1. 事故分析步骤

首先整理和阅读调查材料。

其次按以下 7 项内容进行分析：受伤部位；受伤性质；起因物；致害物；伤害方式；不安全状态；不安全行为。

2. 事故原因分析

(1) 属于下列情况者为直接原因：
1) 机械、物质或环境的不安全状态。
2) 人的不安全行为。
(2) 属于下列情况者为间接原因：
1) 技术和设计上的缺陷：工业物件、建筑物、机械设备、仪器仪表、工艺过程、操作方法、维修检验等的设计、施工和材料使用存在的问题。
2) 教育培训不够，未经培训，缺乏或不懂安全操作技术知识。
3) 劳动组织不合理。
4) 对现场工作缺乏检查，或有指导错误。
5) 没有安全操作规程或不健全。
6) 没有或不认真实施事故防范措施，对事故隐患整改不力。
7) 其他。
(3) 在分析事故时，应从直接原因入手，逐步深入到间接原因，从而掌握事故的全部原因，再分析主次，进行责任分析。

3. 确定事故中的直接责任者和领导责任者

应根据事故调查所确认的事实，通过对直接原因和间接原因的分析，确定事故的直接责任者和领导责任者。在直接责任者和领导责任者中，根据其在事故发生过程中的作用，确定主要责任者。

(四) 事故结案归档材料

当事故处理结案后，应当归档的事故资料包括以下内容
(1) 职工伤亡事故登记表。
(2) 职工死亡、重伤事故调查报告书及批复。
(3) 现场调查记录、图纸、照片。
(4) 技术鉴定和试验报告。
(5) 物证、人证材料。
(6) 直接和间接经济损失材料。
(7) 事故责任者的自述材料。
(8) 医疗部门对伤亡人员诊断书。
(9) 发生事故时的工艺条件、操作情况和设计资料。
(10) 处分决定和受处分人员的检查材料。
(11) 有关事故的通报、简报及文件。
(12) 参加调查组的人员、姓名、职务、单位。

第六章 建筑企业劳动工资统计

建筑企业的劳动工资统计,是建筑企业的重要专业统计,涉及职工及其福利和报酬。本章包括五节,第一节是从业人员和职工人数统计,其中还包括下岗待工人员统计和职工教育统计;第二节是劳动时间利用统计,介绍了劳动时间的构成和劳动时间利用情况指标;第三节是劳动生产率统计,包括了劳动生产率统计指标计算、劳动生产率动态统计和劳动定额统计;第四节是建筑企业从业人员劳动报酬及职工工资统计,包括该两项统计指标的计算与分析;第五节是建筑企业保险及福利统计以及保险费及福利费的统计与分析。我国劳动及工资改革幅度很大,本书反映了改革后的做法和要求。

第一节 建筑企业从业人员和职工人数统计

一、建筑企业劳动工资统计的任务

建筑企业劳动工资统计是建筑企业统计的重要组成部分。它从数量方面研究在一定时间、地点和条件下建筑企业劳动经济的规模、水平、结构、速度、比例关系等现象,以表明其特征及规律性,是实行劳动经济管理的一个重要工具。

劳动统计基本任务是:

(1) 为国家制定有关劳动政策提供依据并监督和反映建筑企业的政策执行情况。

(2) 为编制和检查建筑企业劳动计划服务。

(3) 为建筑业各级劳动管理服务。

(4) 为建筑业劳动、工资、保险制度改革服务。

(5) 为建筑业劳动科学理论研究提供资料。

二、建筑企业从业人员和职工人数统计

(一) 建筑企业从业人员和职工人数统计的任务

我国建筑企业从业人员和职工人数统计主要任务是:

(1) 反应建筑企业人员和职工数量、素质及其构成情况,为国家宏观调控和各级劳动部门管理提供基本情况。

(2) 为制定和检查劳动法规、政策、深化劳动制度改革提供科学依据。

(3) 为挖掘劳动潜力,开发劳动力市场提供分析资料。

(二) 建筑企业从业人员及职工的统计范围

建筑企业从业人员是指在土木工程、线路管道、设备安装等建筑安装企业单位,以及企业附属的为建筑生产活动服务的建筑制品、建筑机具制造和修理、供应、运输等生产单位中从事社会劳动并取得劳动报酬或经营收入的全部人员。按就业身份不同包括:职工,再就业的离退休人员及在各企业工作的外方人员和港澳台方人员。从业人员人数可以反应建筑企业参加生产或工作的全部劳动力,即各单位实际掌握的劳动力数量。按照这个概念的

含义，统计建筑企业从业人员应注意以下问题：

（1）必需在本单位从事一定社会劳动并取得劳动报酬。因此，从业人员既包括职工，也包括拿补差的离退休人员和拿外币的外方人员。但不包括下列人员：

1）勤工俭学的在校学生；

2）在建筑企业中考察、实习、劳动锻炼的人员；

3）参加建筑施工生产劳动的军工；

4）兼职人员、从事第二职业的人员以及临时访问、讲学和从事某一课题（或任务）进行短期（半年以内）研究或工作人员。

（2）从业人员所从事的工作既可是单位的主要经济业务，也可以是为主要经济业务服务或相关联的其它服务性业务。因此，从业人员既包括主营单位的从业人员，也包括企业、事业单位所兴办的第三产业和附营单位的从业人员。但不包括建筑业整建制使用外包工队伍和将生产项目分包给外单位所使用的人员。

（三）建筑企业职工的统计范围

职工统计范围是在特定的历史条件下确定的，并非永恒不变。随着市场经济的发展和国家经济政策的改变，职工范围也在不断变化。当前职工的统计范围指在国有经济、城镇集体经济、联营经济、股份制经济、外商和港、澳、台投资经济，其他经济单位及其附属机构工作，并由其支付工资的各类人员。职工统计中不包括下列人员：

（1）乡镇企业从业人员。

（2）私营企业从业人员。

（3）城镇个体劳动者。

（4）离休、退休、退职人员。

（5）再就业的离退休人员。

（6）民办教师。

（7）其他按有关规定不列入职工统计范围的人员：

1）实行个人承包离职经营，不再由原单位支付工资的人员，但汽车司机个人承包后，仍使用原单位汽车的或个人承包者仍使用单位设备、单位提供任务、材料的人员，应仍按职工统计；

2）从单位领取原材料，在自己家中进行生产的家庭工；

3）承包或分包本单位工程或运输等业务，其劳动力不由本单位组织安排的搬运队，建筑队发包给其他单位的半成品、装配、包装等工作所使用的人员；发包或转包给其他单位的房屋修缮、装卸、搬运、短途运输等工作所使用的人员。

4）根据国务院"国发（1981）181号文件"规定，经省、自治区、直辖市批准，有计划地从农村就近动用，参加铁路、公路、输油输气管线、水利等大型土石方工程工作，工程结束后立即辞退，不得调往新施工地区的民工。但其他以"民工"名义从农村招收与企业签订劳动合同的农民工则应按"职工"统计；

5）参加各单位生产劳动、实习的军工和勤工俭学的在校学生；

6）与企业解除了劳动合同，但档案仍在原企业的人员

7）在各单位中工作的外方人员和港澳台人员，单位聘用的外籍、港澳台专家及管理人员。按照职工这一概念含义，则职工主要特征为在本单位工作并由其支付工资的各种人员。

因此，不论是编制内的还是编制外的人员；不论是出勤的还是因故未出勤的人员；不论是在国内工作的还是在国外工作的人员；不论是正式的人员还是试用期间的人员；不论是在本单位工作的还是临时借调外单位工作的人员，只要由本单位按其工作数量与质量支付工资，均应统计为职工。

（四）建筑企业职工的分类

1．按用工期限长短划分

（1）长期职工。

（2）临时职工。

2．按经济类型划分

（1）国有经济单位建筑企业职工。

（2）城镇集体所有制建筑企业职工。

（3）其他经济建筑企业职工。

3．按用工制度划分

（1）合同制职工。

（2）固定工。

（3）其他职工。

（4）由集体单位抽调、借用、并入或委托培训人员，其他在国家劳动计划以外招收的职工。

4．按工作性质划分

（1）工人和学徒。

（2）工程技术人员。

（3）管理人员。

（4）服务人员。

（5）社会性服务机构人员。

（6）其他人员。

5．按工作岗位划分

（1）直接生产人员。

（2）非直接生产人员。

（五）建筑企业从业人员和职工人数及其变动的统计

1．建筑企业从业人员和职工人数计算的主要原则

从业和职工人数计算的主要原则是按谁发工资谁统计（所谓谁发工资谁统计，一般是指谁负担工资或劳动报酬谁统计）的办法来进行统计。在全部职工统计中，对于借调人员、代培人员、带工资学习人员、援外人员和出国劳务人员、企业内退养人员和待业人员等，均应由支付工资的单位统计。

2．从业人员和职工人数的计算方法

从业人员和职工期末人数的统计：

期末人数是指报告期末最后一天的实有人数。期末人数就其性质来讲是属于时点现象。反映某一个时点上的期末人数，称为时点人数。为了准确地统计各地区，各部门以及全国的从业人员及职工的期末人数，避免在汇总时发生重复统计和遗漏，必须统一规定计算时

点。国家现行定期统计报表制度规定的计算时点，一般是指月末人数、季末人数等。按其反映的对象，分为建筑企业从业人员期末人数和职工期末人数。期末人数是最常用的时点人数，它是编制和检查职工人数计划、研究人员配备比例的依据。计算期末人数时应注意：

1) 代培人员、借调人员、带工资人员、出国援外人员、出国承包和出国提供劳务人员等均由支付工资的原派遣单位统计职工人数。

2) 新增加人员，从其报到参加工作之日起，不论是否发放当日工资，即算为本单位的人员。调往其他单位的人员，如已在原单位领取工资，其期末人数应由原单位统计，调入单位自发放工资之日起统计。对于自然减员、参军、辞职人员，自离开之日起不再算本单位的人员。

3) 平均人数：是指反映报告期从业人员和职工人数一般水平的指标，说明在报告期内（如月、季、半年、年）平均每天有多少人。由于在报告期内从期初到期末可能人数变动，为了反映一个建筑企业单位在一定时间内所拥有的人数，就要计算平均人数。另外，为了研究和计算某些技术经济指标需要用职工人数和某一指标对比，以反应某个时期的水平或对比关系，也要用"平均人数"指标。如计算劳动生产率、平均工资等。平均人数计算公式是：

$$平均人数 = \frac{报告月每天人数之和}{报告月日历日数} \tag{6-1}$$

计算月平均人数应注意下列问题：

① 人员增减变动很小的单位，其月平均人数可以用简单算法。公式如下：

$$月平均人数 = \frac{月初人数 + 月末人数}{2} \tag{6-2}$$

② 工休日和节假日人数，按前一天的人数计算。

③ 在报告期内开工或不满全月的新建单位和撤销单位，一律用报告期日历日数作分母计算。其所以要用日历日数作分母计算，是因为不用日历日数而用开工日或营业日数为分母，计算结果就不是反映报告期的平均人数，而是反映开工期间平均人数，这不符合报告期平均人数指数的要求。如果建筑企业单位需要，可自行计算开工期的平均人数，但不能用它代替报告期平均人数。只有日历日数计算平均人数，才能消除各企业单位的重复计算，正确反应各系统的平均人数。

【例1】 某地的甲建筑企业6月份自1日到15日开工，每日人数如下：

6 月	1	2	3	4	5	6	7	8	9	10	11	12	13	14	15
每日人数	430	430	430	450	450	450	450	450	450	500	500	500	300	300	300

甲企业本月15日后停止施工，停工后人员转到乙企业，乙企业16日开工，乙企业每日人数为300人，按日历日数计算6月份的平均人数则为：

报告月每日人数之和 = 430×3 + 450×6 + 500×3 + 300×3 = 6390

$$甲企业6月平均人数 = \frac{报告月每日人数之和}{报告月日历日数} = \frac{6390}{30} = 213(人)$$

$$乙企业6月平均人数 = \frac{报告月每日人数之和}{报告月日历日数} = \frac{300 \times 15}{30} = 150(人)$$

甲、乙两个企业六月份平均人数和为363人。可见，这种计算方法的结果，准确地反映了职工人数的实际情况。

上述方法，主要用来计算月平均人数。计算季、半年或年平均人数时，由于报告期长，日数多，用每天人数之和除以日历日数的方法太繁杂，为了简便起见，可采用下列公式：

$$季平均人数 = \frac{报告期各月平均人数相加之和}{3} \qquad (6-3)$$

$$年平均人数 = \frac{报告年各月平均人数相加之和}{12} \qquad (6-4)$$

或

$$= \frac{报告年各季平均人数相加之和}{4} \qquad (6-5)$$

计算月、季、半年、年平均人数，还可直接按序时平均的方法计算，但需遵循计算序时平均数的原则。

3. 从业人员与职工人数的变动

由于自然和社会经济两方面的原因，从业人员和职工人数将随着时间的推移而发生变动。为了综合研究经济和社会发展变动过程及其趋势，必须对从业人员和职工人数的变动过程与发展趋势进行统计研究。

(1) 建筑企业从业人员与职工变动统计：

研究职工人数变动，可将各企业、单位从业人员与职工人数按时间顺序排列起来，形成一个动态数列，反映从业人员与职工的变动趋势，同时计算从业人员与职工人数动态指标，反映企业人数的变动程度。

职工人数动态指标的计算方法如下：

$$从业人员或职工人数动态指标 = \frac{报告期从业人员或职工人数}{基期从业人员与职工人数} \times 100\% \qquad (6-6)$$

$$从业人员或职工人数变动率 = \frac{报告期从业人员与职工人数 - 基期从业人员与职工人数}{基期从业人员与职工人数} \times 100\% \qquad (6-7)$$

计算上述指标，既可用期末人数，也可有平均人数。但两者意义不同。说明从业人员或职工人数的变动程度，主要用期末人数来计算，只有在与其他时期现象联系起来研究时，才用平均人数指标分析。

为了深入分析研究从业人员与职工人数变动情况，还要应用从业人员与职工人数的构成资料。如按经济类型分类的从业人员与职工人数资料，反映不同经济类型建筑企业的发展变化情况。

(2) 建筑企业单位职工人数变动统计：

建筑企业单位职工人数变动统计的主要任务是：了解职工的变动规模及其原因，反映单位执行有关劳动政策的情况。

研究企业职工增减变动，可以通过编制职工人数平衡表来反映。职工人数的平衡关系式是：

$$期初人数 + 本月增加人数 = 本期减少人数 + 期末人数 \qquad (6-8)$$

人员增加或减少是许多原因形成的。按照人员增加或减少原因展开，就成为职工人数平衡表。由于职工增减变动的因素很多，因而平衡表的具体项目会因时而异。因此必须根据各个时间的劳动政策和劳动管理要求对表格加以变化。企业职工增减平衡表一般形式如表 6-1。

职工人数增减平衡表　　　　　　　　　　　表 6-1

类　　　别	人　数	类　　　别	人　数
一、上期末职工人数 二、本期增加和调入职工人数 　1. 从农村招收的人员 　2. 从城镇招收的人员 　3. 录用的大学、中专、技校毕业生 　4. 由外单位调入 　5. 其他		三、本期减少职工人数 　1. 离休、退休 　2. 退职 　3. 开除、除名、辞退 　4. 终止、解除合同 　5. 调到外单位 　6. 其他	

通过平衡表，我们可以观察企业职工增减变动的规模和程度。为了研究人员变动对生产会发生何种影响，需要将职工按人员类别研究增减变动，特别对主要技术力量和生产与市场紧缺的人才增减变动进行分析研究。从加强劳动力管理来说，这样做是十分必要的。对企业按人员分类进行职工人数增减统计研究，可采用表 6-2。

表 6-2

人员类别	期初人员	本期增加	本期减少	期末人数	净增减人数
工　　人					
学　　徒					
工程技术人员					
管理人员					
服务人员					
其他人员					

三、国有企业下岗待工人员统计

由于建筑企业产业结构与组织结构的调整，一些职工下岗待工。调查、统计这些下岗待工人员变动、构成及转岗培训情况，对于解决企业内隐形"失业"问题，促进社会劳动力市场发展及国家制定相应劳动政策和社会安定，有着重要的意义。

企业下岗待工人员统计主要是国有建筑企业的固定职工和合同制职工。企业下岗待工人数统计包括 4 方面：

1. 下岗待工人数及增减变动情况

下岗人数的计算公式为：

$$\text{企业本期下岗人数} = \text{上期结转下岗人数} + \text{本期增加下岗人数} - \text{本期减少下岗人数} \tag{6-9}$$

2. 下岗人员的构成情况

下岗人员的构成情况内容为：

（1）人员分类：按下岗人员原工作岗位分类统计，包括管理人员、工程技术人员、服务人员和其他人员。

(2) 年龄结构，可以根据管理需要分成几个年龄组进行统计。如划分为 36 岁以下、36~40 岁、41~45 岁、46 岁以上几个年龄组。

(3) 文化结构：按初中及以下、高中及中专、大专以上统计。

(4) 技术结构：按专业技术人员、高级工、中级工、初级工、其他等统计。

3. 下岗人员收入情况

由于每个单位对下岗人员的待遇有所不同，因此为了对各单位下岗人员生活状况了解，还要对各企业下岗人员的月收入，家庭人均收入等进行统计，这对了解企业劳动政策执行情况及国家政策的制定，社会的稳定有着很重要的意义。

4. 下岗人员的安排途径及转岗培训情况统计

目前，安排企业下岗人员途径主要有：

(1) 企业内部安置，如发展多种经营，发展第三产业，拓宽生产领域，组织转岗培训等。

(2) 社会安置，如在地区和行业范围内开展余缺调剂，劳务输出安置等。

(3) 政策性安置，让接近退休年龄的职工离岗休养、女工延休产假，允许自谋生路等。

在企业下岗待工人员统计中，特别要注意对女职工的单独统计。由于企业下岗停工人员变动不是十分频繁，一般都采取季报和年报的办法。

四、建筑企业职工教育统计

职工教育，指对已经参加社会劳动的劳动者的再教育，即对职工进行提高科学文化水平、岗位培训的教育。它是发展社会生产力，提高职工素质的重要途径之一。

(一) 职工教育分类

职工教育按学习程度分为：职工大学、职工中专、技工学校等。

职工教育基本是业余性质，但也有不同程度的集中突击培训。按培训内容分为：上岗培训（如农民合同工的上岗培训班）、项目经理培训、工人技术等级培训（如企业举行的高级工培训班，中级工培训班等）。

(二) 职工教育统计指标

指职工教育统计的总量指标。它主要反映职工教育的规模和水平，如学校个数。招收新生数，参加职工教育人数、班级数、教师人数等。

(三) 职工教育统计的分析指标

1. 入学率

指在一定时期内参加学习人数占全部职工人数的比重，它说明职工教育的普及程度。计算公式为：

$$入学率 = \frac{招生期入学人数}{招生期全部职工人数} \times 100\% \qquad (6-10)$$

2. 毕（结）业率

指某时期的毕（结）业人数占原有学习人数的比重。它是反映职工教育成果一项重要指标。计算公式为：

$$毕（结）业率 = \frac{毕（结）人数}{同届入学人数} \times 100\% \qquad (6-11)$$

3. 全员培训率

指对在职全体职工的培训,取得证明的职工人数占全部职工人数的比重,它说明职工轮训的程度。计算公式为:

$$全员培训率 = \frac{已参加过培训学习的人数}{全部职工人数} \times 100\% \qquad (6-12)$$

4. 办学面

指从办学单位角度反映开办职工教育普及程度的指标。计算公式为:

$$办学面 = \frac{已办学的企业、事业单位数}{应办学的企业、事业单位数} \times 100\% \qquad (6-13)$$

(四)职工培训社会效益指标

1. 职工平均受教育年限

是反映职工平均受教育年限的指标。职工通过培训,其文化程度一般都有所提高。通过培训前后职工平均文化程度的对比,可以反映职工培训带来的社会效益。计算公式为:

$$职工平均受教育年限 = \frac{\Sigma(文化程度 \times 人数)}{全部职工人数} \times 100\% \qquad (6-14)$$

文化程度即受教育年限,小学为 6 年,初中为 9 年,高中为 12 年,大学为 16 年。为了准确起见,可以每人按实际接受教育的年限计算。

2. 徒工出师定级率

它是反映对徒工培训效益的重要指标。计算公式为:

$$徒工出师定级率 = \frac{已出师定级的徒工人数}{应出师定级的徒工人数} \times 100\% \qquad (6-15)$$

3. 工人平均技术等级

工人参加培训之后,其技术操作水平和理论知识都会有所提高。通过培训前后工人平均技术等级的对比,可以反映工人经过培训带来的社会效益。计算公式为:

$$工人平均技术等级 = \frac{\Sigma(技术等级 \times 工人数)}{全部工人数} \qquad (6-16)$$

五、劳动合同统计

劳动合同是建筑企业用人单位根据国务院(1986)77 号文件和国务院第 99 号文件的规定与企业职工按照平等互利、协商一致的原则共同签订的。内容包括合同期限、生产任务、生产条件、劳动报酬、劳动保险和福利、劳动纪律以及违反合同规定双方所承担的责任等。劳动合同统计主要是对签订劳动合同的人数,签订的比率,合同种类以及劳动关系的统计。

(一)签定劳动合同人数

签订劳动合同人员指已与企业签订劳动合同的全部人员。其统计范围包括农民工、城镇职工、长期工与临时工等。

(二)劳动合同签约率

指已签订劳动合同职工占企业全部职工总数比率,反映了企业劳动合同执行面。计算公式为:

$$劳动合同签约率 = \frac{已签合同的人数}{企业全部职工人数} \times 100\% \qquad (6-17)$$

(三)劳动合同种类统计

1. 劳动合同按期限长短分为短期合同、中期合同、长期合同。

短期合同指合同期在一年（含一年）以内的劳动合同；

中期合同指合同期超过一年，不超过五年（含五年）的劳动合同；

长期合同指合同期在五年以上的劳动合同。

2. 劳动合同按合同期固定性分为有固定期限劳动合同和无固定期限劳动合同。

有固定期限劳动合同指职工与企业有终止日期的合同，如一年合同、五年合同、十年合同等；

无固定期限劳动合同指按劳动法第二十条规定"劳动者在同一用人单位连续工作满十年以上，当事人双方同意续延劳动合同的，如果劳动者提出订立无固定期限的劳动合同，应当订立无固定期限的劳动合同。无固定期限合同指职工签定没有终止日期的合同。

3. 按合同期限性质又可分为以完工一项工作为期限的劳动合同和工作年限合同。

以完工一项工作为期限的合同指，签定合同期限是以劳动者按企业要求完成某一项生产任务所需时间来确定合同中止时间。当该项任务完成，则劳动合同到期，劳动关系解除。

工作年限合同，指企业与职工按工作年限签定的合同。

4. 各类合同在劳动合同总数中所占的比重。

为加强对各类劳动合同的管理、分析，还应计算各类劳动合同占劳动合同总数的比重。

$$某种合同占总合同比重 = \frac{某种合同总数}{\Sigma 各种合同数} \times 100\% \qquad (6\text{-}18)$$

（四）劳动关系统计

指对用人单位与劳动者在劳动关系方面发生的劳动争议进行的统计。进行劳动关系统计对全面了解劳动法执行情况，劳动争议处理情况，劳动合同中产生问题及制订相关劳动政策有着重要意义。

六、外包工人数统计

由于建筑业是劳动密集型的行业，在生产高峰期，需要大量的人工。因此，我国建筑企业中，尤其是大中城市的建筑企业中大量使用外包工人，这些外包工人大多数是来自农村的劳动力。外包工人不属于建筑企业的从业人员，按有关规定在从业人员统计中不包括外包工人。因此，为全面反映建筑企业用工情况及加强对外包工人的管理，企业应对本单位使用的外包工进行统计。

（一）外包工人人数统计

1. 外包工人期末人数

指建筑企业外包工人在报告期末实有人数。包括在各级建设管理部门和劳动部门办理用工手续和尚未办理用工手续的人数。

2. 外包工人平均人数

由于外包工人流动性非常大，经常在短期间变动频繁，因此平均人数指标非常重要。计算外包工人平均人数公式同计算职工平均人数一致。

（二）外包工人素质

包括外包工人的平均年龄、技术等级、来自地区、工种、文化程度等。由于外包工人流动性大，给该项统计带来一些困难，但是掌握外包工人的基本情况对加强外包工人管理，教育是十分必要的。

（三）外包工工资总额

指建筑企业实际支付给外包工人的工资。包括预支的生活费和外包工人实际领到的工资数，但不包括付给包工队的管理费用。目前一些包工队中存在克扣外包工人工资的现象，这是严重违反劳动法的。因此应加强对外包工人实发工资的管理，进行外包工工资统计是加强对外包工人管理的重要环节。外包工工资统计包括工资总额统计与平均工资统计。平均工资计算公式同职工平均工资计算公式一致。

为了加强对外包工人管理，许多建筑企业专门建立了外包工人统计台帐，内部报表等，对外包工管理起了重要作用。

第二节 建筑企业劳动时间利用统计

一、建筑企业劳动时间利用统计的任务

建筑企业劳动时间利用统计的主要任务是：

（1）揭示劳动时间利用状况，分析其利用情况，总结经验，挖掘潜力，提高劳动生产率；

（2）考核工人劳动消耗量，为核发劳动报酬提供依据；

（3）为企业修改制定劳动定额，安排生产计划，核算产品成本，增加经济效益提供依据。

二、建筑企业劳动时间的构成统计

（一）劳动时间的单位

劳动时间是衡量劳动量的尺度。在劳动统计中，一般是以工日或工时作为劳动时间的考核单位。

1．工日

指工人工作一天（一个轮班）时间。工日数等于企业人数与以日为计量单位的劳动时间长度的乘积。按我国现行制度规定，一个工日的标准长度为8小时，昼夜三班倒的企业，由于生产条件和工人交换班等的需要，仅第一班为8小时，第二班为7小时半，第三班为7小时。但是，不论工人在一日内实际工作时间长短，均按一个工日计算。在建筑企业中，由于劳动对象和生产条件等原因，一般均以"工日"做为劳动时间核算单位。

2．工时

指一个劳动者工作一个小时。工时数等于工人数与以小时为计量单位的劳动时间长度的乘积。工人在一个小时内，不论其工作时间利用如何，均按一个工时计算。以工时为单位计算劳动时间利用的各项指标，比以工日为单位计算的准确。因为在一个工日内，往往不可能8小时全被利用。

（二）建筑企业劳动时间的构成

按一定标志对劳动时间进行分组，可以反映劳动时间的构成情况。建筑企业生产工人的劳动时间按其性质分组分为：可利用的劳动时间、未利用的劳动时间和实际利用的劳动时间。

1．可利用的劳动时间

（1）日历工日（工时）数：

指报告期内全部可以利用的劳动时间。日历工日数，是企业工人劳动力资源的最大可

利用数。日历工日数等于每日工人数之和,或平均工人数乘日历日数。如再乘以每班制度规定的工作小时数,则等于日历工时数。日历工日(工时)数是反映工人劳动时间构成的最基础数据。它包括制度公休工日(时)与制度工作工日(时)两部分。

(2) 制度工日(工时)数:

指按国家(或企业)规定,工人必须工作的最大可能利用的劳动时间,是考核企业劳动时间利用好坏的基础,是企业制定劳动计划和生产计划的重要依据。

我国目前执行工时制度是劳动部1995年143号文发布的《国务院关于职工工作时间的规定》,即每日工作8小时,每周工作40小时的5天工作制度。

$$制度工日(工时)数 = 日历工日(工时) - 公休节假日工日(工时) \quad (6-19)$$
$$制度工时 = 制度工作工日 \times 劳动日标准长度 \quad (6-20)$$

(3) 制度公休工日(工时):

指报告期内工人根据国家规定,应当享受的节日,假日休息的时间。它等于报告期内,平均工人数乘同期内公休节假日工日(工时)数,在制度公休日(工时)中,工人实际休息的工日(时)称为实际公休工日(时)。如果工人在公休日加班,则应统计在实际工作工时总数中,不再计入制度公休工日(工时)总数中。

(4) 出勤工日(工时)数:

是指在制度规定应工作的工时(工日)中,生产工人实际出勤的工日(工时)数,是企业实际可能利用的劳动时间。出勤工日数是分析研究企业劳动时间利用程度的一项基本指标。一个工人只要上班,不论其整日出勤,还是部分时间出勤,都统计为出勤一个工日。而出勤工时,则按出勤的小时数计算。所以出勤工时比出勤工日更能准确反映工人出勤的实际情况。

$$出勤工日(工时) = 制度工日(工时) - 缺勤工日(工时) \quad (6-21)$$

或: 出勤工日(工时) = 制度工日(工时)内每人出勤工日(工时)的总和

2. 未利用的劳动时间

(1) 缺勤工日(工时):

是指生产工人按照制度规定应到班参加生产,但因病、因事或生育、探亲、婚丧、工伤以及其他原因未能出勤参加生产的工日(工时)数。缺勤工日数在规定的工作日内,工人全天没有上班的算全日缺勤,缺勤不满一个轮班的称为非全日缺勤。缺勤工日数等于每天全日缺勤人数相加之和。

$$缺勤工时数 = 全日缺勤工日数 \times 一个轮班小时长度 + 非全日缺勤工时总数$$
$$(6-22)$$

(2) 停工工日(工时)数:

指生产工人出勤后,由于企业的原因(例如,原材料、动力不足、临时检修设备、缺少工具、没有生产任务等原因)未能工作的工日(工时)数。工人停工满一轮班为停工工日,不足一轮班的为非全日停工,按工时计算。企业的停工工日数等于每天全日停工的工人数相加之和。停工工时等于每天每人停工小时数相加之和。

(3) 非生产工日(工时)数:

是指生产工人执行国家或社会义务以及经企业指定从事其他非生产性活动,而不从事生产的工日(工时)数。如参加国家组织的集会、党团组织会议、政治理论学习、选举、抗旱、防汛、文体活动以及倒班损失（在交班时或在劳动时间用餐所占用的工时数），均统计为非生产工日（工时）。非生产工日（工时）等于在报告期内工人参加非生产活动时间的总和。

3. 实际利用的劳动时间

(1) 实际工作工日（工时）数：

指工人上班后实际从事生产劳动的时间。它表示企业工人实际用于生产活动的劳动时间总量

$$\text{实际工作工日（工时）数} = \text{制度工作工日（工时）数} - \text{缺勤工日（工时数）} - \text{非生产工日（工时数）} \quad (6-23)$$

(2) 加班工日、加点工时：

指生产工人在公休日或法定节日以及工作日轮班外到企业参加生产劳动满一整班的称加班工日。它等于工人在工作轮班外加班日数之和。加班不满一个轮班的称为加点工时数。加班加点工资应统计在实际工作工时中，以便确定反映工人的实际工作工日（工时）数。

(3) 制度内实际工作工日（工时）：

指用工日（工时）表示的，按照国家规定，工人实际参加生产活动的时间，计算公式是：

$$\text{制度内实际工作工日（工时）} = \text{实际工作工日（工时）} - \text{公休日加班工日（工时）} \quad (6-24)$$

4. 建筑企业工人劳动时间构成图式

根据工人劳动时间构成，为更清楚反应工人全部劳动时间总量构成及相互关系，绘制工人劳动时间构成表 6-3。

工人劳动时间构成表   表 6-3

日 历 工 日						
制度工休日	制度工作工日						
实际公休工日	公休加班工日	出 勤 工 日				全日缺勤工日
	公休加班工日	制度内实际工作工日		全日停工工日	全日公假工日	
		实际工作工日				
加点工时	公休加班工时	制度内实际工作工时	非全日停工工时	非全日公假工时	非全日缺勤工时	
	实际工作工时					

5. 劳动时间计算

为了进行建筑企业劳动时间利用统计，首先要正确计算工人的劳动时间。现举例说明。

【例2】 某建筑公司 1996 年 10 月份有节日 2 天，公休日 8 天，采取一班制劳动，生产工人月平均人数 800 人，其他情况如表 6-4。

表 6-4

项　目	计算单位	合　计	项　目	计算单位	合　计
平均人数	人	800	非生产工日	工日	60
缺勤工日	工日	200	加班工日	工日	40
停工工日	工日	80			

计算如下：

(1) 日历工日数＝日历日数×生产工人平均人数＝31×800＝24800（工日）
(2) 公休工日数＝节假日日数×生产工人平均人数＝10×800＝8000（工日）
(3) 制度工日数＝日历工日数－公休工日数＝24800－8000＝16800（工日）
(4) 出勤工日数＝制度工日数－缺勤工日数＝16800－200＝16600（工日）
(5) 制度内实际工作工日数＝制度工作工日数－停工工日数－缺勤工日数
　　　　　　　　　　　－非生产工日数
　　　　　　　　　＝16800－80－200－60＝16460（工日）
(6) 实际工作工日数＝制度内实际工作工日数＋加班工日数
　　　　　　　　＝16460＋40＝16500（工日）

三、建筑企业劳动时间利用情况统计指标

在核算劳动时间之后，需要进一步反映劳动时间的利用指标，以便和企业同类指标不同时期及同类企业指标相比较，找出差距的原因。反映劳动时间利用的指标，一般有以下几项：

（一）出勤率

是指工人出勤时间与制度规定的劳动时间之比。它是反映工人在制度规定的工日（工时）内出勤情况的指标，是分析企业工人劳动时间利用程度的基础数据。其计算公式为：

$$出勤率 = \frac{出勤工日（工时）总数}{制度工日（工时）总数} \times 100\% \qquad (6-25)$$

代入上例数字

$$出勤率 = \frac{出勤工日数}{制度工日数} \times 100\% = \frac{16600}{16800} \approx 98.81\%$$

（二）缺勤率

指工人缺勤时间与制度规定的劳动时间之比，其计算公式为：

$$缺勤率 = \frac{缺勤工日（工时）数}{制度工日（工时）数} \times 100\% \qquad (6-26)$$

或　　　　　　　　　　缺勤率 ＝ 1 － 出勤率

将上例数代入　　　$缺勤率 = \frac{200}{16800} \times 100\% \approx 1.19\%$

或　　　　　缺勤率 ＝ 1 － 出勤率 ＝ 1 － 98.81% ≈ 1.19%

（三）出勤时间利用率

也称作业率，是指制度内实际工作时间与出勤时间的比例。它反映出勤时间实际被利用程度。其计算公式为：

$$出勤时间利用率 = \frac{制度内实际工作工日（工时）数}{出勤工日（工时）数} \times 100\% \qquad (6-27)$$

代入上例数字　出勤时间利用率 $= \frac{16460}{16600} \times 100\% \approx 99.16\%$

（四）制度时间利用率

指工人在制度规定时间内，实际从事生产劳动的时间与制度工时总数之比。它反映制度规定的工作时间利用程度，是一个综合反映企业工时利用情况的指标。其计算公式为：

$$制度工作时间利用率 = \frac{制度内实际工作工日数}{制度工日数} \times 100\% \qquad (6-28)$$

代入上例数字

$$制度工作日利用率 = \frac{16460}{16800} \times 100\% \approx 97.98\%$$

（五）加班加点系数

指加班加点工日（工时）与班内实际工作工日（工时）之比。其计算公式为：

$$加班加点系数 = \frac{加班加点工日（工时）}{班内实际工作工日（工时数）} \qquad (6-29)$$

加班加点系数越大，说明工人加班时间越多。反之，加班加点系数越少，则说明工人加班加点时间少。劳动法第四十一条规定："用人单位由于生产经营需要，经与工会劳动者协商后可以延长工作时间，一般每日不得超过 1 小时，因特殊原因需要延长工作时间的，在保障劳动者身体健康条件下延长工时时间每日不得超过 3 小时，但每月不得超过 36 小时。各单位要认真执行劳动法，合理安排工人的加班加点时间。

（六）平均工作日长度

指在工作日平均每一工人的工作小时数。它是反映工作日利用情况的指标。其计算公式为：

$$平均工作日长度 = \frac{报告期工作小时总数}{报告期工人总数} \qquad (6-30)$$

（七）建筑企业劳动平衡表的编制和运用

在全面总结报告期劳动时间利用情况的基础上，为了反映企业工人劳动时间利用程度，及对其影响因素进行分析而编制劳动时间平衡表。

劳动时间平衡表的应用，可以从以下几个方面入手：第一，同本企业历史资料进行对比，分析本期劳动时间利用上存在的问题，提出改进劳动管理措施和建议。第二，与同类企业劳动时间的资料进行对比研究，从中发现本企业的薄弱环节，查明原因，提出改进措施。第三，必须十分注意缺勤、非生产和停工所损失的劳动时间，进行具体分析。查清问题症结所在，提出解决的建议。第四，要充分研究加班加点的原因，努力做到均衡生产，严格执行劳动法中对职工加班加点的有关规定。

劳动时间平衡表格式见表6-5。

建筑企业生产工人劳动时间平衡表　　　　表 6-5

年　　月　　　　　　　　　　　　　　单位：工日

项　目	劳动时间资源工日数	项　目	劳动时间耗用去向	
			工日数	比重（%）
（一）日历工日 （二）制度工作工日		（一）制度内实际工作工日 （二）因正当理由未利用的工日 其中(1) 病假 　　　(2) 事假 　　　(3) 探亲假、婚丧假 　　　(4) 工伤假 　　　(5) 产假 　　　(6) 公假 （三）浪费的工日 其中 1. 停工工日 其中： 　　　(1) 由于原材料不足 　　　(2) 动力不足 　　　(3) 没有生产任务 　　　(4) 设备检修 　　　2. 旷工 　　　3. 迟到早退		
最大可能劳动时间（制度工时）	合计加班加点工时（工日）			100

第三节　建筑企业劳动生产率统计

一、劳动生产率统计的任务

建筑企业劳动生产率统计主要任务是：

(1) 计算劳动生产率实际达到水平。

(2) 分析研究劳动生产率的增减变化对计划完成情况的影响。

(3) 分析研究决定劳动生产率变动各因素及其影响程度。

(4) 检查分析劳动定额完成情况。

二、劳动生产率统计指标计算

（一）建筑企业劳动生产率指标有两种计算方法

(1) 用单位劳动时间内平均完成的建筑产品数量来表示。计算公式为：

$$q = \frac{Q}{T} \tag{6-31}$$

式中　q——劳动生产率正指标；

Q——建筑产品数量;

T——劳动消耗量。

这是劳动生产率正指标。表示劳动者单位时间生产的产品数量越多,劳动生产率越高,反之则越低。它主要反映某个企业、部门的劳动生产率水平。

(2) 以单位建筑产品数量耗用的劳动量来表示。其计算公式为:

$$t = \frac{T}{Q} \tag{6-32}$$

式中 t——劳动生产率的逆指标。

劳动生产率的逆指标,表示单位产品所消耗劳动时间越少,劳动生产率越高;反之则越低。该指标一般在企业内使用,主要用来编制劳动定员和定额,安排生产进度计划等。

劳动生产率的正指标与逆指标只是表现形式不同,无实质差异。增加单位时间内产量和减少单位产量的劳动消耗都说明经济效益的提高,两者互为倒数的关系。

劳动生产率指标计算应遵循以下原则:

第一、产品数量和劳动消耗量必须保持时间范围的一致性。

第二、产品数量和劳动消耗量是必须保持空间范围的一致性。

第三、产品数量与劳动消耗量必须保持直接的依存关系。

(二) 建筑企业各种劳动生产率的计算方法

劳动生产率计算,分别采用价值量和实物量两种形式。价值量可以按建筑业总产值,施工产值,竣工产值等计算。实物量可以按房屋竣工面积,土方量,打桩根数,装机容量等计算。也可以根据不同人员的范围,如按全部职工、建筑安装工人,全员中扣除其它人员后计算劳动生产率等。还可以按不同时期,如:年、季、月等分别计算年劳动生产率、季劳动生产率、月劳动生产率。

1. 以价值量计算的劳动生产率

以价值量计算的劳动生产率,是以价值的形态,综合各种不同的使用价值和不同计量单位的建筑产品来计算的劳动生产率。建筑产品因其具有复杂、单一、多样的特点,只有通过价值量加以综合。因此在实际工作中,用价值量计算的劳动生产率使用较多。用价值量计算的劳动生产率,按其人员和价值量包括的范围不同,有以下几种形式:

(1) 按施工产值计算的劳动生产率:

施工产值是建筑企业劳动成果的集中反映,它以施工产值为总量指标,按人员包括范围不同,从各个角度观察劳动生产率。其计算公式为:

$$全员劳动生产率 = \frac{施工产值}{从业人员(或职工)平均人数} \tag{6-33}$$

$$\frac{全员中扣除其他人}{员后计算的劳动生产率} = \frac{施工产值}{从业人员(或职工)减其它人员后平均人数} \tag{6-34}$$

$$建安工人劳动生产率 = \frac{施工产值}{建安工人、学徒平均人数} \tag{6-35}$$

(2) 按建筑业总产值计算的劳动生产率:

是以建筑业总产值为总量指标,按人员包括范围不同来观察劳动生产率。其计算公式为:

$$\text{全员劳动生产率} = \frac{\text{建筑业总产值}}{\text{从业人员(或职工)平均人数}} \tag{6-36}$$

$$\text{全员中扣除其它人员后计算的劳动生产率} = \frac{\text{建筑业总产值}}{\text{从业人员(或职工)减其它人员后平均人数}} \tag{6-37}$$

$$\text{建安工人劳动生产率} = \frac{\text{建筑业总产值}}{\text{建安工人、学徒平均人数}} \tag{6-38}$$

2. 以实物量计算的劳动生产率

指单位时间内生产的实物数量与劳动消耗的比值。由于建筑产品不可综合性,实物劳动生产率通常有以下两种表现形式:

(1) 按竣工房屋建筑面积计算的实物劳动生产率,即"人均竣工面积",其计算公式为:

$$\text{每一职工平均完成竣工面积} = \frac{\text{报告期竣工房屋建筑面积}}{\text{从业人员(或职工)平均人数}} \tag{6-39}$$

采用竣工房屋建筑面积指标作为实物劳动生产率的综合指标,是因为房屋建筑面积是建筑施工企业最终建筑产品产量的一个重要指标,可反映在一定时期内,建筑业为国民经济各部门提供可供使用的工业与民用房屋总量。

(2) 按工种工程计算的实物劳动生产率:

按工种工程计算的劳动生产率,是表明某些主要的工种工程的工人,在单位时间内完成的实物工程量。这个指标可以作为企业内部考核劳动效率之用,也可用于企业之间互相对比。计算工种工程实物劳动生产率的劳动消耗可以用工日表示,也可以用平均人数表示,计算公式为:

$$\text{工种实物劳动生产率} = \frac{\text{工种实物量}}{\text{完成该工种工程量消耗的作业工日数(或工人平均人数)}} \tag{6-40}$$

三、劳动生产率动态统计

(一) 劳动生产率动态统计的一般方法

劳动生产率统计,不仅要从静态上测定各个时期实际已达到的水平,还要研究其增长变动的过程及其幅度,并分析影响因素及影响程序。为了表明劳动生产率的变动情况,需要编制劳动生产率不同时期的水平对比。劳动生产率指数可以根据正指标或逆指标计算。

1. 劳动生产率正指标指数

$$\begin{aligned}\text{劳动生产率正指标指数} &= \frac{\text{报告期劳动生产率}}{\text{基期劳动生产率}} \\ &= \frac{\text{报告期产量}}{\text{报告期劳动消耗量}} \div \frac{\text{基期产量}}{\text{基期劳动消耗量}} \\ &= \frac{Q_1}{T_1} \div \frac{Q_0}{T_0} = \frac{q_1}{q_0}\end{aligned} \tag{6-41}$$

式中　Q_1——报告期产量;

T_1——报告期劳动消耗量;

T_0——基期劳动消耗量;

Q_0——基期产量;

q_1——报告期劳动生产率正指标;

q_0——基期劳动生产率正指标。

2. 劳动生产率逆指标指数

$$\text{劳动生产率逆指标指数} = \frac{\text{基期劳动生产率}}{\text{报告期劳动生产率}}$$

$$= \frac{\text{基期劳动消耗量}}{\text{基期产量}} \div \frac{\text{报告期劳动消耗量}}{\text{报告期产量}}$$

$$= \frac{T_0}{Q_0} \div \frac{T_1}{Q_1} = \frac{t_0}{t_1} \tag{6-42}$$

式中 t_0——基期劳动生产率逆指标;

t_1——报告期劳动生产率逆指标。

在统计分析中,通常采用正指标计算劳动生产率指数。作为计算劳动生产率指数的基期,根据研究目的不同,可以选择不同的时期。例如,为了说明建筑企业在1990~1995的"八五"计划期间劳动生产率增长速度,可以用1990年为基数,观察各年劳动生产率的变化情况。

(二) 劳动生产率指数的三种形式

劳动生产率是一个平均数指标,它把总体所包含的各个单位的劳动生产率水平的具体差异抽象掉了,反映着劳动生产率总平均水平的变动。为了揭示总体劳动生产率变动和总体中各单位或各组劳动生产率变动的关系,还需分别计算劳动生产率可变构成指数、劳动生产率固定构成指数和劳动生产率结构影响指数。

【例3】 设某建筑公司下属两个项目经理部的基期和报告期的有关资料如表6-6,根据资料编制该建筑公司的劳动生产率指数。

表 6-6

项目	基期			报告期			劳动生产率指数
	施工产值	平均人数	劳动生产率	施工产值	平均人数	劳动生产率	
单位	万元	人	万元/人	万元	人	万元/人	
	Q_0	T_0	$q_0 = \dfrac{Q_0}{T_0}$	Q_1	T_1	$\bar{q}_1 = \dfrac{Q_1}{T_1}$	
公司合计	5600	1400	4	7780	2000	3.89	97.25
第一项目经理部	800	400	2	2500	1000	2.5	125
第二项目经理部	4800	1000	4.8	5280	1000	5.28	110

$$\text{劳动生产率可变构成指数} = \frac{\bar{q}_1}{\bar{q}_0} = \frac{\Sigma Q_1}{\Sigma T_1} \div \frac{\Sigma Q_0}{\Sigma T_0} = \frac{7780}{2000} \div \frac{5600}{1400} = 97.25\%$$

$$\bar{q}_1 - \bar{q}_0 = 3.89 - 4 = -0.11 \text{万元}$$

式中 $\bar{q}_1$、$\bar{q}_0$——分别表示报告期,基期各组劳动生产率平均水平;

T_1、T_0——分别表示报告期,基期平均人数。

从计算结果看,尽管劳动生产率报告期比基期第一项目经理部增加0.5万元,第二项目经理部增加0.48万元,但全公司劳动生产率却下降了0.11万元。主要是人员结构发生了变化，生产率较低的第一项目经理部人员增加，从而影响了公司整体劳动率水平。

$$\text{劳动生产率固定构成指数} = \frac{\bar{q}_1}{\bar{q}_n} = \frac{\Sigma q_1 T_1}{\Sigma T_1} \div \frac{\Sigma q_0 T_1}{\Sigma T_1} = \Sigma q_1 \frac{T_1}{\Sigma T_1} \div \Sigma q_0 \frac{T_1}{\Sigma T_1}$$

$$= \frac{\frac{1000}{2000} \times 2.5 + \frac{1000}{2000} \times 5.28}{\frac{1000}{2000} \times 2 + \frac{1000}{2000} \times 4.8} = \frac{3.89}{3.40} = 114.41\%$$

$$\bar{q}_1 - \bar{q}_n = 3.89 - 3.40 = 0.49(万元)$$

式中 $\bar{q}_n$——各组职工人数占总比重不变时基期的劳动生产率平均水平。

计算结果表明在不考虑职工人数结构变动情况下，由于各项目经理部劳动生产率水平提高，使公司整体劳动生产率提高14.4%，平均每个工人报告期产量增加0.49万元。

$$\text{劳动生产率结构影响指数} = \frac{\bar{q}_n}{\bar{q}_0} = \Sigma q_0 \frac{T_1}{\Sigma T_1} \div \Sigma q_0 \frac{T_0}{\Sigma T_0}$$

$$= \frac{2 \times \frac{1000}{2000} + 4.8 \times \frac{1000}{2000}}{2 \times \frac{400}{1400} + 4.8 \times \frac{1000}{1400}} = \frac{3.4}{4} = 85\%$$

$$\bar{q}_n - \bar{q}_0 = 3.4 - 4 = -0.6(万元)$$

计算结果表明，在不考虑各单位劳动生产率变动情况下，由于各项目经理部人数比重变动，使劳动生产率下降15%，人均施工产量下降0.6万元。

劳动生产率可变构成指数，固定构成指数和结构影响指数之间具有内在联系，并形成一个指数体系。

从相对数看：

$$\text{可变构成指数} = \text{固定构成指数} \times \text{结构影响指数}$$
$$q_1 \div q_0 = (q_1 \div q_n) \times (q_n \div q_0)$$
$$97.25\% = 114.41\% \times 85\%$$

从绝对数看：

$$\bar{q}_1 \div \bar{q}_0 = (\bar{q}_1 \div \bar{q}_n) + (\bar{q}_n \div \bar{q}_0)$$
$$-0.11 = 0.49 - 0.6$$

全公司劳动生产率变动对产量变动影响为：

$$(\bar{q}_1 - \bar{q}_n) \times \Sigma T_1 = -0.11 \times 2000 = -220(万元)$$

其中：由于各项目经理部劳动生产率变动对产量变动影响为：

$$(\bar{q}_1 - \bar{q}_n) \times \Sigma T_1 = 0.49 \times 2000 = 980(万元)$$

由于各项目经理部工人比重变化对产量的影响为：

$$(\bar{q}_n - \bar{q}_0) \times \Sigma T_1 = -0.6 \times 2000 = -1200(万元)$$

即：
$$-220 \text{万元} = 980 \text{万元} - 1200 \text{万元}$$

（三）劳动生产率变动对产量和劳动消耗量（平均人数）变动影响的分析

产量、平均人数、劳动生产率之间存在如下关系：产量＝平均人数×劳动生产率提高劳动生产率，一是在一定数量劳动力的条件下增加产量；二是在产量一定情况下节约劳动力。举例如下：

【例 4】 某建筑公司资料如表 6-7 所示：

表 6-7

指 标	1995 年	1996 年	指 数
施工产值（万元）	2000	2520	126％
全部职工平均人数（人）	500	600	120％
劳动生产率（元/人）	40000	42000	105％

从上表看出，施工产值 1996 年比 1995 年增长 520 万元（2520－2000）。这是由于职工人数增加和劳动生产率提高两个因素共同作用的结果。

在分析职工人数增加对施工产值增长的影响时，要把劳动生产率作为质量指标固定在基期，即（600－500）×4＝400（万元），说明由于报告期人数比基数增加了 100 人，所以多完成产量 400 万元，在分析劳动生产率提高对总产值影响时，要把人数作为数量指标固定在报告期，即（4.2－4）×600＝120（万元）。说明，由于劳动生产率报告期比基数提高 2000 元/人，所以多完成产量 120 万元。

以上是说明提高劳动生产率对增加产量作用的分析方法。下面说明提高劳动生产率对节约劳动力的分析方法。

$$劳动消耗量 = \frac{产量}{劳动生产率} \quad (6-43)$$

【例 5】 仍以上题为例：施工产值 1996 年增长 26％，若劳动生产率不变，需增加 500×26％＝130（人），而实际劳动力仅增加 600－500＝100（人），这是提高劳动生产率的结果。由于劳动生产率提高，节约劳动力 130－100＝30（人）。

四、劳动定额统计

（一）产品工时消耗统计

指工人完成单位产品实际消耗的工作时间。由于工人技术水平、劳动态度不同，单位产量所消耗的工时不同，因此，正确地进行产品工时消耗统计，可以考查劳动定额完成情况，衡量劳动定额水平，研究工时消耗多或少的原因，为提高工人劳动效率，修改劳动定额提供依据。其计算公式为：

$$单位产品工时消耗 = \frac{实际总工作工时}{完成产品的数量} \quad (6-44)$$

（二）单位工时产量统计

指工人在单位工时内平均完成的工作量。该项指标与单位产品工时消耗分别从工时消耗和产量完成情况说明工人的劳动效率，是劳动定额完成情况的重要指标。其计算公式为：

$$单位工时产量 = \frac{完成产品数量}{实际总工作工时} \quad (6-45)$$

建筑业中从事机械施工的企业其工时消耗一般按台班计算。一台设备（配备一个或若干工人）工作八小时为一台班。上述公式在建筑机械施工中可改为：

$$单位产量台班消耗 = \frac{实际总台班数}{完成产品的数量} \quad (6-46)$$

$$单位台班产量 = \frac{完成产品的数量}{实际总台班数} \tag{6-47}$$

【例6】 某机械企业用W160大型挖土机进行地基开槽工程。二台挖土机（每台配备2名工人）工作5天，每天两班，所挖土质为一般三类土，负责装车，共挖土15千m³。

$$该设备挖1m^3土方所耗台班 = \frac{5 \times 2 \times 2}{15} = 1.33 台班/千m^3$$

$$该设备每一台班产量 = \frac{15}{5 \times 2 \times 2} = 0.75 千m^3/台班$$

（三）定额完成程度统计

在定额管理工作中，通过定额完成程度统计，能了解劳动定额执行情况，找出完成劳动定额好坏的原因。通过定额完成程度的统计，可以了解工种之间定额水平是否平衡，反映定额执行中存在的各种问题，为加强定额管理和改进劳动定额提供依据。定额完成统计主要包括以下方面：

1. 按时间定额统计

一个工人或一组工人在单位时间内定额完成程度，其计算公式为：

$$时间定额完成程度 = \frac{定额工时（工日、台班）}{实作工时（工日、台班）} \times 100\% \tag{6-48}$$

【例7】 将上例代入（6-48），假如按现行的全国建筑安装工程统一劳动定额，该设备在以上条件下施工，台班消耗定额为1.57台班/千m³，那么：

$$该设备时间定额完成情况 = \frac{1.57}{1.33} \times 100\% = 118\%$$

说明该设备或该设备工人小组超额完成劳动定额18%，生产效率较高。若生产多种产品时，定额完成程度的计算公式为：

$$工时定额完成程度 = \frac{\Sigma 每种产品的时间定额 \times 完成产品数量}{实际工时（工日、台班）} \times 100\% \tag{6-49}$$

2. 按产量定额统计

一个工人或一组工人在单位时间内产量定额完成程度，其计算公式为：

$$产量定额完成程度 = \frac{\Sigma 实际完成产量}{定额产量} \times 100\% \tag{6-50}$$

【例8】 将上例代入（6-50）：假设该设备产量定额为635m³/台班，

$$该设备产量定额完成情况 = \frac{750}{635} \times 100\% = 118\%$$

与按时间定额计算的结果一样，说明企业超额完成土方工程量。由于挖土机工作效率提高则应考虑与之配合工种及土方运输车辆配备的增加或工作效率的提高。

（四）劳动定额执行面

指执行劳动定额的工时数与全部实际工日（其中包括经批准的公休、节日的全日加班工日，延长工时则不能折算为工日）之比。劳动定额是贯彻按劳分配原则，量化考核，提高劳动效率的有力工具。因此，企业应积极贯彻执行劳动定额，扩大劳动定额执行面。其计算公式为：

$$劳动定额执行面 = \frac{报告期执行定额的工日数}{报告期全部实际工作工日数} \times 100\% \tag{6-51}$$

在仅执行计件工资的情况下,劳动定额执行面也就是计件面。

第四节 建筑企业从业人员劳动报酬及职工工资统计

一、劳动报酬及职工工资统计的任务

职工工资统计的主要任务是:

(1) 按照国家和上级规定的统计制度,准确及时地了解职工工资发放情况和职工工资构成情况,做好劳动工资定期统计报表和年报工作,正确计算职工工资总额和平均工资,从数量上说明劳动工资现象。

(2) 开展统计分析,分析工资总额和平均工资增长变化情况,研究工资增长与企业经济效益、与劳动生产率增长之间的比例关系,为企业加强管理提供依据。

(3) 搞好基本统计,建立健全原始记录,经常累积和整理历史资料,做好工资统计台帐工作。

二、职工工资统计指标计算

(一) 职工工资总额概念

指各单位在一定时期内直接支付给本单位全部职工的劳动报酬总额。该定义包含了以下内容:

(1) 职工工资是劳动报酬总额。因此包括了各种劳动报酬,如奖金、津贴、补贴等。非劳动报酬性质的支付就不能统计为工资总额,如独生子女费、托儿补助费等。

(2) 工资总额是支付给职工的工资总额。应包括全部职工、合同工、临时工、固定工等,凡是统计为职工的劳动者劳动报酬均应统计,凡不是支付给职工的,如支付给退离休人员的劳动报酬就不应计入职工工资总额。

(3) 职工工资总额是支付给本单位职工的劳动报酬,因此按"谁发工资谁统计"的原则,工资总额统计与人数统计口径是一致的。如果某职工由外单位统计,则工资也应由外单位统计。各单位支付给职工的劳动报酬以及其他根据有关规定支付的工资,无论是计入成本的或是不计入成本的,无论是以货币形式支付的还是以实物形式支付的,均应列入工资总额。

(4) 工资总额是直接支付给职工的劳动报酬,这是强调"直接支付",即这个单位确定了支付标准,核算了工资额并发放工资,应统计为工资总额。

(5) 工资总额是一定时期直接支付给职工的劳动报酬,是一个时期指标。工资总额是指年、季、月的工资总额。因此工资总额应有时期的概念,即某年、某月工资总额。各单位在统计时,均应按实发数统计。但对逢节假日提前预发下月的工资仍统计在应发月中。若补发工资当月工资总额变动较大时,应在统计表中加注说明。

(二) 职工工资总额计算范围

以1988年9月30日国务院批准,1990年1月1日国家统计局发布的一号令"关于工资总额组成的规定"为准,包括计时计件标准工资、奖金、计件超额工资、津贴补贴、加班加点工资、及其他工资。工资总额填报口径范围同职工人数的填报口径范围一致。即本单位有多少职工就统计多少职工的工资总额。

工资总额构成的内容还可以分为标准(基本工资)和非标准工资(辅助工资)两部分。

标准工资（基本工资）指按规定的工资标准计算的工资。
非标准工资（辅助工资）指标准工资以外的各种工资。
（三）职工平均工资的统计

职工平均工资是指在一定时期内平均每一职工实得的工资数额，它是反映职工工资水平的主要指标。有关工资统计指标主要有两个，一个是职工工资总额，一个是职工平均工资。由于目前职工范围不断变化，而使工资总额这一总量指标使用时难以与有关经济指标进行科学对比，而职工平均工资则基本排除了上述问题，因此，平均工资是研究工资政策，进行对比分析，编制工资计划和反映职工生活水平的重要指标，其计算公式为：

$$职工平均工资 = \frac{职工工资总额}{职工平均人数} \tag{6-52}$$

根据不同研究目的，可以计算不同的人员范围，不同的时间单位的平均工资，既可以计算全部职工的平均工资，也可以计算从业人员平均工资或分别计算各部分人员的平均工资，如长期职工、临时职工、其他从业人员、工人、专业技术人员、管理人员、各不同工种工人、老职工、新职工的平均工资等。既可以计算年平均工资，也可以计算季、月、日、小时的平均工资。

计算平均工资时应注意工资总额与平均人数在时间和范围上必须完全一致。

三、工资统计分析

随着我国市场经济的发展，企业工资分配也逐步走向市场，国家采用弹性工资计划，工资指标与工效挂钩等一系列宏观调控措施，对各行各部门工资进行管理，并逐步加大税收对工资调节力度，如个人收入所得税，确定企业计税工资基数等等。工资制度改革后企业工资分配有了相当的自主权。企业管理者可以根据国家宏观管理要求、企业自身经济效益、管理需要等确定本单位工资水平、奖励办法。工资分配逐步走向多元化。因此，工资统计分析在新的形式下分析内容了发生了很大变化。目前工资统计分析主要包括：工资总额增减变动分析；人均工资与劳产率增长速度分析；职工实际收入水平分析；职工工资分析等内容。

建筑企业工资统计分析为国家宏观控制，制定工资政策及各单位工资管理提供依据。

四、人工成本统计

企业人工成本问题是现代劳动经济研究的重要课题之一。随着社会主义市场经济发展，加强企业成本核算，合理掌握人工成本水平，对提高企业竞争能力、经济效益，有着重要意义。由于人工成本直接关系到劳动者个人收入、国家、集体，企业的利益分配，所以人工成本管理越来越受到重视。

建筑企业属劳动密集型行业，人工成本占总成本比重相当大，建筑企业人工成本统计有利于建筑企业深入研究人工成本支用现状，并在同行业中及国际间进行人工成本水平分析、比较，有利于控制企业人工成本过快增长，提高企业人工成本管理水平。

（一）人工成本统计范围

1996年日内瓦第11届劳工统计会议给人工成本定义为：雇主为雇佣劳动发生的全部费用。

1994年我国劳动部和国家统计局联合制定的劳动统计指标中对人工成本定义是"一定

时期企业在生产经营和提供劳务活动中所发生的各项直接和间接人工费用的总和"。其统计范围包括：职工工资总额、福利费用、保险费、职工教育经费、劳动保护费用，职工住房费和其他人工成本等。

(1) 人工成本中包括项目，如工资总额、福利费用、保险费用等，本章其他部分已有详述。

(2) 劳动保护费用，指企业购买职工在劳动中实际使用的劳动用品，清凉饮料和保健用品等一切费用支出。

(3) 职工住房费用：指企业为职工建造或购买的职工宿舍，每年所提取的折旧费用，企业支付给职工住房补贴（包括租房费用）和实行住房制度改革后企业给职工缴纳的住房公积金等费用支出。

(4) 其他人工成本，指不包括在以上各项中的其他人工成本项目，如用工会经费为职工所支付的其他费用；企业因招聘职工而实际花费的招工、招聘费用；企业为职工投保的职工家庭财产保险和人身保险费用等。

(二) 人工成本分析

企业人工成本分析通常以一年为单位。

(1) 从业人员人均人工成本：

$$从业人员人均人工成本 = \frac{从业人员人工成本总额}{从业人员平均人数} \quad (6-53)$$

(2) 人工成本占成本费用总额的比重：

$$人工成本占成本费用总额比重 = \frac{从业人员人工成本总额}{成本费用总额} \times 100\% \quad (6-54)$$

(3) 各类人工成本项目占人工成本总额的比重：

$$各类人工成本项目占人工成本总额比重 = \frac{各类人工成本费用}{企业人工成本总额} \times 100\% \quad (6-55)$$

这一指标主要是观察分析人工成本构成的各项目在人工成本中所占比重是否合理，从而动态分析人工成本上升、下降的主要原因，以采取相应对策。

$$社会保险费用占企业人工成本比重 = \frac{社会保险费用}{企业人工成本} \times 100\% \quad (6-56)$$

(4) 人工成本总增长分析：

$$人工成本增加率 = \left(\frac{报告期人工成本总量}{基期人工成本总量} - 1\right) \times 100\% \quad (6-57)$$

$$人工成本增加绝对值 = 报告期人工成本总额 - 基期人工成本总量 \quad (6-58)$$

(5) 平均人工成本增长分析：

$$平均人工成本增长率 = \left(\frac{报告期平均人工成本}{基期平均人工成本} - 1\right) \times 100\% \quad (6-59)$$

$$平均人工成本增加绝对值 = 报告期平均人工成本 - 基期平均人工成本 \quad (6-60)$$

【例9】 某一施工企业1995年统计资料如下（表6-8）：

表6-8

统 计 指 标	计量单位	实际数	统 计 指 标	计量单位	实际数
企业从业人员平均人数	人	4744	（3）医疗保险	千元	6474
企业成本费用总额	千元	1025330	（4）其他保险	千元	
企业人工成本总额	千元	77511	3. 职工福利费用	千元	11319
1. 职工工资总额	千元	44674	4. 职工教育经费	千元	576
2. 社会保险费用	千元	15865	5. 劳动保护费用	千元	1914
（1）养老保险	千元	9091	6. 职工住房费用	千元	1035
（2）失业保险	千元	300	7. 其他人工成本	千元	2128

按以上资料计算：

(1) 企业从业人员人均人工成本 $=\dfrac{77511}{4744}=16338.7$ 元/人

(2) 从业人员人工成本占费用总额比重 $=\dfrac{77511}{1025330}\times100\%=7.56\%$

(3) 工资总额占企业从业人员人工成本比重 $=\dfrac{44674}{77511}\times100\%=57.64\%$

(4) 社会保险费用占企业从业人员人工成本比重 $=\dfrac{15865}{77511}\times100\%=20.47\%$

第五节 建筑企业保险及福利统计

一、保险费与福利费

保险与福利费用是各单位根据法律和国家的有关规定，为解决职工和离休、退休、退职人员需要，在工资以外实际支付给职工和离休、退休、退职人员个人及用于集体的劳动保险和福利费用的总称。

劳动保险费是指职工因患病、负伤、残废、生育、年老、死亡，暂时或永久丧失劳动能力时，根据有关规定给予资助的一切费用。

福利费是指国家和各单位为改善职工的物质和文化生活条件，减轻职工日常生活事务负担，帮助职工解决职工个人无力解决或难于解决的实际生活问题所支付的各种费用。

保险福利费用是消费基金的组成部分。它是按照社会保障原则，根据国家，企业的财力及社会集体和职工的个人需要支付的。实际上是对职工工资的重要补充，已经成为职工实际收入的一个重要的组成部分。它与工资的原则区别在于它不属于劳动报酬，在一定程度上具有按需分配性质。

保险福利费用统计对于研究职工的实际收入，分析保险和福利费用与工资的比例关系，制定保险和福利政策，检查保障福利费用执行情况是非常必要的，同时也是检查安全生产好坏的辅助手段。

保险和福利费用统计的任务是：

(1) 检查本单位保险和福利费用执行情况。

(2) 反映参加各种社会统筹保险的人数及社会保险统筹金交纳、支出情况。
(3) 分析保险和福利费用的变动情况。
(4) 研究保险、福利费用与工资、社会消费水平的关系。

二、保险福利费用分类统计的内容

(一) 保险福利费按项目分类统计

保险福利费按项目分为医疗卫生费、丧葬抚恤救济费、生活补助费、文体宣传费、集体福利事业设施费和集体福利补贴、计划生育补贴、冬季取暖补贴、离休费、退休费、退职生活费和其他保险福利费用。

(二) 保险福利费按受益对象统计

为了更好了解保险福利费使用情况，对保险福利费还要按受益对象分析统计。

1. 职工保险福利费

也称在职职工保险福利费用，包括医疗卫生费、丧葬抚恤救济费，职工生活困难补助，文体宣传费，集体福利事业设施费和集体福利事业补贴、计划生育补贴、冬季取暖补贴及其他保险福利费。

2. 离休、退休、退职人员保险福利费用

也称在职职工保险福利费用，包括离休费、退休费、退职生活费、医疗卫生费、交通费补助、丧葬抚恤救济费、冬季取暖补贴和其他保险福利费。

(三) 保险福利费按来源统计

保险福利费按来源分为由各单位自行支付的保险福利费用和由社会统筹支付的保险费用。

实行社会保险，这是社会保险改革主要的内容。如果退休费、医疗费不统筹，由各单位自己开支，造成单位之间负担畸重畸轻，不利于企业之间在同等条件下开展竞争，也直接影响职工的生活福利。因此，实行多层次，多结构，多种保障内容的具有我国特色的保障体系势在必行。为了进一步了解社会统筹执行面，统筹费用提取，上交，使用，结存情况，进行保险福利费用按其来源统计是十分重要的。

目前我国已实行的社会保险有：退休养老保险、大病医疗保险、工伤保险、女工生育保险等。

1. 各单位参加社会保险的情况统计

(1) 应参加各项社会统筹的单位数。
(2) 已参加各项社会统筹的单位数。
(3) 应参加各项保险费用社会统筹的职工人数及从业人员数。
(4) 已参加各项保险费用社会统筹的职工人数及从业人员数。
(5) 报告期内所有参加各项社会统筹保险单位按当地政府（或国务院有关部委）规定的标准应交纳的保险费，包括单位缴纳和个人缴纳两部分。
(6) 各项保险费用支出情况。指由社会保险管理机构支付的各项保险费用，管理费用及其他费用。

2. 由各单位支付保险福利费用情况统计

指实行社会统筹以后，仍然或暂时由各单位自行负担的保险福利费用。

三、企业保险福利费的统计分析

（一）职工人均享有保险福利费费用

反映保险福利费支出的水平，可以用每个职工或全部人员（包括职工和离休、退休、退职人员）所享受的保险福利费用来反映。

$$\text{平均每个职工所享受的保险福利费用} = \frac{\text{某时期职工保险福利费用总和}}{\text{同时期职工平均人数}} \quad (6-61)$$

（二）离休、退休、退职人员平均保险福利费用

$$\frac{\text{平均离休、退休、退职人员}}{\text{享受的保险福利费用}} = \frac{\text{某时期离休、退休、退职人员保险福利费用总和}}{\text{同时期离休、退休、退职人员平均人数}} \quad (6-62)$$

（三）人均全部人员所享受的保险福利费用

$$\text{人均全部人员所享受的保险福利费用} = \frac{\text{某时期全部保险福利费用}}{\text{同期全部人员}} \quad (6-63)$$

【例10】 某建筑公司1995年全部人员（包括职工及离、退休、退职人员）保险福利费用总额为53.1万元，同期平均全部人员（包括职工及离、退休和退职人员512人），则：

$$\text{全部人员人均保险福利费用} = \frac{531000}{512} = 1037(\text{元}/\text{人})$$

（四）各项保险福利费占保险福利费用总额的比重

$$\frac{\text{各项保险福利费占保险}}{\text{福利费用总额的比重}} = \frac{\text{各项保险福利费用}}{\text{保险福利费用总额}} \times 100\%$$

第七章 建筑企业施工机械设备统计

建筑施工机械设备是建筑企业的重要资产，是企业生产力的支柱要素。施工机械设备的管、用、养、修、租、算等各方面的情况依靠统计工作用数字反映，从而掌握情况，分析问题，制订计划，进行控制，实施考核，实施科学管理。本章讲述建筑施工机械设备数量统计、能力统计、装备程度统计、完好情况统计、利用情况统计以及运转情况统计，详述各种统计指标的计算公式、指标相互关系和使用方法。本章内容符合国家的机械管理章程和法规。通过学习，应能进行建筑企业施工机械设备统计的初步操作。

第一节 建筑机械设备数量和能力统计

一、建筑企业施工机械设备统计的任务

随着我国建设规模的不断扩大，建筑施工正向高、精、新方向发展。面对市场的激烈竞争，施工企业就要力争"兵要精、武器要好"。机械设备是企业竞争的实力所在。作为生产要素之一的建筑机械设备数量不断增加，水平、能力不断提高，它已经成为发展和振兴建筑业和建筑企业的重要物质基础。截至1995年底，全国施工企业拥有机械设备净值已从1977年底的20亿元增加到506亿元，技术装备率也已从人均1249元增加到人均3445元，但比起世界先进水平还相差5~8倍。对现有机械设备实行有效的、科学的、全面的管理，达到建设部1996年全国建筑设备管理工作会议上提出的"管、用、养、修、租、算一体化"的管理，才能最大限度地发挥机械设备的效能。而机械设备在管、用、养、修、租、算各方面的情况必须依靠统计工作，用统计数字的变化来正确地反映机械情况的变化，是机械设备管理工作中掌握情况、分析问题、制定计划、考核成绩、定额应用等工作的主要依据，是对机械设备进行科学管理的工具。机械管理工作要从客观实际出发，按照客观经济规律办事，而统计工作就是了解客观实际情况，研究客观经济规律不可缺少的重要手段。搞好建筑施工机械设备统计，可完成服务计划、服务管理、促进发展、搞好经营、提高经济效益的任务。

二、建筑企业施工机械设备统计的范围

机械设备的数量和能力是机械设备统计的基本指标，它是计算和分析施工企业机械装备程度及完好程度和利用程度的基础。

1979年原城乡建设环境保护部将建筑企业直接用于建筑生产和直接服务于建筑生产的固定资产划分为6个大类，并编写了固定资产目录，机械设备管理部门只对其中的施工机械、运输设备和生产设备三个大类在册的全部机械设备（即企业作为固定资产已登入机械设备帐、卡的全部设备）进行管理。建筑企业机械设备的数量是按企业目前资产所有权统计的。凡属本企业作为固定资产的各种机械设备，不论是出租或借给外单位使用，也不论是在用、在修、在途或在库，都由本单位统计。已向上级申请报废、盘亏的机械设备，在未批准前，仍应统计在内。但不包括租入或借入的机械设备。

三、建筑企业施工机械设备的分类

建筑机械设备种类繁多，用途各异，为了研究机械设备构成和分别计算各种机械设备的数量、能力，以满足企业的需要，必须对机械设备按一定的标志进行分类，常用的分类有两种。

1. 按机械设备用途分类

根据固定资产目录按其作用于劳动对象的用途划分为三类：

（1）施工机械。指施工用的各种机械，如起重机械、挖掘机械、铲运机械、凿岩机械、钢筋混凝土机械、筑路机械及其它工程施工用的机械。

（2）运输设备。指运载货物用的各种运输工具，如铁路机车、水路船舶、公路用载货汽车、兽力车等。

（3）生产设备。指加工维修用的各种机械。如木工加工、金属切削设备、锻压、焊接及切割设备、铸造及热处理设备、动力设备、传导设备等。

机械设备按用途分类，可以反映各类机械的数量与能力，分析各类机械在数量上和能力上是否能满足施工生产需要和配套平衡，保证施工生产顺利进行。

机械设备按用途分类，即按固定资产目录大类分类，可以做到机械管理部门的实物管理和财务部门的固定资产帐目管理同步进行，有利于企业的资产管理。

2. 按机械设备的技术状况分类

（1）完好机械设备。指报告期末技术状况完好的在用、出租、封存及在库的机械设备，包括使用中停工修理不满一天的机械设备；

（2）在修机械设备。是指报告期末全天修理的机械设备。

（3）待修机械设备。是指报告期末由于缺乏资金、材料、配件或其它原因而等待修理的机械设备。

（4）不配套机械设备。是指机械设备本身的不配套（如缺乏动力或附属装置）而不能投入使用的机械设备。

（5）待报废机械设备：是指机械设备损坏严重达到报废条件，或是国家规定淘汰的经技术鉴定准备报废的机械设备。

机械设备按技术状况分类并分别计算其数量，在于反映和分析期末各类机械设备的技术状况，为有计划地改善机械设备的技术状况，挖掘机械设备的潜力提供依据。

3. 按机械设备在施工生产服役的年限分类

一般可将机械设备按购进后开始启用的日期分为 5 年以下；5～10 年，11～15 年，16～20 年，21～25 年，25 年以上几个组，计算他们的台数及价值，用以分析企业现有机械设备新旧程度及构成，从而为企业制定装备规划提供依据。

四、建筑企业施工机械设备数量统计指标

反映建筑企业机械设备数量实有情况的主要统计指标有机械设备实有台数、机械设备的总功率及其价值量等指标。

（一）机械设备台数指标

（1）实有台数。是表示机械设备实物量的主要指标，它是统计施工企业在报告期内一定时点（通常指期末最后一天）机械设备的在册台数。

在报告期内，企业各类设备的实有数常会发生变动，建立机械设备台帐，按时登记有

关设备增减变动数字,可以汇总统计报告期设备的增加数、减少数和报告期末的实有台数。

$$期末设备实有台数 = 期初设备实有台数 + 本期增加台数 - 本期减少台数 \quad (7\text{-}1)$$

(2) 平均台数。在实际施工生产活动中,由于施工单位在一定时期内所拥有的机械设备会因各种原因而经常有所增减变动,因此只计算一个时点上机械台数是不能完全反映施工单位在报告期内实际拥有的机械数量。

【例1】 某施工队6月1日有机械设备10台,6月8日购进5台,6月25日调出一台,那么6月底实有机械就是14台,显然期初的10台和期末的14台,这样某一时点的台数都不能完全反映其实际拥有的机械设备情况。因此,为了掌握一定时期内拥有的机械数量,还需要计算机械设备的平均台数。

平均台数是指报告期内每天平均拥有的机械台数,是用报告期内每天的机械台数相加之和,用日历日数去除而求得。其计算公式如下:

$$机械平均台数 = \frac{报告期每日拥有的机械实有台数之和}{报告期日历日数} \quad (7\text{-}2)$$

如:上例:

$$\frac{10 \times 7 + 15 \times 17 + 14 \times 6}{30} = \frac{70 + 255 + 84}{30} = \frac{409}{30} = 13.63(台)$$

季平均台数也可按本季3个月的平均台数相加被3除求得。年平均台数可按12个月的平均台数相加被12除求得。

(二) 机械设备能力指标

机械设备实有台数指标,虽然能够反映施工企业在基本时点所拥有的机械设备的规模,但它不能全面反映机械设备具有能力的大小。因为往往是同一种类或同一用途的机械设备,其能力有大有小,甚至相差悬殊。例如:甲施工队有汽车吊4台,每台起重能力为8t,总能力为32t,乙施工队有汽车吊2台,每台起重量为20t,总能力为40t,从实有台数看甲队比乙队多2台,但总能力却少8t。

因此,如果仅计算机械台数还不能全面反映建筑企业所拥有的某种机械的规模,要全面反映机械设备的情况,除正确计算机械实有台数外,还需要计算机械的能力。

(1) 机械设备实有能力。是指各种机械能够承担工程量的能力。

计算机械设备能力,通常是以设计能力或查定能力为准,根据机械工作部分的容量、承载能力、单位时间的生产率或动力部分的功率来计算的,而不应按机械使用过程中实际发挥的能力计算。

例如:挖掘机、铲运机、混凝土搅拌机按工作部分的容量以 m^3 计算;起重机按工作部分的起重吨数计算;空压机以 m^3/分计算;推土机、平地机按动力部分功率的"kW"数计算。如某种机械的设计能力是一个范围,就应取最大值。例QT60/80塔式起重机起重能力为3~8t,那么该机的实有能力应是8t。

(注:查定能力是指由于技术改造或其他原因,已超过原设计能力,或因设备陈旧,达不到原设计能力,经主管部门批准的,重新审查确定的能力。)

(2) 实有总能力。计算机械设备能力时点所拥有的不仅要计算单台机械设备的能力,而且还要计算同类设备的总能力。

实有总能力：是指报告期末，同类机械设备设计能力或查定能力的总和。其计算公式如下：

$$某类机械总能力 = \Sigma \begin{pmatrix} 某种机械设备 \\ 单台设计能力 \end{pmatrix} \times \begin{pmatrix} 该种机械 \\ 设备台数 \end{pmatrix} \quad (7-3)$$

【例2】 某建筑企业1996年有下列起重机械资料（表7-1）。

表 7-1

机械设备名称	数量（台）	单台能力（t）	总能力（t）	机械设备名称	数量（台）	单台能力（t）	总能力（t）
履带式起重机	2	15	30	其中：50t	1	50	50
塔式起重机	8	—	74	20t	2	20	40
其中：10t	5	10	50	10t	3	10	30
8t	3	8	24	8t	2	8	16
汽车式起重机	9	—	136	合计	19	—	240

从表中我们可以看出该企业19台起重机械的总能力为240t。机械设备实有总能力指标是反映建筑企业在一定时点上（通常指期末），所拥有的各类机械能力水平，它是编制施工计划和研究机械设备利用情况的基础资料。

(3) 平均能力。建筑企业在一定时期内所拥有的机械设备会因种种原因而经常有所增减变动。因此，只计算一个时点上机械设备的能力，是不能完全反映建筑企业在报告期内实际拥有的机械设备情况，而且还需要计算平均能力，为分析研究机械设备的情况提供依据。

机械的平均能力，是指建筑业在报告期内平均每天所拥有同种或同类机械设备实有能力之和，被本期日历日数去除求得。其计算公式如下：

$$\frac{机械设备}{平均能力} = \frac{报告期每日拥有的机械设备实有能力之和}{报告期日历日数} \quad (7-4)$$

以上公式一般用于计算月度某种或某类机械设备的平均能力。为了减少计算量，季平均能力也可按本季3个月的平均能力相加被3除求得。年平均能力也可按4个季度的平均能力数之和被4除求得，或按12个月的平均能力数之和被12除求得，其计算公式如下：

$$季平均能力 = \frac{报告季度内3个月的平均能力之和}{3} \quad (7-5)$$

$$年平均能力 = \frac{报告年度内4个季度的平均能力之和}{4} \quad (7-6)$$

$$或 = \frac{报告年度内12个月的平均能力之和}{12} \quad (7-7)$$

【例3】 某施工队1月1日拥有卷扬机5台（每台能力2t），10月5日购入3台，（每台能力5t）12月20日调出一台（能力2t）求该单位10月、11月、12月、四季度及全年卷扬机的平均能力

$$10月平均能力 = \frac{2 \times 5 \times 4 + (2 \times 5 + 5 \times 3) \times 27}{31}$$

$$=\frac{40+675}{31}=\frac{715}{31}=23.06t$$

上例中可以看出 10 月期初的总能力为 10t，期末的总能力为 25t，在本月中 1 日至 4 日共 4 天，每日能力 10t，总能力为 40t，5 日至 31 日共 27 天，每日实有能力为 25t，27 天的总能力为 675t，两个时间段的总能力被 10 月份日历日数 31 去除后的 23.06t，即为 10 月份卷扬机的平均能力。

$$11 月平均能力为\frac{(2\times5+5\times3)\times30}{30}=25t$$

$$12 月平均能力=\frac{(2\times5+5\times3)\times19+(2\times4+5\times3)\times12}{31}$$

$$=\frac{(10+15)\times19+(8+15)\times12}{31}=\frac{475+276}{31}t$$

$$=\frac{751}{31}=24.23t$$

$$四季度平均能力=\frac{23.06+25+24.23}{3}=\frac{72.29}{3}=24.10t$$

$$全年平均能力=\frac{10+10+10+24.10}{4}=13.53t$$

第二节 建筑企业施工机械设备装备程度统计

用先进技术把劳动者武装起来，逐步提高其机械装备程度，用机械逐步代替繁重的体力劳动，这是提高劳动生产率的途径之一。因此，除单独研究机械设备的数量和能力外，还需要计算机械设备总功率指标和价值指标，并把它们和劳动力数量联系起来，研究机械装备情况；同时也还需要和生产成果联系起来，研究企业的机械装备在建筑施工中创造价值的大小，以反映企业装备效果情况。反映建筑企业装备程度和装备效果的主要指标有：技术装备率、动力装备率和装备生产率。在研究上述三个指标之前必须考核施工企业机械设备的总功率指标和价值指标。

一、建筑企业施工机械设备总功率和动力装备率

（1）机械设备总功率：是指列为企业固定资产的各种机械设备按设计能力或查定能力计算的总动力数。通过计算建筑企业机械设备所配备的总功率，可以间接反映建筑企业机械设备的装备程度，是计算动力装备率指标的重要基础资料。

在建筑企业中，计算机械设备总功率，应以 kW 作为计算单位，为了计算方便，一般都采用计算报告期末机械设备总动力。

在考核企业机械设备总动力数时应注意，不应将电焊机、变压器、锅炉的动力计算在内。

（2）动力装备率：它是建筑企业自有机械设备的动力数，与全部职工人数（或全部工人数）的比值。计算公式是：

$$动力装备率(kW/人)=\frac{年末自有机械设备总功率(kW)}{年末全部职工人数(或全部工人人数)(人)} \qquad (7-8)$$

动力装备率指标是用每个职工或工人所分摊的机械设备动力数来表示的，也就是以每个职工（或工人）平均所分摊的机械设备动力数多少来说明技术装备程度的高低。

二、建筑企业施工机械设备的价值和技术装备率

1. 机械设备的价值指标

由于各种不同性质、不同用途的机械设备的能力不能相加，只计算机械设备台数又不能全面的反映企业的装备水平。为了综合反映施工企业全部机械设备的装备水平，就需要采用价值指标，机械设备价值可按原值或净值计算。

（1）原值，是指建筑企业在购进机械设备时实际支付的全部费用。即除包括机械设备的原价外还应包括一次性运费、安装及调试费用。机械设备原值是以货币表现的各种机械设备的总量，它可以综合反映施工企业所拥有的全部机械设备的价值总量，同时也是提取固定资产折旧的基础。

（2）净值，是指机械的原值减去已提折旧后的净额，也就是机械设备原值扣除因使用磨损而转移到工程或成本中去的那部分价值后所剩余的价值。机械设备净值是反映施工企业全部机械设备实际的价值量，是计算机械设备技术装备率的依据。

为了计算方便，一般采用报告期末机械设备的总价值，范围是列入施工企业固定资产目录的施工机械、运输设备、生产设备这三大类机械设备的价值。

2. 技术装备率

是建筑企业在报告期末自有机械设备的净值与全部职工人数（或全部工人人数）的比值。

$$技术装备率(元／人) = \frac{期末自有机械设备净值}{期末全部职工人数(或全部工人人数)} \qquad (7-9)$$

技术装备率是建筑企业以每个人所分摊的机械设备实际价值多少来说明技术装备程度的高低。

三、建筑企业施工机械设备的装备生产率

装备生产率是指建筑企业年度自行完成建筑安装产值与机械装备净值之比：

$$装备生产率(元／元) = \frac{年度自行完成建筑安装产值(元)}{期末企业自有机械设备净值(元)} \qquad (7-10)$$

它是年末企业占有机械设备净值一元能完成年度工作量若干元，这是反映企业的机械装备在施工生产中创造价值的大小，也是考核企业装备效果的依据。

装备生产率只能适用于机械化程度相接近的同行业，企业之间相互对比。

第三节 建筑企业施工机械设备完好及利用情况统计

一、建筑企业施工机械设备完好情况统计的意义

为了发展施工机械化程度，合理使用和爱护机械设备，使它们经常保持完好的技术状况。是保证安全生产，挖掘现有机械设备潜力，为最大限度地利用现有机械设备提供了保证，经常地对机械设备完好情况进行统计和分析研究，是建筑机械设备统计的重要任务。

考核机械设备完好状况的统计指标是机械设备完好率，它是反映机械设备管理和技术管理以及机械维修保养工作水平的主要指标。

二、建筑企业施工机械设备利用情况统计的意义

建筑机械设备是施工企业完成施工任务的重要物质条件，充分利用现有机械设备，最大限度地发挥每台机械设备的作用，对于加速施工进度，提高劳动生产率，降低工程成本，全面提高企业经济效益具有重要的意义。因此必须经常考察、研究机械设备的利用情况，加强机械设备管理，合理调配机械设备，达到不断挖掘设备潜力，提高机械设备利用程度的目的。

考核机械设备利用情况的统计指标是机械设备利用率，它是用来反映企业对机械设备的实际利用情况，也是企业主要技术经济指标之一。

三、建筑企业施工机械设备利用情况的统计范围

由于建筑企业机械种类繁多，在统计时，不可能也不必要一一加以反映。根据建设部1997年规定只对20种主要机械设备的完好、利用情况进行统计，同时包含对台数、能力的统计。国家规定的20种主要设备目录见表7-2。

主要机械设备目录　　　　　　表7-2

序号	机械设备名称	数量单位	能力单位	序号	机械设备名称	数量单位	能力单位
1	单斗挖掘机	台	m³		其中：混凝土搅拌站	台	m³/h
	其中：1m³及以上的	台	m³		混凝土搅拌机	台	m³
2	推土机	台	kW		混凝土泵	台	m³/h
	其中：74kW及以上的	台	kW	13	专用车辆	台	—
3	铲运机	台	m³		其中：散装水泥车	台	m³
	其中：自行式铲运机	台	m³		混凝土拌运输车	台	m³
4	履带式起重机	台	t		混凝土泵车	台	m³/h
	其中：40t及以上的	台	t	14	空气压缩机（6m³及以上）	台	m³
5	轮胎式起重机	台	t	15	基础施工机械	台	t
	其中：16t及以上的	台	t		其中：打桩机械	台	t
6	汽车式起重机	台	t		灌注桩机械	台	t
	其中：40t及以上的	台	t		其他机械	台	t
7	塔式起重机	台	t	16	筑路机械	台	—
	其中：100t及以上的	台	t		其中：路面摊铺机	台	kW
8	载重汽车	台	t		压路机	台	t
	其中：8t及以上的	台	t		平地机	台	kW
9	自卸汽车	台	t	17	施工升降机械	台	t
	其中：8t及以上的	台	t		其中：外用施工电梯	台	t
10	拖车车组（20t及以上的）	台	t		卷扬机	台	t
	其中：60t及以上的	台	t	18	机动翻斗车	台	t
11	装载机	台	m³	19	锻压设备	台	t
12	混凝土机械	台	—	20	金属切削机床	台	台

四、施工机械设备完好率和利用率有关指标

（1）日历台日数：指报告期内每日拥有机械设备台数总和。

(2) 例假节日台日数：指国家规定的例假节日而未工作的台日数。换句话说，就是在报告期内例假节日中实际休息的台数总和，即为：

$$例假节日台日数 = 法定例假节日台日数 - 节假日加班台日数 \qquad (7-11)$$

(3) 制度台日数：指报告期内日历台日数减去例假节日台日数。

(4) 停修台日数：指报告期内制度台日中，因保养、修理满一天的机械，同时包括待修、送修、在途满一天的机械。

(5) 停工台日数：指机械因任务不足而在库存放、在施工现场等候，或因气候影响整天未参加工作的台日数，与停修台日的总和。

(6) 完好台日数：是指报告期内制度台日中处于完好状况的机械设备台日数。不管该机械是否参加了施工生产都应计算。完好台日数包括修理不满一天的机械。也就是用制度台日减去停修满一天的台日，即为

$$完好台日数 = 制度台日数 - 停修台日数 \qquad (7-12)$$

(7) 实作台日数：指机械出勤进行实际生产的台日数。不论该机械在一天内实际作业时间的长短，都算为一个实作台日，它包括例假节日加班的台日数。

$$实作台日数 = 日历台日数 - (法定例假节日台日数 \\ - 例假节日加班台日数) - 停工台日数 \qquad (7-13)$$

或

$$实作台日数 = 日历台日数 - 例假节日台日数 - 停工台日数 \qquad (7-14)$$

上述各种时间关系可用表 7-3 表示

表 7-3

日历台日数			
法定例假节日台日数		法定制度台日数	
例假节日台日数	例假节日中加班台日数		
		制度台日数	
		完好台日数	停修台日数
		实作台日数	停工台日数

通过对上述几个有关时间概念和指标解释的了解，可以计算机械设备的完好率和利用率指标。

五、施工机械设备完好率和利用率指标计算

(一) 机械设备完好率

1. 机械数量完好率

机械数量完好率是指报告期末完好机械台数与实有机械台数的比值。其计算公式：

$$机械数量完好率 = \frac{报告期末完好机械台数}{报告期末实有机械台数} \times 100\% \qquad (7-15)$$

式中按台数计算的机械完好率，可以反映施工企业在报告期末机械设备的完好情况，但它不能反映整个报告期内机械设备的完好程度。它可以作为安排下期机械使用、维修的重要依据，但不能用来分析本期机械设备使用对施工生产的保证作用，为了研究机械完好状

况与施工生产完成程度的关系。还应按台日数来计算机械完好率。

2. 机械台日完好率

机械台日完好率是指报告期内制度台日数中的完好台日数与制度台日数之比值,其分子、分母都同时含有例假节日中加班台日数。其计算公式:

$$机械台日完好率 = \frac{报告期内制度台日中的完好台日数}{报告期内制度台日数} \times 100\% \quad (7-16)$$

根据收集原始数据的角度也可按下列公式:

$$机械台日完好率 = \frac{报告期内日历台日数 - 例假节日台日数 - 停修台日数}{报告期内制度台日数} \times 100\% \quad (7-17)$$

(二)机械设备利用率

1. 机械台日利用率

机械台日利用率是指报告期内制度台日数中的实作台日数与制度台日数之比值,其分子、分母都同时含有例假节日中加班台日数。其计算公式是:

$$机械台日利用率 = \frac{报告期内制度台日中实作台日数}{报告期内制度台日数} \times 100\% \quad (7-18)$$

也可按:

$$机械台日利用率 = \frac{报告期内日历台日数 - 例假节日台日数 - 停工台日数}{报告期内制度台日数} \times 100\% \quad (7-19)$$

在机械台日利用率公式中,分子与分母之差数,是表明机械设备未充分利用而损失的台日数,若是同种设备可乘以平均每台日的产量,则能说明机械设备在得到充分利用后所能增加的潜力。

2. 机械台班利用率

机械台班利用率是指报告期内机械工作台班数总和与定额台班之比值。其计算公式为:

$$机械台班利用率 = \frac{报告期内工作台班数总和}{定额台班} \times 100\% \quad (7-20)$$

公式中定额台班即为报告期内机械应该工作的台班数,一般以法定制度台日数为依据,每台日作为一个定额台班计算。

通过计算公式我们不难看出,机械台班利用率可以超过100%,通过这个指标来反映本报告期机械台班的工作效率。与机械台日利用率的区别在于:若机械设备加班后,只在分子中的实作台班数增加,不需要分母同时增加。这样可以在同一个基础上进行考核,企业可以利用每日二班或三班工作制来增加台班和实物产量,提高台班利用效果。

六、施工机械设备运转情况原始资料的采集

机械设备完好率、利用率的统计计算要依据每台设备在本期实际运转情况的原始记录。因此,规范原始记录的表式及填写规定是十分必要的。

1. 机械设备履历书及运转记录(表7-4)

机械设备在使用过程中,是用履历书来记载该机的运转、修理、保养、改装等情况的。运转记录在履历书中占有很大的比重,要求当班司机在每天工作完毕后,按实际运转情况填写。

机械运转情况记录表　　　　　　　　　　　　　　　表7-4

机械名称　　　　　机械编号　　　　　规格能力　　　　　年　月

日期	实作台班		实作台时		例节台日	停工台日					
	正班	加班	正班	加班		停修	在库	候活	转移	气候	其他
1											
2											
29											
30											
31											
合计											

表中各栏目填写规定

实作台时:分正班和加班按机械实际运转台时填写,不足1小时,按1小时记。

例节台日:在法定节日中实际休息的台日中填"1"。

实作台班:正班栏按当天正班台时数计算,4小时及以下填"0.5",5～8小时填"1"。加班栏按当天实际加班台时数计算,4小时及以下填"0.5",5～8小时填"1",9～12小时填"1.5",13～16小时填"2"。

停工台日:指整日停工的台日,若整日停修或待修的,在停修栏填"1";若整日在施工现场候活的,在候活栏内填"1";值得注意的是:参加完好、利用率计算的机械设备当天只要工作1小时,都不应该在停工台日各栏内有所反映。例如:某机械某日停修7小时,工作1小时,那么当天的停修台日不应进行记载,因为它不是整日停修。而应在正班台时填"1",正班台班填"0.5"。

2. 机械设备运转情况汇总表(表7-5)

机械设备运转情况汇总表　　　　　　　　　　　　表7-5

机械编号	机械名称	日历台日数	例节台日数	制度台日数	完好台日数	实作台日数	停工台日						实作台班
							合计	停修	在库	候活	转移	其他	
1	2	3	4	5	6	7	8	9	10	11	12	13	14

为了汇总方便、准确,应先将每台设备的运转情况登记于汇总表中。本表一些栏目是由运转记录直接抄录来的,如:3栏,日历台日数;4栏,例节台日数;9～15栏停修及其它停工台日数。14栏实作台班是运转记录中正班台班与加班台班之和。另一些栏目是根据

各栏目的关系而生成的。

5栏（制度台日）＝3栏（日历台日）－2栏（例节台日）

6栏（完好台日）＝5栏（制度台日）－9栏（停修台日）

7栏（实作台日）＝5栏（制度台日）－8栏（停工合计）

8栏（停工合计）＝9栏＋10栏＋11栏＋12栏＋13栏

【例4】 某项目部1997年11月（日历天数30，双休日1，2，8，9，15，16，22，23，29，30共计10天）设备运转情况如下：

1号塔式起重机1至30日除10天双休日外，每天7小时正常运转。

2号塔式起重机1至5日每天运转8小时，6～11日检修，12至30日每天正班运转6小时，加班3小时。

1号搅拌机1至12日在库，13日在现场安装后工作2小时，14日工作4小时，15、16日休息，17～28日每天工作5小时，29、30日休息。

要求：按以上机械设备的运转情况，填写机械设备运转记录，并计算该项目部1997年11月机械设备完好率、利用率。

【解】

在计算该项目部完好率、利用率时，应分以下几个步骤进行

（1）按题中所给设备运转情况填写运转记录。应该注意的是，如果某设备在某一时间段中进行修理，中间虽含法定休息日，但仍然进行修理工作，也应视为法定休息，因为该机没有进行实际工作。例如2号塔式起重机，虽然6～11日进行检修，但双修日8、9两日仍按例节台日记载。

（2）按机械运转情况记录表登录机械运转情况汇总表。

（3）按公式计算台日完好率、利用率。

下面我们就按以上步骤进行登录、汇总、计算（见表7-6至表7-9）。

机械运转情况记录表　　　　　　　　　　表7-6

机械名称：塔式起重机　　　编号3123—001　　规格能力：10t　　1997年11月份

日期	实作台班		实作台时		例假台日	停工台日				
	正班	加班	正班	加班		停修	在库	候活	转移	其他
1					1					
2					1					
3	1		7							
4	1		7							
5	1		7							
6	1		7							
7	1		7							
8					1					
9					1					
10	1		7							

续表

日期	实作台班		实作台时		例假台日	停工台日				
	正班	加班	正班	加班		停修	在库	候活	转移	其他
11	1		7							
12	1		7							
13	1		7							
14	1		7							
15					1					
16					1					
17	1		7							
18	1		7							
19	1		7							
20	1		7							
21	1		7							
22					1					
23					1					
24	1		7							
25	1		7							
26	1		7							
27	1		7							
28	1		7							
29					1					
30					1					
31										
合计	20		140		10					

统计：　　　　　　　　　　　　　　　操作人员：

机械运转情况记录表　　　　　表 7-7

机械名称：塔式起重机　　　编号 3123—002　　规格能力：8t　　1997 年 11 月份

日期	实作台班		实作台时		例假台日	停工台日				
	正班	加班	正班	加班		停修	在库	候活	转移	其他
1	1		8							
2	1		8							
3	1		8							
4	1		8							
5	1		8							
6						1				
7						1				
8					1					

续表

日期	实作台班		实作台时		例假台日	停工台日				
	正班	加班	正班	加班		停修	在库	候活	转移	其他
9					1					
10						1				
11						1				
12	1	0.5	6	3						
13	1	0.5	6	3						
14	1	0.5	6	3						
15	1	0.5	6	3						
16	1	0.5	6	3						
17	1	0.5	6	3						
18	1	0.5	6	3						
19	1	0.5	6	3						
20	1	0.5	6	3						
21	1	0.5	6	3						
22	1	0.5	6	3						
23	1	0.5	6	3						
24	1	0.5	6	3						
25	1	0.5	6	3						
26	1	0.5	6	3						
27	1	0.5	6	3						
28	1	0.5	6	3						
29	1	0.5	6	3						
30	1	0.5	6	3						
31										
合计	24	9.5	154	57	2	4				

统计： 操作人员：

机械运转情况记录表　　　　　　表 7-8

机械名称：搅拌机　　　编号 3623—001　　　规格能力：0.5m³　　　1997 年 11 月份

日期	实作台班		实作台时		例假台日	停工台日				
	正班	加班	正班	加班		停修	在库	候活	转移	其他
1					1					
2					1					
3							1			
4							1			

续表

日期	实作台班		实作台时		例假台日	停工台日				
	正班	加班	正班	加班		停修	在库	候活	转移	其他
5							1			
6							1			
7							1			
8					1					
9					1					
10							1			
11							1			
12							1			
13	0.5		2							
14	0.5		4							
15					1					
16					1					
17	1		5							
18	1		5							
19	1		5							
20	1		5							
21	1		5							
22	1		5							
23	1		5							
24	1		5							
25	1		5							
26	1		5							
27	1		5							
28	1		5							
29					1					
30					1					
31										
合计	13		66		8		8			

统计：　　　　　　　　　　　　　　　操作人员：

机械设备运转情况汇总表　　　　　　　　表 7-9

单位：××项目部　　　　　　　1997 年 11 月

机械编号	机械名称	日历台日数	例节台日数	制度台日数	完好台日数	实作台日数	停工台日 合计	停修	在库	候活	转移	其他	实作台班
1	2	3	4	5	6	7	8	9	10	11	12	13	14
3123—001	塔式起重机	30	10	20	20	20							20
3123—002	塔式起重机	30	2	28	24	24	4	4					33.5
3623—001	搅拌机	30	8	22	22	14	8		8				13
合　　计		90	20	70	66	58	12	4	8				66.5

根据汇总表可计算出该项目部机械设备完好率和利用率：

$$机械台日完好率 = \frac{完好台日数}{制度台日数} \times 100\% = \frac{66}{70} \times 100\% = 94.29\%$$

$$机械台日利用率 = \frac{实作台日数}{制度台日数} \times 100\% = \frac{58}{70} \times 100\% = 82.86\%$$

第八章 建筑企业材料及能源统计

建筑材料和能源是进行施工生产活动的生产要素之一。本章主要讲述建筑材料收入量、消耗量和储存量统计；建筑材料消耗定额执行情况的检查和能源统计。

通过本章的学习，要明确建筑材料收入量、消费量、消耗量、库存量的概念和内容，掌握反映建筑材料利用情况的定额指数、单耗等指标的含义和计算方法，掌握能源消费统计的基本内容。

第一节 建筑企业材料收入量统计

一、建筑企业材料统计分类

建筑材料是建筑生产活动的劳动对象，也是进行建筑的物质基础。在建筑工程总造价中，材料费占相当大的比重。组织材料的供应，加强材料消耗管理，是建筑企业增加产品产量，降低工程成本，增加盈利的重要途径。

建立和健全建筑材料统计是做好材料供应和材料管理工作的一个重要条件。为了满足材料管理工作的需要，建筑材料统计要研究建筑企业建筑材料收入、消耗与储存等情况，并要检查材料消耗定额的执行情况。

建筑材料的种类很多，通常可以按以下几种方法分类。

（一）按建筑材料在施工生产中的不同作用分类

1. 主要材料

主要材料是指构成工程的主要实体，通常一次性消耗且价值相对较大的材料，如钢材、木材、水泥、砂、石、砖、石灰等。

2. 周转性材料

周转性材料是指可以多次使用且不构成工程实体的工具性材料，它在使用过程中基本保持其原有形态，逐渐损耗，如模板、脚手架、挡土板等。

3. 辅助材料

辅助材料是指在生产过程中对产品的形成起辅助作用，不构成产品的主要实体和主要价值的材料，如润滑油、劳动防护用品、清洁用具等。

4. 燃料

燃料是辅助材料的一种，但由于在国民经济中占有极重要的地位，是我国的主要能源物资，通常把它单独划分为一类，我们并入能源中进行统计。

（二）按建筑材料的经济价值分类

这是运用 ABC 分析法对建筑材料进行管理所用的分类方法，即将建筑材料分为 A 材料、B 类材料和 C 类材料三大类。

A 类材料是指少数几种消耗量大，占用储备资金多或对施工生产有举足轻重作用的材料。一般说来，A类材料其种类占全部材料的5%～15%，而其金额却占全部材料的60%～80%。

B类材料是指材料品种及所占金额均处于中等水平的材料。一般地，B类材料占全部材料的20%～30%，所占金额也大致相同。

C类材料是指所占金额较少而品种较多的材料。一般地，C类材料品种占全部材料的60%～80%，而金额却只占全部材料的5%～15%。

（三）按建筑材料的管理权限分类

国家对全部物资实行三级管理体制，即分为统配物资、部管物资和地方管理物资三大类。对于其中的建筑材料，亦可按此种分类方法进行分类。目前，绝大部分建筑材料都已进入市场交易。

（四）按建筑材料的自然属性分类

按建筑材料的自然属性分，即是按建筑材料本身的物理、化学性能分，可分为无机材料、有机材料和复合材料。无机材料还可分为金属材料和非金属材料。

（五）按建筑材料的在建筑物中所起作用分类

根据材料在建筑物中所起作用的不同，可将建筑材料分为两大类。第一类是承重结构用材料，如砖、石、混凝土、钢铁和木材等，第二类是特殊用途材料，如耐火砖、防锈漆、吸音板等。

二、建筑企业材料来源渠道

随着建筑投资渠道的不断变化和经济政策的调整，建筑材料的来源渠道日益增多。按照物资流通经过的环节来看，一般包括三类。一类是直接向生产厂家订购，由生产厂家负责供应材料。这一渠道一般供应稳定，价格较其他部门环节为低，并能根据需要加工处理，是一条较有保证的经济供应渠道。二类物资由流通部门供应，特别是属于某行业或某种材料生产系统的物资部门。该渠道资源丰富，品种规格齐全，对资源保证能力较强，是国家物资流通的主渠道。三类是社会商业部门供应，是某些生产企业、行政部门、行业性联合机构所设立的材料经销部门供应，这类部门繁多，经营方式灵活，对于解决品种短缺起到很好的作用。

三、建筑企业材料收入量计算与分析

材料收入量也称材料进货量，是指企业在报告期内实际收到的材料数量。它是反映建筑企业在一定时期内购进材料的规模和水平的指标。统计时应以本企业验收并已到达、能随时为施工生产所取用为准。对于已支付货款，但尚未到达施工现场或企业仓库的在途材料，以及虽已到达但尚未验收或验收不合格的材料均不应计算收入量，对于已到达但尚未验收的材料可作为"期末待验收入库"处理。

（一）材料收入量计划完成情况分析

分析材料收入量的计划完成情况，将实际收入总量与计划进货量加以比较，就可以说明各种材料的进货是否完成计划以及完成的程度。这种分析根据材料的各种来源渠道制定材料收入量计划，然后对报告期收入量计划完成情况进行分析，来了解各个渠道供应可靠程度，便于以后改进材料的供应工作。由于建筑材料种类繁多，一般只对重要的、大宗的材料如钢材、木材、水泥等收入量分析其计划完成情况。

（二）材料收入的齐备性分析

建筑工程需要的材料种类很多，它们在数量上有一定的比例。如果企业收入的材料在种类、品种、规格上不齐备，也会妨碍施工的正常进行。材料收入的齐备性就是指收入材料品种规格的齐备性，可用材料收入品种计划完成率来计算和分析。其计算公式为：

$$材料收入品种计划完成率 = \frac{完成进货计划的材料品种数}{列入进货计划的材料品种数} \times 100\% \tag{8-1}$$

需要注意的是，材料收入品种计划完成率比较的"材料品种数"不是各种材料完成进货计划程度的平均数。超额完成进货计划的材料数量并不能代替进货数量不足的材料。

在各种材料的收入计划完成程度指标中，完成程度比较低的，有可能成为材料供应的薄弱环节，应采取措施，以防影响生产；而完成程度明显超过计划的，有可能造成材料积压，应进一步分析。

（三）材料收入的及时性分析

材料收入的齐备性保证了报告期内施工企业对不同材料数品种规格的需要，但如果材料进货不及时，即使材料品种和收入都完成了，也会造成停工待料而影响工程的进行。因此，需对材料收入的及时性进行分析。

为了表明材料进货的及时状况，通常需要按每批材料的进货周期及其对生产的实际保证天数进行分析。

【例1】 某建筑公司第二季度几项材料供应计划完成情况如表8-1所示。

材料供应计划完成情况表　　　　　　表8-1

材料名称与规格	计量单位	单价（元）	计划供应 数量	计划供应 价值（元）	实际收入 数量	实际收入 价值（元）	计划完成程度（％）	备注
合　计	—	—	—	1558382	—	1583918	101.6%	
水泥	t	447.21	860	384600.6	1020	456154.2	118.6	
红砖	千块	230.90	2400	554160	2100	484890	87.5	
石灰	t	190.36	450	85662	400	76144	88.9	
中砂	m³	28.37	3000	85110	4100	116317	136.7	
碎石	m³	69.20	4500	311400	5900	408280	131.1	
瓦片	千块	219.52	114	25025.28	115	25244.8	100.9	
瓦筒	千块	99.67	60	5980.2	58	5780.86	96.7	
玻璃锦砖	m²	23.14	4600	106444	4800	11107.2	104.3	

从表中可以看出，该企业第二季度的材料供应计划从价值看是完成了计划，但其中有的材料并未完成计划，如红砖、石灰、瓦筒等。其中红砖、石灰的数量相差还较大，需进一步分析。

从表中所列的材料品种看，虽然价值上完成了计划，但其材料收入品种的计划完成率只有62.5%（5/8），而非101.6%或者108.1%〔（118%+87.5%+88.9%+136.7%+131.1%+100.9%+96.7%+104.3%）/8〕。所以该企业第二季度的材料收入品种的计划完成率并不高，可能不会满足施工生产对材料品种数量的要求。

【例2】 上例中5月份水泥进货计划执行情况如表8-2所示。

5月份水泥进货计划执行情况　　　　　　　　　　　　　　　表8-2

材料名称	计量单位	计划需要量		月初库存	收入日期		收入数量		完成月收入计划（%）	对本月需要保证程度		本月停工待料日期
		全月	平均每日		计划	实际	计划	实际		按日数计算	按数量计算	
42.5 MPa 普通水泥	t	279	9	36	—	—	—	—	—	4	36	5～8
					3	8	90	90		10	90	
					12	20	90	90		10	90	19～20
					21	29	80	100		1	9	
合计	—	279		36	—	—	260	280	107.7	25	225	6

按表8-2中的资料，从总收入量看，实际收入量为计划收入量的107.7%（280/260×100%），应该能保证本月施工的需要，但从进货的时间看，并非如此。

月初库存水泥36t，只能满足36/9＝4d的需要，而第一批进货的时间是本月8日，比计划进货日期拖延了5d，致使停工待料4d。8日收到第一批水泥90t，从9日起可以满足90/9＝10d的需要，但第二批进货是在20日，致使19日、20日又停工待料2d。从21日起可满足90/9＝10d的需要。29日收到第三批水泥100t，可保证11d的需要，但本月只剩下1d，实际上只保证了本月1d的需要。所以，本月连同月初库存的36t在内，对本月施工有效的只有225t，29日到货100t中的91t对本月施工失去了保证意义，只是作为下月的库存。由此可见，本月实际进货280t，但对保证本月施工需要的数量只有225t（包括月初库存的36t），从天数看只有25d，由于进货不及时而有6d停工待料。

这个例子仅说明某一种材料的供应对建筑施工的保证程度，其他材料也可依此方法进行分析，在实际施工中，各种材料的进货时间、数量与计划要求很难做到完全一致，因而会出现由于某一种材料未按计划的时间与数量进货而造成停工。如砌筑墙体，必须同时具备一定数量的砖、砂、水泥和石灰等材料才能顺利进行，缺一不可。因此，还需要综合研究各种材料需要量计划的执行情况，以便了解对建筑施工的保证程度。

以上的例子说明组织好材料进货的及时性是材料管理中很重要的一环。

第二节　建筑企业材料消耗量与储存量统计

一、建筑企业材料消耗量统计

建筑产品的生产过程，也是建筑材料的消耗过程。在施工生产中，合理使用材料，努力降低消耗，直接关系到建筑产品成本的降低和经济效益的提高，同时，也意味着以同等数量的材料可以完成更多的工程任务。所以统计建筑材料的消耗量，了解材料的使用情况与节约状况，发现材料使用中存在的问题，努力做到既增产又节约，是建筑材料统计中的一项主要内容。

（一）建筑材料消费量

建筑材料消费量是指报告期内企业实际消费的全部材料数量，包括产品生产、经营维修、技术更新改造以及科学试验等耗用的材料。它是编制材料供应和分配计划，签定材料供销合同，核算材料需求总量，分析研究供求之间变化的主要依据。其统计口径与计算方法，以企业为对象，与全社会的物资统计对口。

（二）建筑材料消耗量

建筑材料消耗量是指报告期内实际耗用于建筑产品生产过程中的全部材料数量，包括建筑工程直接耗用的材料、现场临时设施、预制建筑构件、非标准设备制造等所耗用的材料。它是编制和检查材料消耗计划，核算单位产品消耗水平，考核材料消耗定额执行情况与节约使用材料状况的依据，其统计口径与计算方法，以产品为对象，与建筑业统计要求对口。

（三）建筑材料消耗量的计算

建筑材料的消耗过程就是指将建筑材料投入施工生产活动，形成房屋建筑和土木建筑工程以及为建筑施工服务的其他生产的过程，因此，建筑材料的消耗量应以材料投入建筑产品生产中的第一道施工工序为准，即凡投入第一道施工工序，开始改变其原来形状或性能，或者不改变形态或性能但已投入使用，构成建筑工程实体的材料（如砖、瓦、建筑五金等），都作为材料消耗量计算。

在计算材料消耗量时，应注意以下几个问题：

（1）计算材料消耗量，必须以产品（单位工程建设项目）为对象，其计算范围包括：房屋建筑和土木建筑工程直接消耗的材料；为本企业承包工程加工制作金属结构、预制构件和非标准设备等所耗用的材料；为现场施工服务的暂设工程和临时设施所耗用的材料；现场仓库保管、场内运输和操作过程中所损耗的材料。但不包括施工工具、施工机械维修等耗用的材料及施工现场以外储运过程中损耗的材料。

（2）不能以领料量代替消耗量。已办理了领料手续，实际已领出的材料，有的投入了施工，有的仍堆在施工现场或仓库。这些未投入施工生产的存放在现场的材料，应算作库存量，不能计入消耗量。

（3）在施工中可以重复使用的材料，如模板、脚手架等。在第一次投入使用时计入消耗量，以后回收使用的不再统计其消耗量。但这类材料消耗量的计算，可以根据不同的计算目的区别对待。如果是为了计算单位消耗水平，分析建筑产品成本中的材料消耗，应该与施工预算对口，按照其周转次数分摊计算。向外单位租赁使用的模板和架设工具，只支付租赁费，不计算消耗量。

（4）需要加工改制后使用的材料，如钢材的成型、原木加工为锯材等，按其改制后是否需要重新入库办理领料手续为标准，需要重新入库的，领料改制时不算为消耗量，不再入库的，领料改制时就算为消耗量。

（5）用于返工工程的材料，应计入消耗量中。

根据建筑企业生产的特点和材料的性质，以及便于材料的领用和管理，在计算材料消耗量时，可用下列几种方法：

1）根据领料单直接计算消耗量。为了正确核算材料消耗数量，领发材料要办理必要的手续，即按照规定填制领料单。领料单是一种有效的领料凭证，期末按品种汇总领用总数量，然后减退料的数量，就是报告期材料的消耗量。其计算公式为：

报告期材料消耗量＝报告期领料数量－期末退料数量　　　　　　　　　　　(8-2)

这种方法适用于建筑材料管理制度比较健全的企业，按期末现场盘点和领、退料原始凭证进行计算，较为贵重的如材料钢材、五金配件、电焊条等，通常存放在工地仓库，管理较为严格，一般都采用此法计算。

2) 根据组合材料实际耗用量和材料配合比推算消耗量。在缺乏领料退料原始记录的情况下，对由多种材料组合的砂浆、混凝土和结构件等，如果掌握有组合材料耗用量的原始记录，可根据组合材料的消耗量和配合比推断各种材料的消耗量。其计算公式为：

组合材料中的某种材料消耗量＝组合材料的耗用量×某种材料的配合比　　　(8-3)

这种方法简便易行，但其准确性取决于配料的正确程度和组合材料记录的可靠程度。因此，在施工中应严格按规定的配合比投料，并认真做好组合材料消耗量的原始记录工作。

3) 根据平衡法推算材料消耗量。在建筑材料中，砖、瓦、砂、石等大宗材料，需要在施工现场按部位供应，随用随取，不便于进行多次的领退料手续，计算其消耗量时就可以以原始帐目为依据，按期初库存、期中收入和拨出，以及期末期初之间的数量关系，推算出报告期的材料消耗量。其计算公式为：

报告期材料消耗量＝期初库存量＋期中收入量－期中借出或拨出量－期末库存量

(8-4)

这种方法减少了领退料的核算手续，计算简便，但其消耗量正确与否，取决于材料收入量与库量的准确程度。因没有考虑在堆放过程中的自然损耗、丢失等因素，或将收入短缺、丢失材料计入材料消耗量，致使计算的数字欠精确。

二、建筑企业材料的储存量统计

建筑施工生产活动是连续不断地进行的，但材料的供应一般是分批进行的，各批之间有一定的时间间隔，因此，必须有一定的材料储备才能解决建筑生产的连续性与建筑材料供应的间隔性之间的矛盾。同时，建筑材料的储备量又应有一个合理的水平，既能保证建筑施工生产活动的正常进行，又不使材料积压，影响企业资金周转。

建筑材料储备的特点是：由于生产场地流动，各工程用材料不完全相同，要求材料的储备不能超过该工程的总需要量。由于生产周期长，各阶段用材料不完全相同，则要求材料储备密切配合施工的需要，储备的先后次序和数量都应该有明确规定，避免停工待料或因储备过早而影响现场的布置。由于施工有一定季节性和不均衡性，则要求材料的储备数量要考虑季节影响所造成的不同时期的需要。由于工地材料供应地点远近不同，运输条件不一，则要求材料储备的定额要根据具体条件而定。总之，建筑材料储备，应根据各施工项目的具体情况，考虑材料的需用量、备料场地、运输条件等，配合施工进度，分期分批备料。材料储备统计的任务是准确反映储备数量和构成，检查储备计划的执行情况，分析储备量对生产的保证程度，为合理地组织材料进货提供依据。

（一）材料库存量的计算

建筑企业材料库存量，是指企业在一定时点上（通常指报告期初、期末）实际存有的全部建筑材料数量。凡是本企业有权支配动用的某一时点实际结存的材料，不论存放在何处，都应作为本企业库存统计。因此它包括企业总库、分库、车间或工地仓库及露天场地保存的材料；包括工地、车间领去后尚未进入第一道生产工序的材料；外单位加工来料尚未消费的材料；自外单位借入并已办理入库手续，尚未消费的材料；已决定外调或上交，但尚未办理出库手续的材料；委托外单位为本企业保管的材料；不属于正常周转库存超储积压及特种储备的材料；清点盘库查出的帐外材料以及已经申请报废、但尚未批准的材料。不包括：已拨到外单位委托加工的材料；已办理出库手续借给外单位的材料；供货单位错发到本企业的材料；代外单位保管的材料（包括已办理出库手续的外调材料，对方尚未提走或未全部提走部分）；已查实确属亏损或丢失的材料；已付货款但尚在运输途中的材料；已投入使用的工具性材料及可以回收复用的旧料；已运回到本企业但尚未办理（或尚未办完）验收入库手续的材料。

材料库存量指标有期初库存量、期末库存量和平均库存量几种。期初与期末材料库存量可以通过实际盘点法和平衡推算法来确定。

平衡推算法是根据材料购进量、库存量和消耗量的内部联系计算材料库存量的方法。其计算公式如下：

期末库存量＝期初库存量＋本期收入量－本期支出量 (8-5)

式中，本期支出量包括耗用量和调出量。

平衡推算法所取得的库存量，其正确性受收入量、支出量正确性的影响，同时也未考虑在储存过程中的损耗，因此该方法应在认真核算收入量与支出量的条件下采用，同时，隔一定时期，也须进行实际盘点，以确定储备数量。

用盘点法取得的库存量资料比平衡推算法准确，但需要花费较多的人力和物力。在实际工作中，月、季库存量统计，一般采用平衡推算法，而半年和年末库存量统计，必须以实际盘点数为准，并根据盘盈或盘亏来调整平衡推算的数字。其公式如下：

期末库存量＝期初库存量＋本期收入量－本期支出量＋盘盈或盘亏量 (8-6)

有时为了反映企业在一定时期内拥有库存材料的一般水平，需要计算平均库存材料量。可以根据所掌握的资料计算月平均材料库存量。指标计算。

$$月平均库存量 = \frac{月初库存量 + 月末库存量}{2} \quad (8-7)$$

$$某季度月平均库存量 = \frac{\frac{第一个月月初库存量}{2} + 第一个月月末库存量 + 第二个月月末库存量 + \frac{第三个月月末库存量}{2}}{3} \quad (8-8)$$

$$或某季度平均库存量 = \frac{本季三个月的平均库存量之和}{3} \quad (8-9)$$

某年平均库存量

$$\frac{\frac{1月初库存量}{2} + 1月末库存量 + 2月末库存量 + \cdots\cdots + \frac{12月末库存量}{2}}{12} \quad (8-10)$$

库存量指标，按不同情况可用实物量和货币量来表示。单项材料一般用实物量表示，核算多种材料库存量时则用货币量来表示，即Σ（某一材料数量×材料预算价格）。

（二）建筑材料储备定额

材料储备一般分为正常储备、保险储备和季节储备。材料储备定额通常以对生产需要的保证天数来表示。

正常储备是指保证生产正常进行的需要而必须保持的材料储备水平，也就是指在前后两次供货之间的时期中为保证生产正常进行所需要的材料储备的数量。正常储备定额是根据储备天数和平均每天消耗量来确定的。

材料正常储备定额＝平均每天材料需要量×储备天数 (8-11)

储备天数根据两次供货的间隔天数来确定。

正常储备日数＝材料采购间隔日数＋材料在途日数＋材料验收整理日数 (8-12)

平均每天需要量是根据材料需要量除以天数来确定。

保险储备是指在材料供应中发生了意外的情况而能供应生产需要的储备数量，它一般是不准动用的。保险储备量一般是根据材料供应超出正常供应期的实际记录来确定的。保险储备又称为最低储备。保险储备加正常储备等于最高储备。当某些材料储备超过最高储备是材料积压开始的信号；低于最低储备，是供应即将中断的信号。

季节储备是保证某些生产有季节性的材料能正常供应生产需要的材料储备量。季节性储备是根据季节的长短与每天的平均需要量来确定的。

以上三种储备之和，就是企业材料的储备定额。

（三）建筑材料储备定额执行情况的检查

为了防止材料的积压或不足，保证生产的需要，加速资金周转，企业必须经常检查材料储备定额的执行情况，分析是否有超储或不足的现象。

检查储备定额的方法，通常是计算实际储备量对生产的保证天数，再与定额（日数）对比观察其差别程度，亦可用实际储备量与定额储备量对比来观察其差别程度。

材料储备对生产的保证程度指标，一般用保证天数表示。

$$实际储备对生产的保证天数 = \frac{材料储备量}{日平均材料消耗量} \qquad (8-13)$$

日平均材料消耗量是根据工程进度计划来确定的。

$$材料储备定额执行情况 = \frac{实际储备对生产的保证天数}{定额储备天数} \times 100\% \qquad (8-14)$$

或者：

$$材料储备定额执行情况 = \frac{实际材料储备量}{定额储备量} \times 100\% \qquad (8-15)$$

在分析是否超储时，以最高储备定额为依据。相反，分析材料不足时，应以最低储备定额为依据。

当某些材料超储或已动用了保险储备时，应结合具体情况，进一步分析超储或低储的原因。

第三节　建筑企业材料消耗定额执行情况统计

一、建筑企业材料消耗定额的种类和用途

使用建筑材料必须注意节约，克服浪费，这是每个企业的一项重要任务。节约使用建筑材料，可以在不增加材料支出的条件下增加产量，降低工程成本。为了了解材料使用情况，不能只统计材料消耗的总量，而应检查建筑材料消耗定额执行情况，即进行材料消耗定额统计。其任务就是检查定额完成情况，及时发现问题，总结经验，推动定额的贯彻执行，并为不断修改材料消耗定额提供依据。

建筑材料消耗定额是指在合理和节约的原则下，完成一定数量的建筑产品或工程必需

耗用的材料数量。它是合理、节约和高效使用材料、降低材料消耗的基本标准和基本依据，它是企业编制计划的基础。是确定工程造价的依据，又是企业搞好经济核算的基础，同时，它还是企业推行经济责任制，提高生产管理水平的手段。

建筑材料消耗定额的种类一般有三种。

（一）单位价值量材料消耗定额

单位价值量材料消耗定额就是指完成每万元建筑业产值所需消耗的材料数量，也称"万元消耗定额"，如平均完成一万元产值需要的钢材、木材、水泥等材料的数量。这项指标在大量观察的基础上框算的材料需要量，作为向有关部门申请材料指标的依据。但由于建筑产品的结构及材料品种、规格各异，故计算起来准确性较差。

（二）单位建筑面积材料消耗定额

单位建筑面积材料消耗定额就是指完成每平方米或每百平方米建筑面积所需材料消耗量，如按房屋结构和楼层计算的每平方米建筑面积耗用的水泥、钢材、木材等数量。由于这种计算方法是根据房屋或构筑物的不同用途和不同结构的工程计算的，比万元产值消耗定额较为准确，故通常用它来框算材料需用量，作为编制年度材料计划的依据。

（三）单位实物工程量材料消耗定额

单位实物工程量材料消耗定额就是指完成单位实物工程量，如浇灌 $10m^3$ 混凝土柱、梁，砌 $10m^3$ 砖基础等所需消耗的材料量。这种消耗定额是以分部分项工程按不同设计要求规定的，准确性较高，可作为编制施工图预算计算各种所需材料的依据。

二、建筑企业材料消耗定额执行情况统计

材料消耗定额可以考核工程建设使用材料是节约还是浪费。其检查的方法与所使用的材料消耗定额是对应的，可以有以下几种方法。

（一）单位价值量消耗定额的执行情况检查分析

以消耗了的各种主要材料数量除以完成的工作量，求得平均每万元建筑工程消耗该种材料的数量，再与定额比较可求得定额指数，还可以计算每万元建筑工程节约（或超支）该种材料的绝对数以及节约（或超支）的总数量。其计算公式有：

$$每万元建筑工程某种材料实际消耗量 = \frac{报告期某种材料实际消耗量}{报告期完成的工作量（万元）} \tag{8-16}$$

$$万元定额指数 = \frac{每万元建筑工程某种材料实际消耗量}{该种材料万元消耗定额} \times 100\% \tag{8-17}$$

$$\begin{matrix}每万元建筑工程\\某种材料节约（-）\\或超支（+）量\end{matrix} = \begin{matrix}每万元建筑工\\程某种材料\\实际消耗量\end{matrix} - \begin{matrix}每万元建筑工\\程该种材料\\消耗定额\end{matrix} \tag{8-18}$$

按价值单位制定的材料消耗定额综合性强，但易受地区材料价格、运输费、所取费率高低和工程结构的影响，使不同工程的消耗水平差距较大，因此，一般只在较大的范围对同类工程应用。

（二）建筑面积材料消耗定额的执行情况检查分析

以各单位工程各种材料的实际消耗量除以所完成的建筑面积，得到每平方米建筑面积每种材料的实际消耗量，再与相应的定额比较求得该种材料的定额指数，进而计算该种材料的超支或节约的具体数量。其计算公式为：

$$\text{每 1m}^2 \text{建筑面积某种材料实际消耗量} = \frac{\text{报告期某种材料实际消耗总量}}{\text{报告期所完成的建筑面积}} \tag{8-19}$$

$$\text{定额指数} = \frac{\text{每 1m}^2 \text{建筑面积某种材料实际消耗量}}{\text{每 1m}^2 \text{建筑面积某种材料消耗定额}} \times 100\% \tag{8-20}$$

$$\text{每 1m}^2 \text{建筑面积某种材料节约}(-)\text{或超支}(+)\text{量} = \text{每 1m}^2 \text{建筑面积某种材料实际消耗量} - \text{每 1m}^2 \text{建筑面积某种材料消耗定额} \tag{8-21}$$

(三) 单位实物工程量材料消耗定额执行情况检查分析

单位实物工程量材料消耗比较复杂,考核其定额执行情况分三种情况:

1. 一种材料用于一个分部分项工程

其考核方法是以完成某分部分项工程该种材料实际消耗总量与定额总量对比求得定额指数。其公式为:

$$\text{定额指数} = \frac{\text{某种材料实际消耗总量}}{\text{定额消耗总量}} \times 100\% \tag{8-22}$$

$$\text{或者,定额指数} = \frac{\text{某种材料实际单耗}}{\text{定额单耗}} \times 100\% \tag{8-23}$$

还可以计算由于单耗降低(或升高)而节约(或浪费)的材料量,其计算公式为:

$$\text{材料节约}(-)\text{或超支}(+)\text{量} = (\text{实际单耗} - \text{定额单耗}) \times \text{完成的工程量} \tag{8-24}$$

2. 一种材料用于多个分部分项工程

其考核方法是分别按各个分部分项工程的完成量和材料消耗定额进行加权,计算出该种材料的定额用量,再与该种材料实际消耗量对比求得定额指数。其计算公式:

$$\text{定额指数} = \frac{\text{各分部分项工程某种材料实际消耗量}}{\Sigma(\text{某种材料消耗定额})} \times 100\% \tag{8-25}$$

3. 多种材料用于一个单位工程

除需分别考核各种材料消耗定额的执行情况外,还应以一个单位工程为总体,综合说明多种材料消耗定额的执行情况。工程实体是由多种建筑材料构成,各种材料的计量单位不同,物理化学性能亦不一致,不能直接相加计算。因此需要用预算价格作为同度量因素,将定额消耗和实际消耗量分别乘以预算价格,得到材料费用后,相加进行对比计算。其计算公式为:

$$\text{定额指数} = \frac{\Sigma(\text{各种材料实际消耗量} \times \text{相应材料预算价格})}{\Sigma(\text{各种材料定额消耗量} \times \text{相应材料预算价格})} \times 100\%$$

$$= \frac{\text{按预算价格计算的实际消耗材料费用总额}}{\text{按预算价格计算的定额消耗材料费用总额}} \times 100\% \tag{8-26}$$

三、单位工程材料消耗统计

单位工程材料消耗,简称"单耗",是说明单位工程平均耗用的材料数量,其计算公式为:

$$\text{单位工程消耗量} = \frac{\text{用于某项工程的材料总消耗量}}{\text{某项工程的完成工程量}} \tag{8-27}$$

单耗愈低,说明材料利用程度愈高,反之,则说明材料的利用程度愈低。

要正确计算单耗,必须明确工程量和材料消耗的内容,并且保持两者相适应。计算时要注意:(1)在施工过程,有时会由于施工操作错误、技术指导错误等施工原因而造成返工、报废工程不应计入工程量，但其材料消耗要计入总消耗量中。如果是为了修订材料消耗定额，就不应把返工、报废工程材料消耗包括在内。（2）在施工过程中的一切不可避免的损耗应计入总消耗量中。（3）工程所需预制构件，不论是现场预制还是工厂预制，其材料消耗都要计入总消耗量中。

单位工程材料消耗可以说明某项工程材料消耗的水平。但由于各项工程功能各异，结构上也有差别。不论采用单位价值量消耗定额还是单位实物工程量消耗定额进行统计分析，对具体的一个工程来说，都是有差别的。因此，对单位工程材料消耗的统计、分析，应着重于其预算用量与实际用量的对比分析。它是进行材料成本分析的基础。

对于一个单位工程而言，由工料分析计算的材料的预算用量是确定单位工程材料预算成本的基础。材料的实际消耗是确定单位工程材料实际成本的基础，二者对比，可以分析单位工程材料的节约或超支的数量。

影响单位工程材料成本的另一个因素是材料价格。可运用两因素分析法分别计算因材料价格变化和因材料消耗数量变动对材料费（材料成本）的影响程度。可按下列公式计算：

$$\text{因材料价格变动对材料费的影响} = (\text{材料实际单价} - \text{材料预算单价}) \times \text{材料预算用量} \quad (8-28)$$

$$\text{因材料消耗数量变动对材料费的影响} = (\text{材料实际用量} - \text{材料预算用量}) \times \text{材料预算价格} \quad (8-29)$$

对单位工程的材料成本分析，可用下式：

材料成本节约（－）或超支（＋）＝材料实际成本－材料预算成本

＝材料实际用量×材料实际单价－材料预算用量×材料预算单价 　　(8-30)

材料成本节约＝材料实际用量×（预算单价－实际单价）＋（材料预算用量－材料实际用量）×材料预算单价 　　(8-31)

第四节　建筑企业能源统计

一、建筑企业能源统计的意义

能源是发展国民经济的重要物质基础。节约和开发能源在国民经济建设中具有战略意义。在建筑企业施工生产活动中，电力、煤炭、成品油等也是材料，应在"原材料、能源消费与库存统计"栏目中进行统计。但它们不构成建筑产品（工程）实体，为便于研究这种能产生能量的物质消耗情况，我们单独对能源进行统计分析。

（一）能源的概念和分类

能源是指能产生热能、电能、光能和机械能等各种形式能量的自然资源和物质资料。为便于对能源进行统计和进行全面研究，可按不同的标志对其进行分类。

能源按其性质可分为矿物能源和非矿物能源。矿物能源有煤炭、石油、天然气、铀等，这类能源经过燃烧或利用就会失去其原有的实物形态，不能再生，而且污染较大。非矿物能源包括水能、生物能、太阳能、汛能、潮汐能、地热能等，这类能源消费了还可以再生，一般没有污染或污染不大。

能源按其形成过程，可分为一次能源和二次能源。一次能源又称天然能源或初级能源，是在自然界中以天然实物形态存在的，没有经过加工或转换的能源，如原煤、原油、油母页岩、天然气、植物燃料、水能、风能、太阳能、地热能、潮汐能、核能等。二次能源又称人工能源，是由一次能源经过加工转换而得到的能源，如焦炭、煤气、汽油、煤油、柴油、重油、电力、蒸汽等。一次能源又可分为再生能源和非再生能源。其中非再生能源是我国现阶段能源消费的主要对象。

能源按其使用的技术状况，可分为常规能源和新能源。常规能源是指在目前科学技术条件下已广泛使用的能源，如煤炭、石油、电力、天然气等。新能源是指正在研究开发，尚未广泛利用的能源，如太阳能、核能、潮汐能、地热能等。

为了研究的需要，还可以将能源按其他标志分类，如按能源的商品性不同分为商品能源和非商品能源；按能源的可燃性不同分为燃料能源和非燃料能源等。

（二）能源的计量单位

能源的种类很多，各种能源实物量计量单位也不同。能源通常采用符合于各种能源的物理化学性能、外观特征和经济用途的实物单位来计量，如煤炭、原油用吨计量，天然气、煤气按立方米计量，电力按千瓦小时计量等等。

由于各种能源的实物单位和单位能源提供的能量不尽相同，为了反映能源总量及其使用价值，满足研究能源问题的需要，对能源还需要采用标准实物量计量。根据各种能源都有一定热值（发热量）的共性，可以把不同种类的能源折算为同一热值的标准能源量。通常有油当量、煤当量、电当量等几种标准能源折算度量单位。我国能源消费以煤为主，确定以每千克热值为 7000 大卡（29307.6kJ）的煤作为标准煤，各种能源均按此折算。各种能源折成标准煤的折算系数为：

$$折标准煤系数 = \frac{某种能源每千克平均低位发热值}{每千克标准煤热值} \qquad (8-32)$$

其中低位发热值是指燃料经完全燃烧时，其燃烧物中的水蒸汽仍以气态存在时的反映热。它不包括燃烧中生成的水蒸汽放出的凝结热。因为水蒸汽的凝结热难以被利用，所以我国规定燃料的热值统一按低位发热值计算。

能源的折算，原则上按实测的各种能源的实际热值进行计算，但在实际工作中，如果企业实测确有困难，可参照国家制定的《各种能源折算系数》进行折算。

电力折算标准煤，除按上述当量热值折算外，还可以按等价热值折算，即按每生产 1 千瓦小时电需要消耗的标准煤量折算。在实际工作中究竟采用哪种折算方法，要根据说明问题的需要来确定。

（三）建筑能源统计的意义

能源在全世界都是短缺的物质资源。我国能源问题更加突出，已经成为制约国民经济发展的瓶颈。建国 30 年来，社会总产品增长 5.5 倍，能源消费量就增长近 10 倍。近年来，我国政府已把解决能源问题作为经济建设的战略重点，但除了大力发展能源的开发外，在能源消费上的节约挖潜，降低消耗也是十分重要的一环。

长期以来，我国经济建设工作中对能源的重视不够，对能源统计工作就更谈不上了。建筑能源统计亦是如此，这就使得对建筑能源的统计对象不明确，统计范围不全，指标体系没有建立,统计资料残缺不全,使国民经济计划和有关方针、政策不能发挥应有的作用。因此,应加强建筑能源统计,促使每个企业都能充分利用能源,厉行节约,杜绝浪费,努力提高能源消费的经济效益。同时,通过统计分析,充分发挥统计的认识功能和服务功能,实现其统计咨询与统计监督作用,使国家的有关方针、政策发挥其应有的作用。

二、建筑企业能源消耗指标计算

建筑能源消耗指标分两类,一类是能源消耗量指标;另一类是能源消耗水平统计指标。

(一) 能源消耗量统计

能源消耗量是指建筑企业在一定时期内实际消耗的各种能源的总量。这一指标从能源实际消费角度出发,是指企业完成一定的施工生产任务所消耗的能源数量。

能源消耗量可由报告期实际消耗的数量汇总而得,或者从企业能源消费平衡表中取得相应资料,按下式计算:

$$\text{能源消耗总量} = \text{期初库存量} + \text{本期收入量} - \text{本期拨出量} + \text{能源盘盈或盘亏量} - \text{期末库存量} \tag{8-33}$$

(二) 企业能源消耗水平统计

各种能源消耗总量指标是反映企业全部活动及施工生产中能源消耗的总规模和总水平,但这些指标不能说明企业能源消耗水平的高低,为了反映企业的能源利用情况,研究能源节约情况,还应计算单位建筑面积(单位产品)能耗和万元产值能耗。

1. 单位建筑面积(单位产品)能耗

单位建筑面积能耗有两个指标,其一是单位建筑面积单项能耗;其二是单位建筑面积综合能耗。

(1) 单位建筑面积单项能耗

它是指完成单位建筑面积(通常是$100m^2$)所耗用的某种能源的数量,其计算公式为:

$$\text{每}100m^2\text{建筑面积某种能源消耗量} = \frac{\text{报告期某种能源实际消耗量}}{\text{报告期完成的建筑面积}(m^2)} \times 100 \tag{8-34}$$

(2) 单位建筑面积综合能耗

它是反映企业完成单位建筑面积(通常为$100m^2$)对各种能源消耗的总水平,表明每完成$100m^2$建筑面积平均实际消耗的各种能源数量,其计算公式为:

$$\text{每}100m^3\text{建筑面积综合能耗} = \frac{\text{报告期各种能源的总消耗量(折标准煤)}}{\text{报告期完成的建筑面积}(m^2)} \times 100 \tag{8-35}$$

2. 万元产值能耗

万元产值能耗与$100m^2$建筑面积能耗相比,综合性较强,所以对此指标只计算万元产值(或净产值)的综合能耗。这个指标是反映企业在一定时期内完成的全部工作量所消耗的各种能源的综合水平。

$$\text{万元产值综合能耗} = \frac{\text{报告期各种能源的总消耗量(折标准煤)}}{\text{报告期完成总产值(或净产值)(万元)}} \tag{8-36}$$

这个指标是评价企业能源经济效益好坏的最常用的综合指标。

表 8-3 是"企业能源平衡表"。

企 业 能 源 平 衡 表 表 8-3

| 能源名称 | 计量单位 | 年初库存量 | 本年购入（调入）量 | 本年生产量 | 本年消费量 | | | 本年销售（拨出）量 | 盘盈（＋）或盘亏（－） | 年末库存量 |
| | | | | | 合计 | 其　中 | | | | |
						用作原材料	用于加工转换其他能源			
甲	乙	1	2	3	4	5	6	7	8	9
原煤	t									
汽油	t									
柴油	t									
电	kW									
蒸汽	t									
合计	标煤(t)									

三、建筑企业能源消耗的统计分析

进行企业能源消耗统计分析，主要是反映能源供应对企业施工生产的保证完成度，研究能源消耗结构是否合理；分析单位建筑产品能耗变化和节能情况，反映企业能源消耗的经济效益。因此，能源统计分析要从能源的供需、消耗、结构和效益等几个方面进行分析，为企业加强能源管理、降低消耗、提高能源利用程度和提高企业经济效益提供依据。

（一）企业能源供需平衡分析

建筑企业使用的能源种类多种多样，而各种能源的来源和使用情况是错综复杂的。为了保证企业能源的消费，企业必须按质、按量、及时地组织各种能源的供应，同时要清楚地反映企业所使用能源的去向和转换情况，为企业能源管理提供依据。就需要编制能源平衡表进行统计分析。企业能源平衡表格式如表 8-3。

平衡表纵行为建筑企业常用能源名称，横栏按进、消、存关系分为 9 栏，其平衡关系为：

$$\frac{年初库}{存量} + \frac{本年购入}{（调入）量} + \frac{本年生}{产量} - \frac{本年消}{耗量} - \frac{本年销售}{（或拨出）量} + \frac{盘盈或}{盘亏量} = \frac{年末库}{存量} \quad (8\text{-}37)$$

（二）能源消耗情况分析

为了加强能源管理，降低工程成本，建设部原建筑管理局于 1984 年 10 月制定了《建筑工程现场施工能源消耗定额》和《建筑工程构配件生产能源消费定额》。建筑能源消耗情况的分析，可对能源消耗定额执行情况进行检查，计算能源消耗定额指数。

(1) 首先计算各种能源消耗总量指标。

(2) 计算建筑面积能源消耗定额指数。

$$\frac{100m^2\ 建筑面积}{某种能源消耗定额指数} = \frac{100m^2\ 建筑面积某种能源实耗量}{该种能源\ 100m^2\ 建筑面积消耗定额} \times 100\% \quad (8\text{-}38)$$

其中 $100m^2$ 建筑面积某种能源实耗量的计算见公式 8-34。

(3) 计算万元产值（或净产值）能源消耗定额指数

$$\text{万元产值能源消耗定额指数} = \frac{\text{报告期万元产值综合能耗}}{\text{万元产值定额综合能耗}} \times 100\% \quad (8-39)$$

其中报告期万元产值综合能耗的计算见公式 8-36。

(4) 构配件生产能源消耗定额统计分析

构配件的生产分施工现场生产与预制构件加工厂生产,其能源消耗定额是不同的。定额又按构配件制作工种不同分为混凝土预制构件制作能源消耗定额、混凝土搅拌能源消耗定额、钢筋制作能源消耗定额和钢构件、钢模板、预埋铁件制作能源消耗定额等。可分别不同情况统计其消耗的能源数量与定额相比较,检查构配件生产能源消耗定额执行情况。在实际计算时,要注意将生产能耗与生活能耗分开,甲方能耗与乙方能耗分开。

(5) 车辆单车能耗定额统计分析

建筑安装施工企业因材料、构件等的运输量大,拥有车辆较多,对汽油、柴油的消耗量也较大。因此,要对运输车辆耗油单独实行考核。考核的方法,一是用百车千米用油指标,即一台满载车平均行驶 100 千米耗油量;二是用百吨千米耗油指标,即一台车平均装 1t 货物行驶 100 千米耗油量。两个指标比较起来,第二个指标容易使汽车司机为了完成耗油定额取得节油奖而不顾车辆设备超载。由于违反车辆装载能力,容易发生交通事故,也会使车辆的维修保养费增加。这是对车辆单车耗油定额执行情况检查分析时必须注意的。

(三) 能源消耗经济效益与节能分析

经济效益是以投入与产出之比的形式表示的。能源消耗的经济效益是以尽量少的能源投入,产出更多的产品。反映能源经济效益的指标有:单位产品综合能耗、能源利用率、节能率等指标。能源经济效益分析,就是通过计算上述指标,表明企业能耗水平和能源利用情况,分析其上升或降低的原因及对企业经济效益的影响。

1. 单位产品综合能耗

单位产品综合能耗是反映企业生产的全部产品或某种产品各种能源消耗总水平的指标,它是企业能源消耗分析的核心指标。

(1) 单位产值综合能耗。单位产值综合能耗通常为万元产值能耗。在计算该指标时,分子的能源消耗量须与分母的总产值口径一致。

(2) 单位产量综合能耗。单位产量综合能耗,通常是指每 100m² 建筑面积综合能耗,用以对同类型的建筑进行比较。

2. 节能率分析

在计算能源消耗水平的基础上,可以进一步计算节能量和节能率指标,表明企业节约能源的效果。

(1) 节能量。节能量是报告期节能的绝对量指标,反映企业生产同样数量的建筑产品少消耗的能源数量。计算公式如下:

$$\text{报告期节能量} = \left(\text{报告期单位产品能源消耗量} - \text{基期单位产品能源消耗量} \right) \times \text{报告期产量} \quad (8-40)$$

上式单位产品的能源消耗量,可以用单位产品单项能耗,也可以用单位产品综合能耗。报告期产量可以用实物量表示,也可以用价值量表示,但要与前面的单位产品能源消耗量指标一致。

（2）节能率。节能率是反映能源节约的相对指标，公式如下：

$$报告期节能率 = \frac{报告期节能量}{基期单位能耗 \times 报告期产量} \times 100\% \qquad (8-41)$$

上式也可以用本期单位能耗除以上期单位能耗再减 100%，或用本期能源消耗量除以按上期单耗计算的本期能源消耗量再减 100% 计算。

第九章 建筑企业财务统计

建筑企业财务统计是对企业的财务状况和经营成果进行统计,为企业外部使用者和企业内部管理者提供可靠的财务统计数据,并根据统计数据评价企业财务状况利用各种经济效益指标做好分析工作,努力降低工程成本,提高企业经济效益。财务统计的对象是企业已经发生的或完成的经济业务,是历史的财务会计数据;财务统计的内容包括企业的资本金统计、资产和负债的统计、损益和分配的统计、工程成本的统计以及经济效益指标的统计。由于建筑产品与其他各类企业的产品相比具有固定性、多样性以及生产周期长等特点,因此,收入的确认,成本的计算,工程利润的形成都有其特定的确定方法,我们将在各节中分别进行介绍。

第一节 建筑企业资本金统计

一、资本金的概念

企业要进行经营,必须要有一定的"本钱",通俗的讲,开办企业的"本钱"就是资本金。对股份制企业来说就是股本。《企业财务通则》规定,资本金是指企业在工商行政管理部门登记的注册资金;简而言之,资本金就是注册资金。

建筑企业资本金统计的主要任务是:正确反映企业实际收到的资本金的数额,以及资本金的增减变动情况,为正确研究企业资本结构、进行筹资决策,提供可靠资料。

二、资本金的筹集

我国民法通则中明确规定,设立企业法人必须要有必要的财产。我国企业法人登记管理条例也明确规定,企业申请开立,必须具备符合国家规定并与其生产经营和服务规模相适应的资金数额。我国企业法人登记管理条例中对各类企业注册资金的最低限额明确规定:生产性公司的注册资金不得少于 30 万元,以批发业务为主的商业性公司的注册资金不得少于 50 万元,以零售业务为主的商业性公司的注册资金不得少于 30 万元,咨询服务性公司的注册资金不得少于 10 万元,其他企业法人的注册资金不得少于 3 万元,国家对企业注册资金数额有专项规定的按规定执行。

企业资本金的筹集统计就是对企业按照国家规定的手续、标准及时间进行筹集而实际收到的资本金的数额所进行的统计。

(一)企业筹集资本金方式

企业筹集资本金的方式可以多种多样,即:可以是吸收货币资金的投资,也可以是实物、无形资产等形式的投资。企业还可以发行股票筹集资本金。但无论采取何种形式,都必须遵守有关法规的规定,如有限责任公司吸收的全体投资者的货币出资不得少于企业注册资金最低限额的 50%,吸收投资者的无形资产出资不得超过企业注册资金的 20%,因情况特殊需要超过 20%的,应当经有关部门审查批准,但是最高不得超过 30%,企业不得吸收投资者的已设立有担保物权及租赁资产的出资。

（二）企业筹集资金的期限

企业资本金可以一次或分期筹集。企业筹集资本金是一次筹集还是分期筹集，应根据国家法律法规，以及合同、章程的规定来确定。如果采用一次性筹集的，应在营业执照签发之日起6个月内筹足，分期筹集的最后一期出资应当在营业执照签发之日起3年内缴清。其中，第一次筹集的投资者出资额不得低于15%，并且在营业执照签发之日起3个月内缴清。

（三）验资以及出具证明

企业筹集的资本金是否符合国家法律、法规的规定，作价是否公平合理，必须通过验资，签署验资报告。施工企业财务制度规定：企业筹集的资本金，必须聘请中国注册会计师验资并出具验资报告，由企业据以发给投资者出资证明书。

（四）资本金的管理

企业资本金在管理上施工企业财务制度明确了两方面的内容，即资本保全以及投资者对其出资所拥有的权利和承担的义务。

从资本金保全的需求看，制度规定企业筹到资本金后，在企业生产经营期间内，投资者除依法转让外，不得以任何方式抽走，法律另有规定，从其规定。

从投资者对其出资所拥有的权利和承担的责任看，制度规定，投资者按照出资比例或者合同、章程的规定，分享企业利润和分担企业风险及亏损。即企业盈利了，投资者可以获得相应的回报，分取利润。相反，企业亏损了，投资者则应分担相应的风险，即亏损。

三、资本金的构成统计

（一）资本金的构成

企业筹集的资本金，按投资主体分为国家资本金、法人资本金、个人资本金和外商资本金等。

1. 国家资本金

国家资本金为有权代表国家投资的政府部门或者机构以国有资产投入企业形成的资本金。

2. 法人资本金

法人资本金为其他法人单位以其依法可以支配的资产投入企业形成的资本金。

3. 个人资本金

个人资本金为社会个人或者本企业内部职工以个人合法财产投入企业形成的资本金。

4. 外商资本金

外商资本金为国外投资者以及我国香港、澳门和台湾地区投资者投入企业形成的资本金。

（二）资本金的变动

资本金是投资人作为资本投入到企业中的各种资产的价值。所有者向企业投入的资本，在一般情况下无需偿还，并可以长期周转使用。我国目前实行的是资本金与注册资金相一致的原则。企业实有资本金比原注册资金数额的增减超过20%时，应持资金使用证明或验资证明，向原登记机关申请变更登记。这表示，企业的资本金，在一般情况下不得随意增减。

企业增加资本金的途径主要有三条：一是将企业的资本公积转为资本金；二是将企业盈余公积转为资本金；三是所有者（包括原企业所有者和新投资者）投入资金。

（三）资本金构成统计

资本金的构成统计是对企业实际拥有的资本金按其投资主体的不同，对各投资者在企业全部资本金所占比例进行统计。从而确定投资者对该企业所实际拥有的权利。例如：某企业年末资本金合计数为1000万元，其中国家资本金600万元，法人资本金300万元，个人资本金100万元，那么各自所占比例分别为60%、30%和10%，由此可见国家投资占60%，即国家对企业拥有实际的控制权（控股权）。

第二节　建筑企业资产和负债统计

一、建筑企业资产概述

资产，指企业拥有或者控制的能以货币计量的经济资源，包括各种财产、债务和其他权利。它们是企业从事生产经营的物质基础，并以各种具体形态分布或占用在生产经营过程的不同方面，按其流动性通常可分为流动资产、长期投资、固定资产、无形资产、递延资产和其他资产。

建筑企业资产统计是对企业某一时点资产全部占有量的统计，不论其各种资产以何种形态（有形、无形）占用，对资产的统计都是以货币来计算的。因此，资产总额反映的是企业期末（月末、季末、年末）所拥有的资产总量，其数据可以直接从财务部门的会计报表中取得。具体讲，就是"资产负债表"。资产总额可以说明一个企业规模的大小，各种资产的占有比例，又可以说明企业资产的构成情况，以及各项资产的变现能力、偿债能力等。

二、流动资产统计

（一）流动资产的概念及特征

流动资产是指在一年内或超过一年的一个营业周期内变现或者运用的资产。包括货币资金、短期投资、应收及预付款项、存货等。流动资产具有以下特征：

（1）不断改变其形态。企业的生产经营过程中，其货币资金通过购买过程、转化为各种材料，材料通过施工过程，又转化为在建工程，在建工程完工后通过结算收回工程款，最后又形成货币资金。流动资产在企业生产经营过程中，是不断改变其形态的。

（2）周转速度快。企业流动资产从货币资金投入施工开始运行，到收回价款还原为货币资金，完成这个周转过程所需时间较短，其周转速度快于其他资产的周转速度。

（3）变现能力强。除货币资金本身外，企业持有的各种有价证券、股票能够随时上市出售，应收的各种款项可以到期收回，库存的产成品可以上市销售，多余的材料可以随时上市转让等。企业的流动资产具有较强的变现能力。

（4）属于有形资产。企业的流动资产具有实物形态，是一种有形资产，不同于企业拥有的不具有实物形态的专利权、商标权等资产，这些资产属于无形资产。

（二）流动资产的种类

建筑企业的流动资产一般分为四类。

（1）货币资金。是指企业在生产经营活动中，处于货币形态的那部分资金。包括现金、银行存款和其他货币资金，而其他货币资金又包括企业的外埠存款、银行汇票存款、银行本票存款和在途货币资金等。

（2）短期投资。是指企业购入的各种能够随时变现、持有时间不超过一年的有价证券以及不超过一年的其他投资，包括各种股票、债券等。

（3）应收及预付款项。是指企业在生产经营过程中，由于销售或购买产品、劳务时应收或预付其他单位或个人的各种款项。包括应收帐款（应收工程款、应收销货款）、其他应收款、应收票据、待摊费用、预付帐款（预付分包工程款、预付分包备料款、预付购货款）等。

（4）存货。是指企业在生产经营过程中为销售或耗用而储备的物资。包括主要材料、其他材料、周转材料、低值易耗品、机械配件、在建工程、在产品、产成品、结构件等。

（三）流动资产的统计

流动资产统计是将企业期末流动资产占有数量以货币形式反映的实际金额数进行统计。其数据可以直接从财务部门的"资产负债表"中取得。通过对流动资产的统计，可以得到企业全部流动资产在某一期末的价值总量；通过对流动资产的某一项目的统计，可以得到这一项目的期末占用量，以及这一项目占总量的比例，借以分析流动资产总量与分量的关系，及占用结构的情况等。

【例1】 某企业某年12月31日的流动资产占用情况如表9-1，试进行分析。

表 9-1

指标名称	代码	本年实际（元）
流动资产合计	04	10000000
其中：货币资金	70	3000000
应收帐款	71	500000
存货	05	5000000
其中：再建工程	07	800000

表9-1的说明：表中各项其中数相加不等于流动资产合计数；表中"其中"数只是流动资产的一部分主要项目，除此之外还有应收票据、其他应收款、待摊费用等。

分析如下：（1）以流动资产合计数为总量，各项占用情况为：货币资金占30%；应收帐款占5%；存货占50%；其他项目占15%。

（2）对各项目占用比例分析如下：

1）货币资金存量300万元。从企业使用资金角度看，存量大使用起来方便；但从另一方面看，过大的存款额说明企业货币资金的沉淀，没有得到充分的利用。

2）应收帐款占用50万元，是企业的债权，所占比例为5%，说明收款情况较好，应收帐款数额少，可以减少坏帐损失的发生。

3）存货占用500万元，占流动资产的50%，说明占用量过大，存货中的在建工程仅占80万元，说明除在建工程以外的其他项目占用量过大，可能为库存材料、结构件等项目提前购入,存量过大,库存积压等原因,需要进一步分析。

三、固定资产统计

(一) 固定资产的概念和特征

固定资产是指使用期限超过一年的房屋及建筑物、机器、机械、运输工具以及其他与生产经营有关的设备、器具等。不属于生产经营主要设备的物品、单位价值在2000元以上、并且使用期限超过两年的,也应作为固定资产。

固定资产有以下特征:

(1) 使用期限长。固定资产的使用期限少则一年、一般十几年,能在多个生产经营周期内发挥作用。

(2) 保持原有实物形态。固定资产可以多次参加生产过程,但仍然保持原有实物形态不变,不因磨损而消失。

(3) 价值逐渐转移。固定资产在使用过程中,其价值随着固定资产的磨损逐渐分次转移到成本、费用中去。

(4) 不以出售为目的。企业的固定资产是用于生产经营活动,而不是为了出售。如果购入物品的目的是为了销售,则不能作为固定资产管理。

(二) 固定资产的分类

固定资产按其经济用途和使用情况分为以下七类:

(1) 生产用固定资产。指直接服务于生产经营过程的固定资产。包括:

1) 房屋:指施工生产单位和行政管理部门使用的房屋,如厂房、办公楼、工人休息室等。与房屋不可分割的各种附属设备,如水、暖、卫、通风、电梯等设备,其价值均应包括在房屋价值之内。

2) 建筑物:指除房屋以外的其他建筑物。如水塔、蓄水池、储油罐、企业的道路、围墙停车场、铁路等。

3) 施工机械:指施工用的各种机械。如起重机械、挖掘机械、土方铲运机械、凿岩机械、基础及凿井机械、筑路机械、钢筋混凝土机械等。

4) 运输设备:指运载货物用的各种运输工具。如铁路运输用的机车,水路运输用的船舶,公路运输用的汽车、兽力车等。

5) 生产设备:指加工、维修用的各种机器设备。如木工加工设备、金属切削设备、锻压设备、焊接及切割设备、铸造及热处理设备、动力设备、传导设备等。

6) 仪器及实验设备:指对材料、工艺、产品进行研究试验用的各类仪器设备。如计量用的精密天平,测绘用的经纬仪,水准仪、探伤用的探伤仪,以及材料试验用的各种试验机、白金坩埚、高压釜等。

7) 其他生产使用的固定资产:指不属于以上各类的生产用固定资产。如消防用具、办公用具,以及行政管理用的汽车、电话总机等。

(2) 非生产用固定资产:指非生产单位使用的各种固定资产。如职工宿舍、招待所、医院学校、幼儿园、托儿所、俱乐部、食堂、浴室等单位所使用的房屋、设备、器具等。

(3) 租出固定资产:指出租给外单位使用的多余、闲置的固定资产。

(4) 未使用固定资产:指尚未使用的新增固定资产,调入尚待安装的固定资产,进行改建、扩建的固定资产，以及长期停止使用的固定资产。

（5）不需用固定资产：指本企业目前和今后都不需用，准备处理的固定资产。

（6）融资租入固定资产：指企业以融资租赁方式租入的施工机械、机器设备、运输设备、生产设备等固定资产。

（7）土地：指按规定已经估价单独入帐的土地。

按照固定资产的类别，对各类固定资产、以及所占比例进行统计，分析企业固定资产构成是否合理。

（三）固定资产价值的统计

固定资产的主要特征是可供长期使用，并在使用过程中保持原有的实物形态不变。然而，固定资产的价值都在使用过程中随着固定资产磨损而逐渐减少。这部分逐步转移到企业生产经营费用中去的价值，即为固定资产折旧，折旧体现着企业固定资产的消耗。因此，对固定资产进行统计时，需要对"固定资产原价"、"累计折旧"和"固定资产净值"三个指标进行统计，以便全面地、正确地反映固定资产的总量价值水平。

1. 固定资产原价

指企业为获得某项固定资产所实际发生的全部支出。由于固定资产来源渠道不同，固定资产的原始价值的构成也不同。

（1）购入的固定资产。按照买价加上支付的运输费、保险费、包装费、安装调试费和缴纳的税金计价。

（2）自行建造的固定资产。按照建造过程中实际发生的全部支出计价。

（3）在原有固定资产基础上进行改建、扩建的固定资产。按照固定资产原价加上改、扩建发生的支出减去改、扩建过程中发生的固定资产变价收入后的余额计价。

（4）投资者投入的固定资产。按照评估确认或者合同、协议约定的价值计价。

（5）融资租入的固定资产。按照租赁协议或者合同确定的价款加上运输费、保险费、安装调试费等计价。

（6）接受捐赠的固定资产。按照发票帐单所列金额（无发票帐单的，按照同类设备市价）加上由企业负担的运输费、保险费、税金、安装调试费等计价。

（7）盘盈固定资产。按照同类固定资产的重置完全价值计价。

固定资产原价是按每一项固定资产确定的，各单项固定资产原价之和，就构成企业全部固定资产的原价总额，根据财务部门"资产负债表"资产项目中"固定资产原价"的期末数填列。统计固定资产原价，可以说明企业占有固定资产的总规模。

2. 固定资产折旧

（1）固定资产折旧的概念。固定资产的一个主要特征是能够连续在若干个生产周期内发挥作用，并保持其原有的实物形态，而其价值是随着固定的磨损逐渐转移到产品中去，这部分转移到产品成本中的固定资产价值，就是固定资产折旧。正确计算和计提折旧，不仅是正确计算建筑产品成本的一个前提条件，也是保证固定资产再生产正常进行的重要措施。

（2）固定资产折旧的方法。企业计提固定资产折旧一般采用平均年限法和工作量法。技术进步较快或使用寿命受工作环境影响较大的施工机械和运输设备，经财政部批准，可采用双倍余额递减法或年数总和法计提折旧。

企业固定资产折旧，从固定资产投入使用月份的次月起，按月计提。停止使用的固定资产,从停用月份的次月起,停止计提折旧。提足折旧的逾龄固定资产不再计提折旧。

(3) 固定资产折旧的统计

企业的固定资产按照规定的范围和计提方法,按期计提折旧并计入成本、费用。固定资产折旧的统计就是对这些已计提的折旧数额进行统计,包括本年计提折旧额的统计和固定资产累计折旧额的统计。本年计提折旧根据财务部门"固定资产明细表"有关项目填列,累计折旧根据"资产负债表"资产项目中"累计折旧"期末数填列。

3. 固定资产净值。

又称折余价值,是固定资产原价减去已提折旧后的余额,反映固定资产现存帐面价值。统计固定资产净值,主要是为了与原价对比说明固定资产的新旧程度,也是安排企业固定资产更新计划的依据。

【例2】 某企业固定资产原值为1000万元,累计折旧300万元则净值为700万元,求固定资产新度系数

【解】 固定资产新度系数 $=\dfrac{700}{1000}=0.70$

该系数说明企业设备比较新,设备能力较强。如果原值为1000万元,累计折旧550万元,则净值为450万元,则固定资产新度系数 $=\dfrac{450}{1000}=0.45$,说明该企业设备比较陈旧,设备能力较差需要及时更新,购置新设备,满足生产的需要。

四、无形资产和其他资产的统计

(一) 无形资产的概念和特征

无形资产是指企业长期使用,但没有实物形态的资产。是企业拥有的一种特别权力。主要包括:专利权、商标权、著作权、土地使用权、非专利技术、商誉等,它具有以下特点:

一是不存在实物形态;二是有偿取得的;三是可以在许多会计期间为企业提供经济效益;四是所提供的未来经济效益具有很大的不确定性。

(二) 无形资产的统计

1. 无形资产的计价

无形资产按取得时的实际成本计价。

投资者做为资本金或者合作条件投入的,按照评估确认或者合同、协议约定的金额计价。

购入的,按照实际支付价款支付。

自行开发并且依法申请取得的,按照开发过程中实际支出计价。

接受捐赠的,按照发票帐单所列金额或者同类无形资产市价计价。

除企业合并外,商誉不得作价入帐,非专利技术和商誉的计价,应当经法律评估机构评估确认。

2. 无形资产的摊销

无形资产从受益之日起,在有效使用期限内平均摊入管理费用。

有效期限的确定原则:

法律和合同或者企业申请书分别规定有法定有效期限和受益年限的,按照两者孰短的原则确定。

法律没有规定有效期限,企业合同或者申请书中规定受益年限的,按照合同或者企业

申请书规定的受益年限确定。

法律和合同或者企业申请书均未规定法定有效期限或者受益年限的,按照不少于10年的期限确定。

无形资产是企业总资产的组成部分,与有形资产一样,无形资产也有一定的使用期限,在无形资产的有效期内,其价值是逐渐转移的,根据配比原则,无形资产的价值应分期摊销,其摊销额冲减无形资产的帐面价值。无形资产的统计为无形资产的入帐价值减去摊销额的价值,即"尚未摊销的无形资产价值"。

（三）其他资产的统计

1. 其他资产的范围

建筑企业的其他资产,是指除固定资产、流动资产、无形资产、递延资产以外的各项资产。包括临时设施、特种储备物资、银行冻结存款、冻结物资、涉及诉讼中的财产。

（1）临时设施。是指企业为保证施工和管理进行建造的各种简易设施,它包括现场临时作业棚、机具棚、材料库、办公室、休息室、厕所、化灰池、储水池、沥青锅灶等设施;临时铁路专用线、轻便铁路、临时道路、围墙、临时给排水、供电、供热等设施;临时简易周转房;以及现场临时搭建的职工宿舍、食堂、浴室、医务室、理发室、托儿所等临时性福利设施。临时设施以建造时发生的实际支出计价。实际支出包括建造临时设施发生的土地使用及拆迁补偿费、材料费、人工费、机械使用费、其他直接费和分担的间接成本费用。

临时设施按工程受益期限分期摊入工程成本,报废清理回收的残值扣除清理费用后列作营业外支出。

（2）特种储备物资。是指具有专门用途,但是不参加企业生产经营的经国家批准储备的特种物资。

（3）冻结存款和物资。是指企业未履行裁定的义务,被人民法院依照民事诉讼的规定,强制冻结的存款和物资。

（4）涉及诉讼中的财产。是指企业由于涉及民事诉讼而被查封、扣压、冻结的各项财产。

2. 其他资产的统计

对于企业来说其他资产一般占有数额较少,对企业资产总额影响不大,可根据财务部门"资产负债表"期末数填列。

五、建筑企业负债统计

负债,是指企业所承担的能以货币计量、需以财产或劳务偿付的债务。例如借入的资金以及应付未付款项等。负债是企业筹措资金的重要渠道,但它不能归企业永久支配使用,必须按期归还或偿付,因此它实质上反映了企业与债权人之间的一种债权债务关系。企业负债按其偿还期限的长短分为流动负债和长期负债。

（一）流动负债统计

1. 流动负债的概念

流动负债是指可以在一年内或超过一年的一个营业周期内偿还的债务。包括：短期借款、应付及预收款项、应付税金、预提费用等。

2. 流动负债的内容

(1) 短期借款。是指企业向银行或非银行金融机构借入的期限在一年以内的各种借款。

(2) 应付款项包括：

1) 应付票据。是指企业对外发生债务时开出、承兑的商业汇票，包括银行承兑汇票和商业承兑汇票。

2) 应付帐款。是指企业因购买材料、物资和接受劳务供应等而应付给供应单位的款项，以及因分包工程应付给分包单位的工程款。

3) 应付工资。是指企业应付给职工的工资总额，包括工资总额内的各种工资、奖金、津贴等。

4) 应付福利费。是指企业从成本、费用中提取的职工福利费。

5) 应交税金。是指企业按照规定应付的各种税金。如营业税、城市维护建设税、房产税、车船使用税、所得税等。

6) 应付利润。是指企业应付给投资者的利润。

7) 其他应付款。是指企业除以上应付款项以外的其他各种应付、暂收单位或个人的款项。

(3) 预收款项。是指企业按照工程合同规定预收发包单位的款项，包括预收的工程款和备料款，以及按照购销合同规定预收购货单位的购货款。

(4) 预提费用。是指企业预先提取但尚未实际支付的各项费用，如预提收尾工程费用，预提固定资产修理费用等。

期末，企业将所有流动负债项目余额相加，即为企业期末（年末、季末、月末）的流动负债总额。

（二）长期负债统计

1. 长期负债的概念

长期负债是指偿还期在一年或超过一年的一个营业周期以上的债务，是企业向债权人筹集、可供企业长期使用的资金。这项债务是必须以资产或劳务偿还的经济责任，包括长期借款、应付债券和长期应付款。

2. 长期负债的内容

(1) 长期借款。是指企业向金融机构和其他单位借入的偿还期在一年或超过一年的一个营业周期以上的各种借款。

(2) 应付债券。是指企业为筹集长期资金而实际发行的债券及应付的利息。

(3) 长期应付款。是指企业除长期借款、长期债券以外的其他各种长期应付款，如应付融资租入的固定资产的租赁费等。

期末，企业将所有长期负债项目余额相加，即为企业期末（年末、季末、月末）长期负债总额。

第三节 建筑企业损益和分配统计

一、建筑企业损益和分配概述

建筑企业损益和分配是指企业在一定时期内实现的盈亏总额及其分配情况。盈亏总额集中反映企业生产经营活动各方面的效益，是企业最终的财务成果，是衡量企业生产经营管理的重要综合指标。企业利润的分配充分保障投资者的权益和收益。

二、建筑企业损益统计

建筑企业损益统计包括工程结算收入、工程结算成本、工程结算税金及附加、工程结算利润、其他业务利润、管理费用、财务费用、营业利润、利润总额和净利润。

(一) 工程结算利润

是指企业及其内部独立核算的施工单位承包工程所实现的利润。

$$\text{工程结算利润}=\text{工程结算收入}-\text{工程结算成本}-\text{工程结算税金及附加} \quad (9\text{-}1)$$

工程结算收入：是指本企业承包工程实现的工程价款结算收入。

工程结算成本：是指企业已办理工程价款结算的已完工程实际成本。

工程结算税金及附加：是指企业因从事建筑安装生产活动取得工程价款结算收入而按规定应交纳的营业税和城市维护建设税、教育费附加等。

(二) 其他业务利润

是指施工企业除了主营业务建筑安装工程之外的附营业务活动所取得的利润。一般包括：

(1) 产品销售利润：是指企业内部独立核算的工业企业（如机械厂、混凝土构件厂等）销售产品所实现的利润。

(2) 作业销售利润：是指企业及其内部独立核算的机械施工及运输单位，进行施工运输作业所实现的利润。

(3) 材料销售利润：是指施工企业及其内部独立核算单位、材料供应部门销售材料所实现的利润。

(4) 多种经营利润：是指企业开办多种经营（如饮食服务、商业等）实现的利润。

(5) 其他销售利润：是指上述各种利润以外的其他利润。

$$\text{其他业务利润}=\text{其他业务收入}-\text{其他业务支出（包括实际成本、税金、教育附加费）} \quad (9\text{-}2)$$

(三) 管理费用

是指企业行政管理部门为管理和组织经营活动，而发生的各项费用。包括公司经费、工会经费、职工教育经费、劳动保险费、待业保险费、董事会费、咨询费、审计费、诉讼费、排污费、绿化费、税金、土地使用费、土地损失补偿费、技术转让费、技术开发费、无形资产摊销、开办费摊销、业务招待费、坏帐损失、存货盘亏、毁损和报废（减盘盈）损失，以及其他管理费用。

(四) 财务费用

是指企业为筹集资金而发生的各项费用，包括企业经营期间发生的利息净支出、汇兑净损失、金融机构手续费，以及企业筹资发生的其他财务费用。

(五) 营业利润

是指营业收入减去营业成本、税金及附加、管理费用、财务费用之后的差额。

$$\text{营业利润}=\text{工程结算利润}+\text{其他业务利润}-\text{管理费用}-\text{财务费用} \quad (9\text{-}3)$$

(六) 利润总额

是指企业实现的收入，扣除投入成本以及其他一系列费用，再加减一些非经营性的收支及投资收益（或损失），即为企业的利润总额或亏损总额。

利润总额＝营业利润＋投资收益＋营业外收入－营业外支出＋以前年度损益调整

(9-4)

投资收益：是指企业对外投资获得的净收益或净损失。如果对外投资收益减去投资损失的差额为正数，则为净收益；如果是负数，则为净损失。

投资收益包括：对外投资分得的利润、股利，债券利息收入，投资到期收回或中途转让取得款项高于帐面价值的差额，以及按照权益法核算的股权投资在被投资单位增加的净资产中所拥有的份额等。

投资损失包括：对外投资分担的亏损，投资到期收回或中途转让取得款项低于帐面价值的差额，以及按照权益法核算的股权投资在被投资单位减少的净资产中所分担的份额等。

营业外收入：是指与企业生产经营无直接关系的各项收入。包括：固定资产盘盈、处理固定资产净收益、罚没收入、确实无法支付的应付款项、罚款收入、教育费附加返还款、临时设施报废清理净收入等。

营业外支出：是指与企业生产经营无直接关系的各项支出。包括：固定资产盘亏、处理固定资产净损失、固定资产和存货非常损失，临时设施报废清理净损失，自办技工学校经费、职工子弟学校经费、公益救济性捐赠、赔偿金和违约金等。

以前年度损益调整：是指企业本年度发生的调整以前年度损益的事项。如企业以前年度多计收益、少计费用而调减本年利润，企业以前年度少计收益、多计费用而调增本年利润。

（七）净利润

是指企业利润总额减去所得税以后的余额。其计算公式为：

净利润（或净亏损）＝利润总额－应交所得税 (9-5)

应交所得税：是指企业按照应纳税所得额乘以规定的税率（一般是33％）而计算出的应缴纳的所得税额。

【例3】 某企业1996年工程结算收入1000万元，工程结算成本700万元，工程结算税金及附加33万元，其他业务收入100万元，其他业务支出（含税金及附加）90万元，投资收益（税后）15万元，营业外收入5万元，营业外支出7万元，以前年度损益调整3万元（调增利润），管理费用支出120万元，财务费用支出（净支出）20万元，所得税税率为33％，计算工程结算利润、营业利润、利润总额和净利润。

工程结算利润＝1000－700－33＝267（万元）

其他业务利润＝100－90＝10（万元）

营业利润＝267＋10－120－20＝137（万元）

利润总额＝137＋15＋5－7＋3＝153（万元）

应纳税所得额＝153－15＝138（万元）

应纳所得税＝138×33％＝45.54（万元）

净利润＝153－45.54＝107.46（万元）

三、建筑企业利润分配统计

企业取得的净利润，应按照规定顺序进行分配。利润分配的过程和结果，关系到所有者权益，也关系到企业能否长期、稳定地发展。

（一）利润分配的顺序

(1) 提取盈余公积金。企业按照本年实现净利润的10%提取法定盈余公积金，企业提取的法定盈余公积金累计额超过注册资本的50%时，可以不再提取。

(2) 提取公益金。企业按不高于法定盈余公积金的提取比例提取公益金。

(3) 向投资者分配利润。企业以前年度未分配利润，可以并入本年度向投资者分配。

(4) 未分配利润。企业实现的净利润在经过一系列的分配后的节余部分，即为企业的未分配利润（或未弥补亏损）。

（二）利润分配统计

企业利润分配统计是指对企业本年净利润的分配内容及其结果的统计，通过利润分配统计，了解企业净利润各项分配比例及其金额，以及年末未分配利润的金额。

在利润分配统计过程中应注意以下几点：

(1) 企业如果发生亏损，可以用以后年度实现的利润在5年内连续弥补，也可以用以前年度提取的盈余公积金弥补。

(2) 企业以前年度亏损未弥补完，不得提取盈余公积金、公益金。

(3) 在提取盈余公积金、公益金以前，不得向投资者分配利润。

(4) 企业以前年度未分配利润，可以并入本年度利润分配，因此，未分配利润（或未弥补亏损）的余额是历年的累计数。

【例4】 某企业1996年实现净利润67万元，按10%提取法定盈余公积金，按5%提取公益金，分配给投资者利润10万元，且1995年未分配利润8万元。

则该企业1996年利润分配为：

(1) 提取法定盈余公积金：$670000 \times 10\% = 67000$（元）

(2) 提取公益金 $670000 \times 5\% = 33500$（元）

(3) 分给投资者利润10万元

(4) 年末未分配利润 $80000 + (670000 - 67000 - 33500 - 100000)$
$= 80000 + 469500 = 549500$（元）

第四节　工程成本统计

一、工程成本的概念

建筑企业是按照制造成本法计算建筑产品成本的。具体来讲，就是把生产经营过程中所有费用划分为直接费用、间接费用、管理费用、财务费用、销售费用，前两项组成产品成本。后三项组成期间费用，直接记入当期损益。

工程成本是将生产经营最直接和最密切关系的直接材料、直接工资、其他直接支出、间接支出的费用进行归集和分配，具体讲，工程成本由直接成本和间接成本组成。

工程成本统计的主要任务是：正确及时反映企业工程成本水平及具体构成项目情况，对工程成本进行分析，找出各项耗费和支出变化规律，为正确预测工程成本未来变化的趋势，编制工程成本计划提供科学的依据。并为企业加强经营管理、提高经济效益服务。

二、工程成本项目的构成

工程成本项目是指对生产费用按经济用途进行分类。分为直接成本和间接成本。

（一）直接成本

直接成本是指施工过程中耗费的构成工程实体或有助于工程形成的各项支出,包括人工费、材料费、机械使用费和其他直接费。

人工费包括企业从事建筑安装工程施工人员的工资、奖金、工资性津贴、劳动保护费等。

材料费包括施工过程中耗用的构成工程实体的原材料、辅助材料、构配件、零件、半成品的费用和周转材料的摊销及租赁费用。

机械使用费包括施工过程中使用自有施工机械所发生的机械使用费和租用外单位施工机械的租赁费、施工机械安装、拆卸和进出场费。

其他直接费包括施工过程中发生的材料二次搬运费、生产工具使用费、检验试验费、工程定位复测点交及竣工清理费、工程水电费、脚手架使用费、冬雨季施工费、大型垂直运输机械使用费、中小型机械使用费、高层建筑超高费、排污费、预拌混凝土增加费。

(二)间接成本

间接成本是指企业所属的直接从事施工生产的单位为组织和管理工程施工所发生的全部支出。包括施工单位管理人员工资、低值易耗品摊销、办公费、差旅费、劳动保护费、排污费、临时设施费等。

三、工程预算成本

工程预算成本是指对实际完成的分部分项工程量,按照预算单价和取费标准计算的工程成本。它是考核工程实际成本节超情况的依据。

工程预算成本与工程预算造价是两个不同的概念,它们所包含的内容不一样。工程预算造价是指建筑产品的全部工程费,即全部工程价款收入。而预算成本只是成本法下的工程实际成本相对应的项目,是工程造价中的一部分,不含工程造价中的企业管理费、利润和税金项目。

$$\text{工程预算成本}=\text{工程价款收入}-\text{企业管理费}-\text{利润}-\text{税金} \tag{9-6}$$

公式中的企业管理费、利润、税金均指按工程预算造价计取的数额。

四、工程实际成本

工程实际成本是指施工过程中实际发生,并按规定的成本核算对象和成本项目汇集的实际生产费用,实际成本与预算成本对比反映工程成本的盈亏。

(1)成本核算对象。是指归集生产费用的具体目标。施工企业一般以每一单位工程作为成本核算对象。这是因为每一独立编制的施工图预算是按单位工程编制的。而且,以单位工程做为成本对象来核算实际成本,也便于与预算成本进行比较,计算成本的盈亏,分析成本的升降原因。

(2)工程实际成本的计算。工程实际成本应按成本项目进行归集和分配。属于人工费、材料费、机械使用费、其他直接费等直接成本费用,按成本对象直接计入有关工程成本各项目,间接成本费用,按一定的分配标准,分配计入有关的工程成本。

(3)已完工程成本。建筑安装工程由于生产周期长,一般不能等到全部工程竣工以后才能做为已完工程办理结算。因此,已完工程是按月(或分段)进行工程价款结算的。凡是已经完成预算定额规定的全部工程内容的分部分项工程,称为"已完工程"已完工程的结转应以成本对象为单位进行计算结转。公式为:

$$\text{已完工程实际成本} = \text{期初未完工程实际成本} + \text{本期发生工程费用} - \text{期末未完工程实际成本} \tag{9-7}$$

(4) 未完工程成本是指在期末尚未完成预算定额规定的全部工序和内容的分部分项工程。这种未完的分部分项工程虽然不能作为已完工程向建设单位办理工程价款结算，但是为了正确计算已完工程成本，也必须正确计算未完工程已耗的成本费用。一般是通过未完施工盘点采用估量法，即将未完施工按工序比重折合为已完施工工程量，再乘以预算单价求得。或以估价法计算，即按工序比重求出工序的单价，然后乘以未完工程各工序的完成数量，确定未完施工的预算成本。

(5) 竣工工程成本是指以已竣工的单位工程为核算对象而计算的成本。它包括该单位工程从开工起到竣工止所发生的全部成本费用，用以反映单位工程的完整的成本水平。

五、工程成本降低

工程成本降低情况是指通过计算工程成本降低（或超支）额和工程成本降低（或超支）率来反映工程成本的完成情况的。

工程成本降低额和降低率是以工程实际成本与预算成本进行比较而求得的。计算公式为：

$$\text{工程成本降低额} = \text{工程预算成本} - \text{工程实际成本} \tag{9-8}$$

$$\text{工程成本降低率} = \frac{\text{工程成本降低额}}{\text{工程预算成本}} \times 100\% \tag{9-9}$$

六、计划成本

计划成本是指企业为实现降低成本计划、而依据各项消耗定额和费用定额，以及其他有关资料计算确定的计划生产费用。它是企业内部控制成本费用支出的依据，也是计划期内应达到的成本水平和奋斗目标。计划成本计算公式为：

$$\text{计划成本} = \text{预算成本} - \text{成本计划降低额} \tag{9-10}$$

或：

$$\text{计划成本} = \text{预算成本} \times (1 - \text{成本计划降低率}) \tag{9-11}$$

计划成本降低额，是根据企业施工生产计划和施工技术组织措施，以及其他费用的节约指标进行逐项计算而得。

七、工程成本统计分析

工程成本分析是对工程成本计划完成情况和工程成本构成、成本升降因素等进行分析。工程成本分析的目的是查明成本升降的影响因素，掌握成本变动的规律，挖掘降低成本潜力，不断改进成本管理，以较少的耗费，取得较大的经济效益。工程成本分析的方法有：

(1) 实际成本与预算成本比较，检查企业工程成本实际支出情况，降低成本的主要来源，或成本超支项目的主要因素，为企业制定降低成本计划提供依据。

(2) 实际成本与计划成本比较，检查企业各成本项目开支计划的节超情况，执行技术节约措施情况，总结完成或超额完成成本计划的经验，查找未完成成本计划的原因。

(3) 本期降低成本额、降低成本率与上期或去年同期，以及同行业的先进水平数据的比较，找出主要成绩和差距，提出改进措施。

(4) 企业所属单位之间降低成本情况进行比较，检查所属单位完成降低成本指标情况及水平，发现单位之间的差距和原因，组织单位之间的经验交流，提高所属单位降低成本

表 9-2
单位:元

(概算)工程收入成本项目明细(调整表合帐)

工程名称:甲楼、乙楼　　　　施工单位

项目 已完工程名称	年月	人工费			材料费				机械费				其他直接费				直接费小计
		人工费	调价	超高成品保护费	材料费	调价	商品混凝土增加费	成品保护费	小计	机械费	大型机械使用费	中小型机械使用费	超高费	小计	水电费	二次搬运费	季节施工费	生产工具试验费	检验试验费	排污费	架木费	水电其他直接费	小计	
1. 基础		46313	9057		55370	190136	9115			199251					33246	3395	11026	10208	6425	1249	5541		37844	254621
2. 结构		35396	15709		51105	305736	1592			321628		19333	13913											443823
3. 装修		12258	3821		16079	87511	3876			91387														107466
4. 照明		3147			3147	11056				11056												566	566	14769
5. 排水		3607			3607	11034				11034												1057	1057	15698
小计		100721	28587		129308	605473	28883			634356		19333	13913		33246	3395	11026	10208	6425	1249	5541	1623	39467	836377

项目 已完工名称	现场管理费			企业管理费							制造成本合计	利润	税金	小计	合计合计统计报量分建工程
	现场经费	临时设施费	小计	企业管理费	其中					小计					
					劳动保险费	养老保险基金	住房积累基金	建材发展补充基金	建筑业劳保统筹基金						
1. 基础	7409	5245	12654	35494				6648	3324	35494	267275	18709	10931	342381	342381
2. 结构	12915	9142	22057	61868				11588	5794	61868	465880	32611	19054	596795	596795
3. 装修	2353	2213	4566	14877				2787	1393	14877	112032	7842	4582	143513	143513
4. 照明	537	470	1007	3005				416	208	3005	15776	1343	684	21432	21432
5. 排水	625	547	1172	3499				454	227	3499	16870	1563	746	23359	23359
小计	23839	17617	41456	118743				21893	10946	118743	877833	62068	35997	1127480	1127480

表 9-3

单位工程成本表

年 月

工程名称：甲楼、乙楼　　　　　　　　　　　　　　　　　　　　　　　　　　　　单位：元

成本项目	行次	本期数				本年累计数				自开工起累计数			
		预算收入	实际成本	降低额	降低率	预算收入	实际成本	降低额	降低率	预算收入	实际成本	降低额	降低率
		1	2	3	4	5	6	7	8	9	10	11	12
人工费	1	129308	155169	-25861	-20.00								
材料费	2	634356	589000	45356	7.15								
机械使用费	3	33246	32000	1246	3.75								
其它直接费	4	39467	38000	1467	372								
直接成本小计	5	836377	814169	22208	2.66								
间接成本	6	41456	62000	-20544	-49.56								
制造成本小计	7	877833	876169	1664	0.19								
管理费用	8	118743	120000	-1257	-1.06								
利润	9	62068		62068	100								
两税一费	10	35997	35997	v	v								
	11												
合计	12	1094641	1032166	v	v								
	13												
建材发展补充基金	14	21893	21893	v	v								
行业劳保统筹基金	15	10946	10946										
	16												
	17												
总 计	18	1127480	1065005	62475	5.54								

主　管：　　　　　财务负责人：　　　　　制表：

水平。

(5) 单位工程之间进行比较，考核相同类型的单位工程成本水平，查找各单位工程不同的降低成本主、客观因素，为搞好单位工程成本管理提供数据和资料。

(6) 对工程成本项目进行分析。即分别对人工费、材料费、机械使用费、其他直接费和间接费用各成本项目的预算成本与实际成本进行比较，查明各项节超原因，以便加强成本管理，降低工程成本。

【例5】 第五章中例2所述的甲、乙工程，在按形象进度及建筑总产值统计后进行了月度工程成本统计。

进行工程成本统计的过程分为4步：

第一，根据"分部分项统计月报"和"单位工程概算书"计算分部分项工程人工费（表9-2）；

第二，根据"分部分项统计月报"填制"工程收入成本项目明细"台帐，并将基础、结构、装修、水、电等各项收入进行汇总（表9-2）；

第三，根据"工程收入成本明细"台帐小计数，填入单位工程成本表"预算收入栏（表9-3）；

第四，根据"单位工程成本帐"填入"单位工程成本表"实际成本栏，并计算出成本降低额和降低率（表9-3），可见本月发生制造成本876169元，降低成本额1664元，降低成本率0.19%。

第五节　　建筑企业经济效益统计

建筑企业经济效益统计是通过计算企业经济效益评价指标实现的。

企业经济评价指标就是通过对财务报表数据的进一步加工，对之进行分析、比较、考核，介以评价企业过去经营的效绩，衡量企业目前的财务状况，预测企业未来发展趋势，做出正确决策。

经济效益评价指标包括销售利润率、总资产报酬率、资本收益率、资本保值增值率、资产负债率、流动比率（速动比率）、应收帐款周转率、存货周转率、社会贡献率、社会积累率。

一、盈利能力和资本保值指标

从投资者的角度来看，侧重于关心企业盈利能力和资本保值增值情况。这是投资者创办企业的初衷，也是企业经营的目标和方向，其指标包括销售利润率、总资产报酬率、资本收益率、资本保值增值率。

【例6】 某企业1996年12月31日会计报表有关项目如下：

应收帐款　　　　12000万元（期初11000万元）
存货　　　　　　14700万元（期初15000万元）
流动资产合计　　40300万元
资产总计　　　　49100万元（期初48400万元）
流动负债合计　　28000万元
负债合计　　　　36800万元

实收资本　　　　　　10000 万元
所有者权益合计　　　12300 万元（期初 11630 万元）
工程结算收入　　　　30365 万元
工程结算成本　　　　26607 万元
利润总额　　　　　　1000 万元
净利润　　　　　　　670 万元
利息支出　　　　　　200 万元

(1) 销售利润率。是指企业通过一定时期内利润总额与销售收入之间的比例关系，反映企业销售收入的获利水平。计算公式为：

$$销售利润率 = \frac{利润总额}{销售总额} \times 100\% \tag{9-12}$$

对于施工企业来讲，式中销售额应为工程结算收入，计算公式为：

$$销售利润率 = \frac{利润总额}{工程结算收入} \times 100\% = \frac{1000}{30365} \times 100\% = 3.29\% \tag{9-13}$$

(2) 总资产报酬率。是用来衡量企业管理者利用全部资产获利的能力。其计算公式为：

$$总资产报酬率 = \frac{利润总额 + 利息支出}{平均资产总额} \times 100\% = \frac{1000 + 200}{48765} \times 100\% = 2.46\% \tag{9-14}$$

$$\begin{aligned}平均资产总额 &= （期初资产总额 + 期末资产总额）\div 2 \\ &= (48400 + 49100) \div 2 \\ &= 48750 （万元）\end{aligned} \tag{9-15}$$

(3) 资本收益率。是指企业运用投资者投入资本获得收益的能力。计算公式为：

$$资本收益率 = \frac{净利润}{实收资本} \times 100\% = \frac{670}{10000} \times 100\% = 6.7\% \tag{9-16}$$

(4) 资本保值增值率。是反映投资者投入企业的资本在企业营运中完整性和保全性。如果计算结果大于 100%，则为增值，相反则为减值。计算公式为：

$$资本保值增值率 = \frac{期末所有者权益总额}{期初所有者权益总额} \times 100\% = \frac{12300}{11630} \times 100\% = 105.76\% \tag{9-17}$$

二、企业财务状况指标

从债权人的角度来看，侧重于关心企业财务状况指标，即企业资产负债率水平和偿债能力。其指标包括资产负债率、流动比率、速动比率、应收帐款周转率、存货周转率。

(1) 资产负债率。是反映企业全部资产总额中，借用外部资金所占份额的指标，用于衡量企业负债水平高低情况。计算公式为：

$$资产负债率 = \frac{负债总额}{资产总额} \times 100\% = \frac{36800}{49100} \times 100\% = 74.95\% \tag{9-18}$$

(2) 流动比率。是衡量企业在某一时点偿付即将到期债务的能力，又称短期偿债能力比率。计算公式为：

$$流动比率 = \frac{流动资产}{流动负债} \times 100\% = \frac{40300}{28000} \times 100\% = 143.93\% \tag{9-19}$$

(3) 速动比率。是衡量企业在某一时点运用随时可变现资产偿付到期债务的能力。计算公式为：

$$速动比率 = \frac{速动资产}{流动负债} \times 100\% = \frac{25600}{28000} \times 100\% = 91.43\% \qquad (9\text{-}20)$$

$$速动资产 = 流动资产 - 存货 = 40300 - 14700 = 25600（万元） \qquad (9\text{-}21)$$

(4) 应收帐款周转率。

$$应收帐款周转率 = \frac{赊销净额}{平均应收帐款余额} \times 100\% \qquad (9\text{-}22)$$

$$赊销净额 = 销售收入 - 现销收入 - 销售退回、折让、折扣 \qquad (9\text{-}23)$$

$$平均应收帐款余额 = （期初应收帐款余额 + 期末应收帐款余额）\div 2$$
$$= (12000 + 11000) \div 2$$
$$= 11500（万元） \qquad (9\text{-}24)$$

由于企业赊销资料作为商业机密不对外公布,所以,应收帐款周转率一般用赊销和现销总额,即销售净收入。

对于施工企业来讲,公式中赊销净额应是工程结算收入。应收帐款应为应收工程款。计算公式为:

$$应收帐款周转率 = \frac{工程结算收入}{平均应收工程款余额} \times 100\% = \frac{30365}{11500} \times 100\% = 264.04\% \qquad (9\text{-}25)$$

(5) 存货周转率。是用于衡量企业在一定时期内存货资产的周转次数,反映企业购、产、销平衡的效率的一种尺度。计算公式为:

$$存货周转率 = \frac{工程成本}{平均存货成本} \times 100\% = \frac{26607}{14850} \times 100\% = 179.17\% \qquad (9\text{-}26)$$

$$平均存货成本 = \frac{期初存货 + 期末存货}{2} = \frac{15000 + 14700}{2} = 14850（万元） \qquad (9\text{-}27)$$

三、对国家和社会贡献水平指标

从国家和社会的角度来看,主要是衡量企业对国家或社会的贡献水平。其指标包括社会贡献率、社会积累率。

(1) 社会贡献率

$$社会贡献率 = \frac{企业社会贡献总额}{平均资产总额} \times 100\% \qquad (9\text{-}28)$$

企业社会贡献总额是指企业为国家或社会创造或支付的价值总额。包括工资(含奖金、津贴等工资性收入)、劳保退休统筹及其他社会福利支出、利息支出净额、应交增值税、应交产品销售税金及附加、应交所得税、其他税收、净利润等等。

(2) 社会积累率。是衡量企业社会贡献总额中多少用于上交国家财政。计算公式为:

$$社会积累率 = \frac{上交国家财政总额}{企业社会贡献总额} \times 100\% \qquad (9\text{-}29)$$

上交国家财政总额包括:应交增值税、应交产品销售税金及附加、应交所得税和其他税收等。

四、财务状况统计分析

企业财务状况主要是在资产负债表中体现出来的,财务状况统计分析是对企业特定日期(月末、季末、年末)资产负债表所反映的数字进行分析,同时利用财务指标进行计算和分析,为企业领导者、投资者、债权人从不同角度了解企业财务状况、发展趋势,并为企业进行决策提供所需资料。

(一)资产负债表分析

1. 企业的资产总额及其构成情况

企业资产总额反映了企业生产经营规模和能力的大小,说明了企业所拥有的各种资产以及企业偿还债务的能力。分析企业的资产可以从静态和动态两个方面进行分析。

从静态上进行分析,可以考察企业各项资产占用的结构,结合企业生产经营的特点评价结构是否合理。

从动态上进行分析。用期末数与期初数比较,考察企业资产总额和资产结构的变化情况,发现资产变化中的不正常、不合理的趋势。

2. 企业的负债总额及其构成情况

在市场经济条件下,负债经营是普遍的经济现象,企业既要树立负债经营的新观念,不怕负债、敢于负债,又要注重负债的合理性。即企业负债总额与资产总额相适应,负债一旦超过了资产的承受力,没有足够的资产去偿还负债,企业就有破产的风险。负债结构上不合理,短期负债过多,会造成企业支付能力不足,影响企业生产经营的正常进行。

(二)利用财务状况指标进行分析

企业财务状况指标主要有资产负债率、流动比率、速动比率、应收帐款周转率等。这几个指标从不同方面反映企业的偿债能力。

资产负债率是表明企业的债务情况,负债能力和债权保障程度的指标。负债率高低关系到企业承担经营风险的大小。负债率究竟达到何种程度为合适,从债权人的利益出发,负债率越低,则表明企业借用外力较少,因而偿还债务能力较强,对于债权人保障程度也相应增加。

流动比率是反映企业在较短的一定时期内的偿债能力的指标。这个比率越高,说明企业短期偿债能力越强。反之,这个比率越低,说明企业短期偿债能力越弱。一般认为,流动比率在二比一,表明企业财务状况稳妥可靠。另外,在计算流动比率指标同时,还应分析流动资产的结构是否合理,是否有存货积压,结算资金占用过大的现象等。

速动比率是反映企业的现时偿付能力的指标,速动比率越高,偿债能力越强,速动比率越低,偿债能力越弱。一般认为,速动比率维持在一比一为好。同样,在计算速动比率的同时,要注意分析速动资产的结构,如应收帐款的比例。

应收帐款周转率。是反映企业应收帐款流动程度的指标。应收帐款周转率大,则说明企业应收帐款的流动程度高。反之则说明应收帐款拖欠较久,可能发生较多的坏帐损失,同时也说明因为催收帐款不利,企业有过多的经营资金呆滞在应收帐款上。

【例7】 表9-4至表9-7是最主要的财务统计报表,其中的数字是根据例5填列的。

北京市施工企业会计报表
资产负债表

汇编单位：　　　　　　　　1996年12月31日　　　　　　　　　　　　　表 9-4
　　　　　　　　　　　　　　　　　　　　　　　　　　　　　　　　　　会施 01 表
　　　　　　　　　　　　　　　　　　　　　　　　　　　　　　　　　　单位：元

资产	年初数	行次	期末数	负债及所有者权益	年初数	行次	期末数
流动资产：				流动负债			
货币资金	7800000	1	8000000	短期借款	10000000	51	12000000
短期投资		2		应付票据		52	
应收票据		3		应付帐款	119000000	53	120000000
应收帐款	110000000	4	120000000	预收帐款	143000000	54	140000000
减：坏帐准备		5		应付内部单位款		55	
预付帐款	126600000	6	126600000	其他应付款	2100000	56	1800000
应收内部单位款		7		应付工资	4500000	57	5000000
备用金		8		其中：含量工资包干节余	4300000	58	4800000
其他应收款	2400000	9	2000000	应付福利费	1100000	59	1200000
待摊费用		10		未交税金		60	
存货	150000000	11	147000000	未付利润		61	
其中：在建工程	60000000	12	70000000	其他未交款		62	
待处理流动资产净损失		13		预提费用		63	
一年内到期的长期债券投资		18		一年内到期的长期负债		64	
其他流动资产		19		其他流动负债	279700000	65	280000000
流动资产合计	396800000	20	403000000	流动负债合计		70	
长期投资：				长期负债：			
长期投资		21	2000000	长期借款	50000000	71	50000000
拨付所属资金		22		应付债券		72	
固定资产：				长期应付款	30000000	73	8000000
固定资产原价	110000000	25	110000000				
减：累计折旧	33000000	26	34000000	其他长期负债	8000000	76	8000000
固定资产净值	77000000	27	76000000	其中：专项应付款		77	
固定资产清理		28		住房周转金		78	
待处理固定资产净损失		29		长期负债合计	88000000	82	88000000
固定资产合计	77000000	32	76000000	递延税项：			
专项工程：				递延税款贷项		83	
专项工程		33		负债合计	367700000	86	368000000
无形资产及递延资产：				所有者权益：			
无形资产	2100000	35	2000000	实收资本	100000000	87	100000000
递延资产		36		上级拨入资金		88	
				资本公积	1000000	89	1000000
无形资产及递延资产合计	2100000	40	2000000	盈余公积	13970000	90	20000000
其他资产：				其中：公益金	5320000	92	8000000
临时设施	10000000	41	10000000	未分配利润	1330000	95	2000000
减：临时设施摊销	1900000	42	2000000	所有者权益合计	116300000	99	123000000
临时设施净值	8100000	43	8000000				
临时设施清理		44					
其他长期资产		46					
其他资产合计	8100000	47	8000000				
递延税项：							
递延税款借项		48					
资产合计	484000000	50	491000000	负债及所有者权益总计	484000000	100	491000000

补充资料：1. 已贴现的商业承兑汇票_____元；2. 已包括在固定资产原价内的融资租入固定资产原价_____元。

损 益 表

会施（ ）02表　　表 9-5

汇编单位：　　　　　　　　　　　1996 年 12 月　　　　　　　　　　　　单位：元

项　目	行次	金　额
一、工程结算收入	1	303650000.00
减：工程结算成本	2	266070000.00
工程结算税金及附加	3	10020450.00
二、工程结算利润	5	27559550.00
加：其他业务利润	6	1000000.00
减：管理费用	7	16749550.00
财务费用	8	2000000.00
三、营业利润	9	9810000.00
加：投资收益	10	200000.00
营业外收入	11	40000.00
用含量工资节余弥补利润	12	
减：营业外支出	13	50000.00
结转的含量工资包干节余	14	
加：以前年度损益调整	15	
四、利润总额	16	10000000.00
其中：亏损企业的亏损总额（以"－"号表示）	17	
减：所得税	18	3300000.00
五、净利润	19	6700000.00

利 润 分 配 表

会施（ ）03表　　表 9-6

汇编单位：　　　　　　　　　　　1996 年 12 月　　　　　　　　　　　　单位：元

项　目	行次	金　额
一、净利润（亏损以"－"号表示）	1	6700000.00
加：年初未分配利润	2	1330000.00
减：交上级利润	3	
二、可供分配的利润	5	8030000.00
加：盈余公积补亏	6	
减：提取盈余公积	7	6030000.00
其中：公益金	8	2680000.00
应付利润	9	
转作奖金的利润	10	
三、未分配利润	11	2000000.00
其中：未弥补的亏损（以"－"号表示）	12	

工程（产品、作业）成本表

会施（ ）06表　表 9-7

1996年12月

汇编单位　　　　　　　　　　　　　　　　　　　　　　　　　　　　　单位：元

成本项目	行次	本　期　数				累　计　数			
		预算成本	实际成本	降低额	降低率（%）	预算成本	实际成本	降低额	降低率（%）
人工费	1	39752000	45714000	－5962000	－15.00				
材料费	2	195519000	184993000	10526000	5.38				
	3								
机械使用费	4	10276000	9956000	320000	3.11				
其他直接费	5	12169000	11803000	366000	3.01				
直接成本小计	6	257716000	252466000	5250000	2.04				
间接成本小计	7	12712000	13604000	－892000	－7.00				
合计		270428000	266070000	4358000	1.61				

第十章 建筑企业附营业务活动统计

企业主营业务以外的多种经营按附营业务活动统计。

本章主要讲述附营工业产品生产统计，附营工业产品销售统计；附营批发零售贸易业商品销售与库存统计；附营交通运输业统计及其他指标。

通过本章的学习，明确附营业务活动统计的内容，掌握附营工业产品统计的范围，附营批发零售贸易业统计的内容，掌握附营交通运输业统计指标。

第一节 附营工业产品统计

一、附营工业产品生产统计

建筑企业作为社会再生产活动的一个基本单位，其所从事的生产活动是多种多样的，而且随着社会主义市场经济的发展，企业主营业务以外的多种经营的比重还将日益增加。从全社会角度看，这些附营业务同主营业务一样，同属于全社会产业活动的组成部分，因而都是国家统计调查的内容。对于建筑企业附营业务活动，分四个方面进行统计：附营工业、附营商业、附营交通运输以及除此之外的其他附营活动。

从建筑企业中将附营业务活动单独分出来进行统计，既为反映企业经营活动全貌，尤其是为反映附营第三产业活动情况创造了条件，同时又能将企业附营活动与各有关行业的主营业务活动结合起来，从而综合反映全社会产业活动的规模和成果。

作为建筑企业的附营工业单位，其生产的工业产品也是社会总产品的一部分。附营工业产品的生产、销售、库存统计的主要目的是反映工业产品生产、销售、库存的数量及构成，为分析企业、部门、地区生产经营情况提供依据。

附营工业产品生产的统计，主要包括两个方面，一是工业产品产量统计；二是工业产品价值量统计。

（一）附营工业产品产量统计

1. 工业产品的概念

凡是以实物产品形式或是以生产性劳务形式（工业性作业产品）表现的生产单位进行工业活动的直接有效成果，都应算作工业产品。

2. 工业产品产量

工业产品产量是指工业单位在一定时期内生产的产品，并符合产品质量要求的实物数量。以实物量计算的工业产品产量，反映工业生产的发展水平，是制定和检查产量计划完成情况，分析各种工业产品之间比例关系和进行产品平衡分配及计算实物量生产指数的依据。

3. 工业产品产量统计范围

工业产品的特征决定了工业产品必须是本单位施加劳动的，经过本单位加工，符合生产的直接目的,符合国家颁发的生产质量标准或符合订货单位规定的技术条件的产品,因此,生产单位的工业产品统计首先应该明确产品产量统计的范围。

(1) 工业产品产量应当包括工业单位生产的全部工业产品的产量,具体包括:

1) 工业单位各车间(主要车间、辅助车间、附属品车间及副产品车间)生产的全部产品产量。不论是要销售的商品量或本单位的自用量,也不论是自备原料生产的或订货者来料生产的,均应统计生产量。

2) 经正式鉴定合格的新产品、生产设备、未正式投入生产以前试生产的合格品,以及基本建设附产的合格品,都应包括在产品产量中。

3) 在我国国土范围内的中外合资经营单位、中外合作经营单位、外资经营单位生产的产品。其产品产量全部统计在国内同类产品产量中。

4) 用进口原料或关键零件生产的产品,无论在国内或国外销售,产量均应统计在国内同种产品产量中。如用进口纸浆生产的各种机制纸,用进口铁矿石冶炼的生铁,用进口显像管,集成电路板等关键件与国内其他元件器件装配的电视等。

5) 用进口整套散装零件及用进口组装件加工和装配的产品,以及外商来料来件加工装配的产品,不管是国内销售还是外商经销,产量均统计在国内同种产品产量中。

(2) 工业产品产量中不包括:

1) 在生产工业产品的同时,生产的下脚余料和废料,如冶金工业的氧化铁、钢材切头切尾、机械工业的切屑、木材工业的锯末、粮食加工工业的糠麸、酿酒工业的酒糟等,一般作下脚料出售,不应统计为产品产量。

2) 投入生产过程中原材料没有完全消耗掉,而加以回收提浓,再供本企业生产自用的,如机械工业回收的润滑油,合成洗涤剂厂回收的盐酸、硫酸等都不计算产品产量。

3) 工业单位外购的工业品,未经本单位任何加工的,一般不得作为本单位的产品产量统计。

4) 由发包单位提供原材料,并负责产品检验和销售,而承包单位只进行加工,并在财务上以加工费作为结算形式的,产量由发包单位统计,承包单位不统计。

5) 某些产品在检验产品质量时,需作破坏性试验(如试验弹药的效能、灯泡的使用寿命、手电池的间歇放电时间等),这些用作试验的产品,不计算在产品产量中。

4. 工业产品产量的计算。

(1) 按实物单位计算产品产量。工业产品实物产量是对实物产品的计算,它是以符合产品的物理化学性能或外部特征的规定,并能体现产品使用价值的实物单位来计算产品产量。如混凝土及混凝土构件以立方米计算,门窗以平方米计算,建筑机械设备以台计算等。但在有些情况下,某些产品可以同时具有两个计算单位,例如木门窗可以樘和平方米,钢门窗可按吨和平方米表示。

实物单位只适用于反映同类产品的产量,在不具备同类型这一条件时,实物单位只能近似地说明作为使用价值量的产品产量及其动态。

(2) 按标准实物单位计算产品产量。按标准实物单位计算产品产量是按实物单位计算产品产量的一种补充和发展,为了正确反映产量指标所代表的使用价值或生产的总成果,就有必要将经济用途相同,但品种规格不同的产品产量,折合成一种标准规格的产品产量。标准单位方法的本质在于所有产品的数量都用某一标准单位来表示。其计算公式为:

$$\text{标准实物产量} = \text{实际产量} \times \text{折合系数} \qquad (10\text{-}1)$$

但标准实物单位法不能用于计算性质不同或不同名称的产品产量。标准实物单位亦不能表现具有不同消费用途的产品总量。

(3) 按定额工时计算产品产量的方法，一般地只使用于产品加工工序复杂，加工每一道工序又需要较长的时间，加工的零部件又多种多样的建筑机械制造厂。为了便于制订计划，安排生产，掌握生产进度和检查生产计划完成程度，需要制订工时定额，并根据工时定额在企业内部计算产品数量，用工时定额计算的产品数量称为工时产量。

定额工时产量是各种部、零件（半成品）的工时定额乘以经检验合格的各种零部件的产量之积的总和。这种计算产品产量的方法，只使用于生产单位内部。得到国家承认的建筑机械设备产品是完整的机械设备，而不是组成部分的部、零件。因此，生产单位应根据设计要求或订货合同规定将机械设备的主机、辅机、备品、零件，以及单机配套范围内的附属品等全部配齐（不论本单位生产或外单位协作生产的），经检验合格，包装并办理入库手续后，方可计算产品产量。凡配套不齐全的，只能视为半成品，不得计入产量。

(二) 附营工业产品产值统计

产品价值，就是产品的货币表现，是综合反映生产单位生产活动成果的总量指标，产品只有采用价值的形态，生产单位才能够把生产的成品、半成品和在制品加总，把产品和工业性作业加总，把不同用途、不同品种和规格的产品产量加总，以反映生产单位生产的产品总量。

工业总产值是指用货币表现的附营工业生产单位在报告期内生产的工业产品总量。它是反映一定时间内工业生产总规模和总水平的重要指标，是计算工业生产发展速度和主要比例关系，计算工业产品销售率和其他经济指标的重要依据。

1. 工业总产值的计算原则

工业总产值采用"工厂法"计算。所谓"工厂法"，就是以工业单位作为一个整体，按工业生产活动的最终成果来计算，单位内部不允许重复计算，不能把单位内部各个车间生产的成果简单相加。例如，混凝土构件预制厂内部钢筋车间制作的成型钢筋件，提供给预制车间生产钢筋混凝土构件，则成型钢筋件不应计算产值，因其价值已包括在钢筋混凝土构件中。

2. 工业总产值的范围

工业总产值包括成品价值、工业性作业价值和自制半成品、在产品期末期初差额价值。

(1) 成品价值，指本单位在报告期内已完成全部生产过程，经检验、包装（规定不需包装的产品除外）入库的产品价值。成品价值包括次品的价值在内。次品是指虽没有完全达到规定的质量标准，但仍可在原定用途上使用并作为工业产品销售的产品。有些部门的产品，国家和主管部门规定不合格不销售，或只能作为废品和废料出售的，则不能将次品计入工业总产值。成品价值具体包括：

1) 附营单位自备原材料生产的已经销售和准备销售的成品价值；

2) 附营单位生产的提供本单位基本建设部门、其他非工业部门和生活福利部门等单位使用的成品价值；

3) 附营单位自制设备的价值；

4) 用订货者来料加工生产的成品价值（包括订货者来料的）；

5) 已经销售和准备销售的半成品价值。

(2) 工业性作业价值，是指附营工业单位在报告期内生产的以生产性劳务形式表现的产品价值。工业性作业只恢复或增加原来产品的使用价值。工业性作业按加工费计算工业总产值，即不包括被修理、加工产品的价值，但应包括在工业性作业过程中所耗用的材料和零件的价值。工业性作业价值具体包括：

1) 对外承做的工业品修理（如机械设备、交通运输工具的修理）的价值；

2) 对本单位专项工程、生活福利部门提供加工修理、设备安装等价值；

3) 对外来材料、零件及未完制品所做的个别工序的加工（研磨、油漆、电镀、钉扣、印字等加工）价值；

4) 对外来的产品所做的分包和分装工作的价值；

5) 对外来的零件、配件进行简单装配工作的价值。

(3) 自制半成品、在产品期末期初差额价值，是指附营单位在报告期内已经过一定生产过程，但尚未完成生产过程仍需继续加工的中间产品的价值，即报告期自制半成品、在产品期末余额减去报告期自制半成品、在产品期初余额后的差额价值。生产周期不长（在六个月以内）的企业，期初和期末的自制成品、在产品，价值一般变动不大，可以略而不计。

3. 工业总产值的计算价格

计算工业总产值采用的价格有两种：不变价格和现行价格。

(1) 不变价格，是指在计算不同时期的总产值时，采用同一时期或同一时点工业产品出厂价格，它又称"固定价格"。采用不变价格计算工业总产值，主要是用以消除不同时期价格变动的影响，以保证计算工业发展速度时可比。

使用不变价格时应注意：

1) 凡属全国范围内大量生产的产品，其不变价格由国家统计局制定，并在全国范围内统一使用。国务院部属系统大量生产的产品和其他少量产品，凡属国家统计局未制定不变价格的，由国务院各有关部补充制定，征得国家统计局同意后，在全国范围内使用。各省、市、自治区生产的产品，如无国家统计局和国务院有关部制定的不变价格的，由各省、市、自治区统计局补充制定，在本地区使用。

2) 新产品，如果已有统一规定的不变价格，应采用统一规定的不变价格，如果没有统一规定的不变价格，凡未正式投入生产的新产品，可采用计划价格或合同价格，正式成批投入生产的新产品，在生产正常之后，应以实际出厂价格作为正式不变价格，报上级主管机关备案。

3) 凡已有不变价格的工业性作业，按规定的不变价格计算；没有规定不变价格的，可按实际加工费收入计算。但在使用实际加工费收入作为不变价格计算总产值时，应遵守企业的同类产品的现行价格与其不变价格水平比较接近的原则。如现行价格与不变价格水平差距较大时，应采用换算系数来计算。其计算公式为：

$$工业性作业不变价格 = 现行价格 \times 换算系数 \qquad (10-2)$$

换算系数的计算公式如下：

$$换算系数 = \frac{同类产品（或耗用的主要原材料）的不变价格}{同类产品（或耗用的主要原材料）的现行价格} \qquad (10-3)$$

(2) 现行价格，是指计算工业总产值时，采用的报告期内的产品实际销售价格。报告期的产品销售价格前后有变动，或同一种产品在同一时期有几种销售价格的，应分别按不同价格计算总产值，如生产完成时还不能确定按哪一种价格销售，可按报告期实际平均销售价格计算。实际销售价格是指产品销售时的实际出厂价格。

工业总产值中有些项目，如自制设备、提供本单位基本建设和生活福利部门的产品和工业性作业等没有出厂价格，可以它们的实际成本作为现行价格。

二、附营工业产品销售统计

为适应建立社会主义市场经济体制的要求，附营工业产品生产单位不仅要重视产品的生产，更要重视产品的销售，只有将产品销售出去，才能实现价值，才能在激烈的竞争中立于不败之地。因此，对工业产品的销售统计也是很重要的一方面。

（一）附营工业产品销售统计

工业产品销售量是指报告期内工业单位实际销售的由本单位生产（包括上期生产和本期生产）的工业产品的实物数量，但不包括用订货者来料加工生产的成品（半成品）实物量。它反映工业单位生产成果已经实现销售的数量。

1. 产品销售量的统计原则

产品销售量的统计应以产品销售实现为原则。即在产品已发出，货款已经收到或者得到了收取货款的凭据作为销售实现统计产品销售量。按照采取的销售方式不同，产品销售量统计可分为以下几种情况：

（1）采用送货制销售的，产品如由本单位运输部门发运，以产品出库单上的数量、日期为准；如委托专业运输部门发运，则以运输部门的承运单上的数量、日期为准。

（2）采用提货制销售的，以给用户开具的发票和提货单上的数量、日期为准。

（3）委托其他单位代销的产品，以工业单位收到代销单位的代销清单为准。

（4）采用预收货款销售的，在发出产品时作为销售。产品尚未发出，已预收货款或预开提货单的不应作销售。

（5）出口销售的商品，陆运以取得承运货物收据或铁路运单、海运以取得出口装船提单、空运以取得空运运单，并向银行办理出口交单的数量、日期为准。

单位自营出口的产品，在委托外贸代理出口实行代理制的情况下，以收到外贸部门代办的运单和银行交单凭证的数量、日期为准。

2. 产品销售量的统计范围

弄清产品销售的统计范围，必须明确：产品销售量不同于产品产量，虽然产品销售量要以产品产量为依据，但产品销售量可以包括本期产品，也可以包括上期或以往的产品。统计产品销售量时，不应包括转售其它单位的产品。

产品销售量的统计，应包括：

（1）按合同向需用单位的供货量，包括交本期合同、补交上期和预付下期合同；

（2）在国家合同外按照市场需求、单位自行销售的产品；

（3）售给物资部门和商业部门等经营部门的产品；

（4）售给外贸部门供出口或单位自行出口的产品；

（5）供给国家储备的产品。

（二）附营工业产品销售价值统计

为了综合反映不同性质、不同形式和不同用途的各种工业产品的销售总规模,需要计算实现销售的工业产品价值量。工业销售产值是以货币表现的工业生产单位在一定时期内销售的本单位生产的工业产品总产量。包括已销售的成品、半成品的价值,对外提供的工业性作业价值和对本单位基本建设部门、生活福利部门等提供的产品和工业性作业及自制设备的价值。

工业销售产值的计算范围、计算价格和计算方法与工业总产值一致,但两者计算的基础不同。工业销售产值计算的基础是产品销售总量,工业总产值计算的基础是工业产品生产总量。

工业销售产值分别按现行价格和不变价格两种价格计算。

(1) 不变价格工业销售产值,其计算公式为:

工业销售产值
$= \Sigma$ [报告期某种产品销售量×该产品(或工业性作业)1990年不变价格]　　(10-4)

(2) 现行价格工业销售产值,包括:

1) 成品价值,指附营工业单位在报告期内实际销售的(包括本期生产和上期生产)全部成品、半成品的总金额,包括为本单位基本建设部门、生活福利部门等提供的成品价值。其计算公式为:

成品价值
$= \Sigma$(报告期某种产品销售量×该产品的实际销售单价)　　(10-5)

2) 对外提供的工业性作业销售价值,是指附营工业单位按合同对外提供的工业性劳务,包括为本单位基本建设部门、生活福利部门等提供的工业性劳务,其价值按实际结算的劳务费计算。

附营工业单位为本单位基本建设部门、生活福利部门等提供的产品和工业性作业及自制设备,可参照同类产品和设备的销售价格或实际成本价格计算其销售产值。

自行完成的本单位的工业性作业价值,按报告期实际完成工业性作业的核算成本计算其销售产值

在工业统计报表中,还会涉及到其他一些销售价值量指标,包括:

①成品销售价值,指工业生产单位在报告期内实际销售(包括本期生产和上期生产)全部成品、半成品的总金额,包括为本单位基本建设部门、生活福利部门等提供的成品价值和自制设备价值。成品销售价值中不包括用订货者来料加工的成品、半成品的价值。

②消费品零售额,指工业单位售给城乡居民、社会集团的用于直接消费的消费品。不论是本单位生产的产品,还是转售的商品,均应包括在内,但不包括企业附营批发零售贸易单位的消费品零售额。

三、附营工业产品库存统计

(一)产品库存量统计

产品库存量是指报告期期初或期末某一时点上,尚存在单位产成品仓库中而暂未售出的产品实物数量。它反映一定时点上企业所掌握的可供销售的产品数量。

1. 产品库存量核算的原则

产品库存是生产和销售的中间环节,产品库存量必须与生产量和销售量相衔接。为此,核定库存的原则为:

(1) 产品库存是处于"实际库存"状态的产品。有的产品虽已结束了生产过程，但是还没有验收合格，还没有办理入库手续，不能作为产品库存统计。有的产品已经售出，但按提货制要求还没有办理货款结算手续，按送货制的要求未办理承运手续，仍应视作本单位的产成品库存统计。

(2) 计入库存的产品，必须是本单位有权销售的，对于已经销售并已办妥各项手续，但尚未提货的产品，本单位无权支配，这种产品虽然仍存在本单位仓库中，不应统计。凡本单位有权销售的产品，不论存放在什么地方，均应统计。

(3) 产品库存不能出现负数，如果产品还没有来得及入库就已售出，应将售出的这部分产品补填入库和出库凭证，并相应计入产品产量中。

2. 产品库存量的核算范围

按照上述原则，计入本单位产品库存量中的产品包括：

(1) 本单位生产的、报告期内经检验合格入库的产品；

(2) 库存产品虽有销售对象，但尚未发货的；

(3) 订货者来料加工产品尚未拨出的；

(4) 盘点中的帐外产品；

(5) 产品入库后发现有质量问题，但未办理退库手续的产品。

不应计入本单位库存中的产品包括：

(1) 属于提货制销售的产品，已办理货款结算和开出提单，但是用户尚未提走的产品；

(2) 代外单位保管的产品；

(3) 已结束生产过程，但尚未办理入库手续的产品。

3. 产品的盘存

产品库存量数字应根据实际盘存取得。产品的盘存方法包括：定期盘存和永续盘存。定期盘存是将盘存定在期末（或其他固定时点上），通过清点实物确定库存单位产品实物数量。该方法比较适合产品品种比较多、单价又较低的单位统计库存量的需要。永续盘存要求随时登记入库产品数量、销售量和库存量，适于品种单一、价格昂贵的产品的生产和经销单位。

在实际盘存中，因各种原因，盘存数量不一定与平时记录的数量相吻合，因而会发生帐外收支，即盘盈或盘亏。

(二) 产品库存价值统计

产品库存价值也称成品库存价值，指附营工业单位在报告期期初（期末）时点上尚未实现销售的全部成品（预定销售的半成品）库存的价值。它反映报告期一定时点上企业所掌握的可供销售的资源总量。

在附营单位的最终生产成果中，只有成品和准备出售的半成品才会形成库存。所以，产品库存价值与产品库存实物量的核算范围是一致的。

产品库存价值核算必须与生产价值和销售价值的核算相互衔接。为此，产、销、存价值核算都应使用统一的单价。因此，产品库存价值应按报告期期初（期末）成品（预定销售的半成品）实有库存存量乘以报告期该产品的实际销售平均单价计算。计算公式为：

成品库存价值＝Σ（产品库存量×报告期实际销售平均单价） (10-6)

第二节 附营批发零售贸易业商品销售与库存统计

一、附营批发零售贸易业商品销售统计

附营批发零售贸易业的基本职能是从事商品的买卖活动。因此，它所从事的批发零售过程就具体表现为商品的买进和卖出，即"货币—商品—货币"的交换过程。这是一个周而复始、持续不断的运动过程。在这一过程中，某一附营批发零售单位在一定时期内买进、卖出的商品数量往往是不等的，从而会形成一定数量的商品库存。因此，在批发零售贸易业的统计指标中，首先要设置商品购进、商品销售、商品库存三个指标，用以反映其买进、卖出和库存的商品数量，反映社会产品通过商品流通领域，从生产到销售的过程，研究批发零售贸易市场发展变化趋势、特点和规律性，为指导市场发展、制定商品流通领域的政策，合理组织商品流通提供依据。

（一）商品购进

一般地讲，凡是商业经营者购进商品的买卖行为，都可以叫作商品购进，但是作为统计指标，商品购进包括各种经济类型的商业经营者以商品流通职能机构的身份向一切非商业单位与个人购进的商品，以及对外贸易部门购进的进出口商品，但不包括它们以消费者身份购进自用的商品和从商业部门内部购进的商品。因此，这个指标能综合反映一定时期内第一次进入商业部门的商品总量，是进一步分析商品的来源、产销和市场商品供需情况的重要依据。这个指标通常计算商品购进总额。

商品购进总额，是指从本单位以外的单位和个人购进（包括从国外进口）作为转卖或加工后转卖的商品。

商品购进总额包括：

（1）从工农业生产者购进的商品；

（2）从出版社、报社的出版发行部门购进的图书、杂志和报纸；

（3）从各种经济类型的批发零售贸易企业和单位购进的商品（物资）；

（4）从其他单位购进的商品。如从机关、团体、企业单位购进的剩余物资，从餐饮业、服务业购进的商品，从海关、市场管理部门购进的辑私和没收的商品，从居民中收购的废旧商品等。

（5）从国（境）外直接进口的商品。

商品购进总额不包括：

（1）为了本单位自身经营用，不是作为转卖而购进的商品，如材料物资、包装物、低值易耗品、办公用品等；

（2）未通过买卖行为而收入的商品，如接收其他部门移交的商品、借入的商品收入、代其他单位保管的商品、其他单位赠送的样品、加工收回的成品等；

（3）经本单介绍，由买卖双方直接结算，本单位只收取手续费的业务；

（4）销售退回和买方拒付货款的商品；

（5）商品溢余。

（二）商品销售

一般地说，凡是商品经营者出售商品的买卖行为，都可以叫商品销售。作为统计指标，商品销售包括各种经济类型的商业经营者以商品流通职能机构的身份售给一切非商业单位与个人的商品以及售给对外贸易部门供其出口用的商品，但是不包括它们以消费者身份出售的废旧物资和售给商业部门内部的商品。因此，这个指标能综合反映一定时期内流出商业部门的商品总量，全面说明商品销售为消费者服务的情况，是进一步分析商品去向、构成和市场商品供需状况的重要依据。对于该指标的统计，是计算商品销售总额。

商品销售总额，是指对本单以外的单位和个人出售［包括对国（境）外出口］的商品（包括售给本单位消费用的商品）。

商品销售总额包括：

（1）售给城乡居民和社会集团消费用的商品；

（2）售给工业、农业、建筑业、交通运输邮电业、批发零售贸易业、餐饮业、服务业、公用事业等作为生产、经营使用的商品；

（3）售给批发零售贸易业作为转卖或加工后转卖的商品；

（4）对国（境）外直接出口的商品。

商品销售总额不包括：

（1）出售给本单自用的废旧的包装用品和其他废旧物资；

（2）未通过买卖行为付出的商品，如随机构移交而交给其他单位的商品、借出的商品、交付代其他单位保管的商品，加工原料付出和赠送给其他单位的样品等；

（3）经本单位介绍，由买卖双方直接结算，本单位只收取手续费的业务；

（4）购货退出的商品；

（5）商品损耗和损失。

二、附营批发零售贸易业商品库存统计

商品库存是指商业部门已经购进尚未销售的商品，即商业部门掌握所有权的全部商品。它是商品在流通领域或商业部门的暂时停滞，是保证商品流通不致中断和商品销售正常进行的必要条件。商品库存指标能反映一定时点上商业部门库存商品的总量或水平，是进一步考察库存商品的结构、分布、适销状况及其对销售保证程度的依据。在统计中，使用期末库存这个指标。

期末库存，就是指批发零售贸易单位已取得所有权的全部商品。它包括：

（1）存放在本单位（如门市部、批发站、采购站、经营处）的仓库、货场、货柜和货架中的商品；

（2）挑选、整理、包装中的商品；

（3）已记入购进而尚未运到本单位的商品，即发货单位或银行承兑凭证已到而货未到的商品；

（4）已发出但未办妥银行收款手续或采取送货制，尚未取得运输凭证的商品；

（5）寄放他处的商品，如因购货方拒绝付款而暂时存放在购货方的商品和已办完加工成品收回手续而未提回的商品；

（6）委托其他单位代销（未作销售或调出）尚未售出的商品；

（7）代其他单位购进尚未交付的商品；

（8）外贸企业用作出口和内销用的库存商品。

期末库存不包括：

（1）所有权不属于本单位的商品，如商品已作销售但买方尚未取走的商品；代替他人保管、运输、加工的商品；代其他单位销售（未作购进或调入）而未售出的商品；

（2）委托外单位加工的商品（包括本单位所属独立核算加工厂和其他生产单位加工生产尚未收回成品的商品）。

前面所述的商品在购、销、存指标上，不仅各有其独立的经济意义，而且它们之间在数量上也存在着一定的联系。就一种商品实物量来讲，在不考虑其他商品收支的条件下，它们之间的联系直接表现为下面的平衡关系：

期初商品库存＋本期商品购进＋本期商品调入
＝本期商品销售＋本期商品调出＋期末商品库存 (10-7)

但就多种商品来讲，则须用金额来计算。

第三节 附营交通运输业统计及其他指标

一、附营交通运输业统计指标

运输设备是建筑企业的基本设备之一。借助企业的运输设备从事交通运输的活动，是建筑企业的一项重要的附营业务。

从事附营交通运输业活动的运输，是指营运汽车及营运机动船。营运汽车是指领有公安交通监理部门核发的车辆牌照，并经当地工商行政管理机关核准，领取营业执照，参加营业性运输的载客和载货汽车。包括使用权属于公路运输企业的在用营运汽车的租入、借入、代管的营运汽车中。其中，又分载客汽车和载货汽车。载客汽车是指专门的客运设备，用于旅客运输的汽车。对于临时作为"代客车"使用的载货汽车，不能作为载客汽车统计。载客汽车的载客容量要按照交通监理部门核发的车辆行驶证上登记的座位数来统计。载货汽车是指用于货物运输的汽车，包括普通载货汽车和专用载货汽车（如冷藏车、罐车）。载货汽车的载货量，是指载货汽车的载货能力，按交通监理部门核发的车辆行驶证上登记的吨位数计算。

营运机动船是指由船检部门批准的运输许可证并经当地工商行政管理机关核准，领取营业执照，参加营业运输的船舶。在统计营运船舶数量时，只统计船舶实物数量，不包括船上备用的救生艇。营运船舶的净载重量，是指船舶用于载运货物的定额载货吨位，即船舶吨位数，不包括用于装载船上自用的燃料物、淡水等载重吨位。而船舶的载客量，亦是指船舶用于载运旅客的定额客位数（含铺位、座位），不包括船员自用的铺位。

附营交通运输业的统计指标，通常有：

（1）货运量。是指公路、水路营运运输工具在报告期内实际运送的货物重量。不包括其他机动车、拖拉机以及非营运运输工具完成的货运量。

（2）货物周转量。指公路、水路营运运输工具在报告期实际运送的每批货物重量与其运送里程的乘积之和。不包括其他机动车、拖拉机以及非营运运输工具的货物周转量。

（3）客运量。指公路、水路营运运输工具在报告期内实际运送的旅客人数，以客票或以实际乘载人数为计算依据。客运量计量单位：人。

（4）旅客周转量。指公路、水路营运运输工具在报告期内实际运送的旅客人数与其乘车（船）里程的乘积之和。旅客周转量的计量单位：人公里。

（5）载货（客）汽车总行程。指载货（客）汽车在运输生产过程中所行驶的总里程，计量单位：车公里。它必须是载货（客）汽车为进行营业性运输而行驶的里程，不包括为进行保养、修理而进出场（厂）及试车的行程。

（6）载货（客）车重车行程。指车辆在总行程中，载有客、货的行驶里程。车辆只要重车行驶，不管装载多少，均按重车行驶计算。

二、附营交通运输业统计分析

交通运输业是从事旅客和货物运输的一个社会生产部门，它的生产活动是实现人和物的空间位移，它本身并不创造新的使用价值，其生产活动的成果只是改变物质产品和人的空间位置，为社会各界提供服务。这里我们仅对货物运输进行统计分析。

货物运输将产品从产地运到消费地，使产品的使用价值得以实现，通过运送货物的劳动，也增加了原有产品的价值。它的主要作用是把社会的生产、分配、交换和消费各个环节有机的结合起来，起到纽带和桥梁作用。运输活动的生产过程与消费过程是同时进行的。因此，货物运输的统计分析，应以运输业生产作业量货运量和货物周转量为主。

（一）货运量

货运量指一定时期内货物运输实际运送货物的数量，按重量吨计算，它反映交通运输企业完成运输生产工作量的大小。货运量可分为发运量和到达量两个指标。附营交通运输业统计的货运量指的是到货量，即从货物运输已经完成了的角度反映运输活动的生产成果，表明运输业为国民经济各部门服务的最终成果。货运量以货票记载的货物实际重量为计算依据。

（二）货物周转量

货物运输业生产是货物的位移，运输企业在货的运输方面完成的工作量，不仅表现在运送了多少吨货物，还表现在把货物运送了多少距离。为了综合反映运输企业所完成的货运生产工作总量，还要计算包括货物重量和运送距离在内的综合指标，即货物周转量指标。计算公式为：

$$货物周转量 = \Sigma（各批货物的重量 \times 该批货物的运距） \tag{10-8}$$

货物运送里程应以货票上记载的起迄地（港）和卸货地（港）之间距离为计算依据。货物周转量的计量单位是吨公里。

由于货物周转量是由货运量与货物的平均运距两个因素构成，因而对货物周转量指标的分析，可用因素分析法分析两个因素变动对货物周转量变动的影响程度和增减绝对量。在进行统计分析时采用的是货运量与平均运距两个因素。计算公式如下：

$$平均运距(km) = \frac{货物周转量(t \cdot km)}{货运量(t)} \tag{10-9}$$

货运量变动对货物周转量的影响程度

$$= \frac{实际货运量 \times 计划平均运距}{计划货运量 \times 计划平均运距} \times 100\% \tag{10-10}$$

货运量变动对货物周转量影响的绝对值

$$=（实际货运量 - 计划货运量）\times 计划平均运距 \tag{10-11}$$

平均运距变动对货物周转量的影响程度

$$=\frac{\text{实际货运量} \times \text{实际平均运距}}{\text{实际货运量} \times \text{计划平均运距}} \times 100\% \tag{10-12}$$

平均运距变动对货物周转量影响的绝对值

$$=(\text{实际平均运距} - \text{计划平均运距}) \times \text{实际货运量} \tag{10-13}$$

三、其他指标

附营业务活动的其他指标有单位数、从业人数、从业人员报酬、收入。

（一）单位数

指附属于建筑企业的从事非建筑业生产活动的附营活动单位个数。列入附营经济活动统计范围的单位是指同时具备以下三个条件的单位：(1) 具有同一个场所、从事一种或主要从事一种活动；(2) 单独组织生产、经营或进行业务活动；(3) 单独核算收入与支出。凡不同时具备以上三个条件的单位，不作为附营活动单位统计。另外，报表中未列出行业的附营活动单位暂不进行统计。

（二）从业人数

指报告期末在附营活动单位中从事生产劳动并由附营活动单位支付劳动报酬的全部人员，即包括期末在册的正式职工和返聘人员，也包括长期职工和临时工。

（三）从业人员报酬

指报告期内附营活动单位以各种形式支付给从业人员的劳动报酬，既包括工资、奖金、各种津贴和补贴以及返聘人员的劳动报酬，也包括各种实物工资。

（四）收入

指附营活动单位通过生产经营活动所取得的全部收入。这里的收入一般指毛收入，即未扣除成本费用的总收入。有经营收入的单位，如餐饮业填写营业额；宾馆饭店填写营业收入。无营业收入的单位，如学校等填写经常性的支出，包括从业人员的工资、劳动报酬以及教学业务活动的正常支出。

第十一章 计算机辅助建筑企业统计

第一节 计算机辅助建筑企业统计概述

随着现代科学技术的迅猛发展,计算机的应用已深入到国民经济各部门的科研、教学、生产、乃至家庭生活的各个领域。计算机的应用已成为衡量各行业、各企业单位现代化水平的标志。对于建筑业也一样,各种软件系统和企业管理信息系统层出不穷,在建筑统计中应用计算机是其一个重要的组成部分。

一、计算机辅助建筑企业统计的含义

计算机辅助建筑业企业统计主要是应用计算机完成建筑业企业统计数据的采集、汇总、加工、分析,为领导辅助决策提供精确、可靠的信息。在初期阶段,主要是模拟人工统计的工作方式,让计算机完成汇总、加工工作,进而进行分析工作,以提高建筑业企业统计工作的速度和工作质量,使其对生产工作的指导具有更大的现实意义。

二、计算机辅助建筑企业统计的顺序

首先是数据准备。原始数据的采集是计算机辅助企业统计工作的基础,没有正确的原始数据,就不可能分析加工出正确的、有指导意义的统计结果来。因此,原始数据的采集必须正确、可靠。将正确、可靠的原始数据录入计算机,即完成了计算机辅助建筑企业统计的数据准备。

其次是原始数据的维护。包括原始数据的增加、删除和修改。增加、补充原始数据以及修改和删除错误的原始数据,都属于数据的维护。只有确认原始数据正确、无误后进入数据加工分析才有意义。

再次是原始数据的加工处理和分析。通常包括求和、求平均数、求百分率等等,做什么加工处理和分析要根据实际统计工作的需要。

最后是打印统计计算、分析的结果。这也要根据上级及有关部门的要求,设计打印出各种统计报表。

三、计算机辅助建筑企业统计软件开发

建筑企业统计软件开发应和其它所有计算机软件一样,经历整个软件开发过程的 7 个阶段,必须按照《建设领域计算机软件工程规范》(JGG/T90—92)逐步进行设计,并提供全部文档资料。

(一)软件工程的开发过程

建筑企业统计软件开发过程应经历的 7 个阶段是:

(1)可行性研究与计划;

(2)需求分析;

(3)概要设计;

(4)详细设计;

（5）实现；

（6）组装测试；

（7）确认测试。

（二）软件开发各阶段的任务

1. 可行性研究与计划

了解用户的要求及现实环境，从技术、经济和社会等三方面研究论证并确定要开发软件系统是否可行，编写出可行性研究报告，并制定出初步的软件开发计划。

2. 需求分析

由软件开发人员确定被开发软件的运行环境、功能、性能及用户接口要求；描述功能细节及性能要求；说明功能间及功能与数据之间的关系；确定设计性能和测试准则，并编写初步用户手册和详细的软件开发计划，为概要设计提供要求说明书。

3. 概要设计

软件开发人员将软件需求说明转变为软件系统结构说明。即根据软件需求说明书的要求，建立目标系统的总体功能结构和功能模块之间的关系，定义外部接口和各功能模块的接口，设计数据结构和全局数据库，选择或构造计算方法、公式及数据管理办法，规定设计限制等等，为下一阶段软件的详细设计提供依据。

4. 详细设计

软件开发人员对概要设计规定的功能模块逐一分解细化为程序模块，进行模块的过程设计、精化模块的算法原理和内部数据结构，并且为编写源程序提供必要的说明。

5. 实现

实现在这里的意思是编程和程序单元测试。这一阶段的任务是软件开发人员将详细设计说明书转化为源程序。并对编写好的源程序进行单元测试，用以验证程序模块接口与详细设计说明的一致性。同时，在这一阶段中，还要编写用户手册。

6. 组装测试

软件开发人员根据概要设计中各功能模块的说明和制定的组装测试计划，将经过单元测试的程序模块逐步进行组装和测试。

7. 确认测试

软件开发人员根据软件需求说明书中定义的全部功能和性能要求。确认测试整个软件系统是否达到了要求，并提供最终的用户手册和操作手册。

（三）对软件开发各阶段的要求

1. 可行性研究和计划

在这一阶段的工作过程中，首先应该对经济可行性进行研究，其中最主要是进行成本与效益的分析，在对成本与效益进行分析时，应有确切的数据和科学的估算方法，避免主观臆断。

在可行性研究报告中，应该列出几种可供选择的成本/效益分析方案；在项目开发计划中，应有明确的、可以进行检查的标志。

2. 需求分析

编写软件需求说明书必须以运行环境为基础，编制中应有用户指定的人员参加。在编写出的软件需求说明书中，用户的需求必须明确，并经用户确认，以便为概要设计提供确切的依据。

3. 概要设计

这一阶段所设计的目标系统功能模块应覆盖已定义的全部软件需求。在设计目标系统的总体结构时，必须明确指出系统各模块的功能、功能模块间和层次间关系及接口控制特征，同时应尽量考虑各功能模块间满足低耦合度，各功能模块内满足高内聚度，应降低模块接口的复杂性，提高目标系统的可移植性。

4. 详细设计

详细设计说明书应详细规定各程序模块之间的接口关系，包括参数形式和传送方式，上下层调用关系等，必须确定每个程序模块内的算法及数据结构，所有输入、输出和处理功能，符号的使用和命名规则。在将功能模块细化为程序模块时，还必须将按结构化程序设计的原则进行设计。

5. 实现

在编程时，应尽可能使用符合国家标准或国际标准的程序设计语言或数据库语言。并且，编制的工作文件图示格式应符合现行国家标准《信息处理——数据流程图、程序流程图、程序网络图和系统资源图的文件编制符号及约定》（GB1562—89），为了提高程序的可读性和可理解性，应在程序中加入适当的注释，并尽量采用增加程序可读性的编排格式；在进行程序单元测试时，必须有合法、非法和非预期的输入产生测试用例，对正常和出错处理路径均进行测试。程序模块的测试用例、预期结果和测试结果均应存档保留。

6. 组装测试

本阶段应测试软件系统或子系统的输入、输出处理及其正确处理能力和经受错误的能力，保证程序模块之间无错误的连接，达到概要设计和详细设计中规定的各项要求。

7. 确认测试

在本阶段中，应组织由用户参加的独立测试小组进行测试。全部系统存贮量、输入/输出通道以及处理时间必须有足够的余量。而且，强度测试的时间应该长于操作时间。对于一次性操作长于 24 小时的系统，强度测试时间最少时间是 25 小时；对于一次性操作时间短于 24 小时的系统，最少测试时间是完成该任务所需时间与完成本规范的测试要求的时间之较长者，通过确认测试，软件必须达到需求说明书中提出的全部功能要求和详细设计中规定的各项要求。这一阶段测试的全部预期结果、测试结果和测试数据应存档保留。

（四）对软件产品文件内容的要求

软件产品文件是软件开发人员在软件开发阶段应该编制的各种技术资料或技术管理资料，记录软件开发过程中的各种技术信息，便于协调以后的软件开发、使用和修改，其重要性是可想而知的。在这方面，国家标准《计算机软件产品开发文件编制指南》（GB8567—88）中对其内容和要求作了详细规定，在《建设领域计算机软件工程技术规范》（JGJ/T90—92）第 3.2.2 条中，对产品文件的内容也作了"应符合现行国家标准《计算机软件产品开发文件编制指南》"的规定。

第二节　计算机辅助建筑企业统计系统

经过软件开发的需求分析和概要设计，建筑企业计算机辅助统计软件系统各子系统和各模块的结构图如下：

一、建筑企业统计系统总框图

建筑企业统计系统总框图列出其基本组成，见图 11-1。

图 11-1　建筑企业统计系统总框图

二、建筑企业生产活动统计子系统框图

建筑企业生产活动统计子系统框图表明其应具有的各功能模块，见图 11-2。

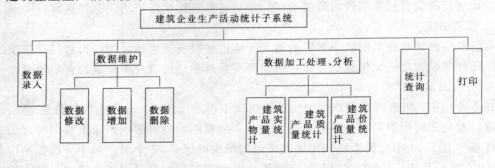

图 11-2　生产活动统计子系统框图

三、建筑企业劳动工资统计子系统框图

建筑企业劳动工资统计子系统框图表明其应具有的各功能模块，见图 11-3。

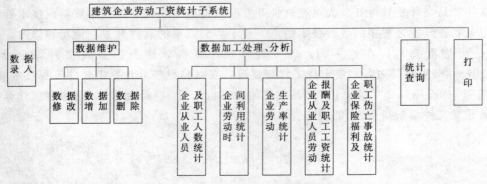

图 11-3　劳动工资统计子系统框图

四、建筑企业施工机械设备统计子系统框图

建筑企业施工机械设备统计子系统框图表明其应具有的各功能模块，见图11-4。

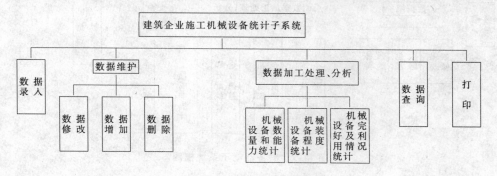

图11-4　机械设备统计子系统框图

五、建筑企业材料和能源统计子系统框图

建筑企业材料及能源统计子系统框图表明其应具有的各功能模块，见图11-5。

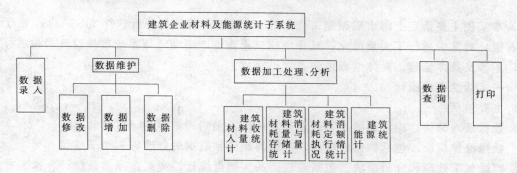

图11-5　材料和能源统计子系统框图

六、建筑企业附营业务活动统计子系统框图

建筑企业附营业务活动统计子系统框图表明其应具有的各功能模块，见图11-6。

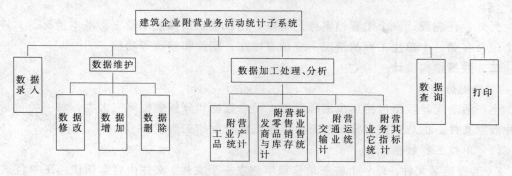

图11-6　附营业务活动子系统框图

七、建筑企业财务统计子系统框图

建筑企业财务统计子系统框图表明其应具有的各功能模块，见图11-7。

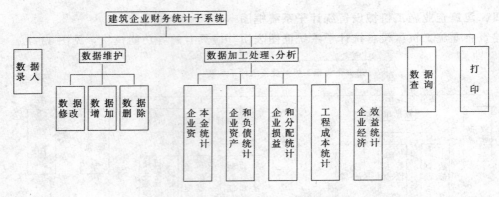

图 11-7 财务活动子系统框图

第三节 计算机辅助建筑企业生产活动统计子系统设计实例

本实例主要借鉴上海市机械施工公司的《建筑生产统计与分析软件（JST-3）》，由于篇幅有限，对其中进行了大量简化，只介绍建筑企业生产活动统计系统软件设计的构思、功能，不涉及具体编程。具体编程由读者自己完成。

一、功能模块设计

主要包括：

数据录入模块。应尽量减少冗余和重复录入，做到一数多用，数据共享。

数据维护模块。包括数据的增添、数据的删除和数据的修改等三个子模块。

数据加工处理和分析模块。包括建筑产品实物量统计、建筑产品质量统计、建筑产品价值量统计三个子模块。

统计查询模块。包括月度数据查询、工程数据查询、数据库检索显示等子模块。

打印模块。包括月度报表打印、季度报表打印、年度报表打印、其他报表打印等子模块。

另外，还应设计一个工程档案登记模块，用以登记或修改单位工程基本情况。文件中每个记录存储一个单位工程的情况。应该有增加、删除和修改等功能。

二、数据结构设计

1. 数据分类

生产活动统计数据包括单位工程数据、汇总数据和分析数据等三大类。每一类包括若干种数据文件。汇总数据和分析数据由单位工程数据加工而成。

（1）单位工程数据：

1）工程档案文件。每一个施工单位每年建立一个文件。文件内容包括该施工单位该年施工工程或补报统计数据的工程的基本信息，每个工程占一条记录。以"工程号"为索引关键字和检索关键字。

2）工程分月文件。按年度划分，每个施工单位每年一个文件。文件内容是该单位该年各工程每月完成数，每个工程每报一个月数据就占一条记录，不报数据就不占记录。以

"工程号＋统计年月"为索引号。

3) 工程产值分月文件。按年度划分，每个施工单位每年一个文件。文件内容是该单位该年开工工程的每月施工产值分析数，每个工程每报一个月数据就占一条记录，不报数据的就不占记录。以"工程号＋统计年月"为索引关键字和检索关键字。

4) 工程分部分项单价文件。按年度划分，每个施工单位每年一个文件。文件内容是该单位该年开工工程的各分部分项的工程量、金额、单价。以"工程号＋代码"为索引关键字和检索关键字。

5) 工程分部分项分月文件。按年度划分，每个施工单位每年一个文件。文件内容是该单位该年开工工程的每月各分部分项完成的工程实物量和直接费，以"工程号＋统计年月＋代码"为索引关键字和检索关键字。

（2）汇总数据：

1) 月度文件。包括每月工作量文件、月施工产值文件、月完成进度文件、月实物量文件、月其他数据文件等。每种月度文件在每个施工单位中都有一个，每月增加新记录。如果该单位没有下属单位，则每月一个记录。如果该单位有 n 个下属施工单位，则每月有 $n+1$ 个记录。以"单位号＋统计年月"作为索引和检索关键字。

2) 年度文件。每种年度文件在每个施工单位中都有一个，每年增加 $n+1$ 个记录。以"单位号＋统计年度"为检索关键字。

（3）分析数据：

分析文件包括施工分析文件、房屋竣工分析文件等，每种分析文件在每个施工单位中都有一个。内容是当月的生产分析数据，文件每月更新。

2. 数据文件目录

序号	标题	文件名
1	工程基本档案	×××
2	工程分月数据	×××
3	工程分月产值	×××
4	工程分项单价	×××
5	工程月实物量	×××
6	月工作量数据	×××
7	月度完成进度	×××
8	月度施工产值	×××
9	月土建实物量	×××
10	月安装实物量	×××
11	月度其它数据	×××
12	年度统计数据	×××
13	施工工程分析	×××
14	房屋竣工分析	×××

3. 数据文件结构

上述数据文件均有自己的结构，由于篇幅有限，在本文中仅列出工程基本档案和工程分月数据两个文件的结构。

(1) 工程基本档案

序号	字段名	类型	长度	小数	说明
1	工程号	C	7		yy　nnn，主关键词，由主程序控制
2	建设单位	C	16		文字
3	工程名称	C	16		文字
4	工程地址	C	12		文字
5	类别	C	1		产值类别，编码
6	地区	C	2		工程所在省，编码
7	投资	C	1		投资性质，编码
8	承包	C	1		承包方式，编码
9	重点	C	1		重点工程，编码
10	工民	C	1		工业民用，编码
11	用途	C	3		建筑用途，编码
12	住宅	C	1		是否住宅，编码
13	层数	N	2		
14	高层	C	1		高层建筑，编码
15	结构	C	1		结构类型，编码
16	工艺	C	2		新工艺，编码
17	质量	C	1		编码
18	标志	C	1		用于交接或"非独立"处理
19	状态	C	14		见注①
20	进度	C	13		见注②
21	建筑面积	N	6		平方米
22	地室面积	N	6		平方米
23	开工月	C	5		报开工（或接收）日期，yy、mm
24	竣工月	C	5		报竣工（或移交）日期，yy、mm
25	实际开工	C	8		yy、mm、dd
26	实际竣工	C	8		yy、mm、dd
27	结算日期	C	8		yy、mm、dd
28	施工产值	N	8		元，本年数
29	累计产值	N	8		元，自开工起的累计数
30	预算产值	N	8		元
31	结算产值	N	8		元
32	定额工期	N	4		天数
33	合同工期	N	4		天数
34	停工天数	N	4		天数
35	预算用工	N	4		工日
36	实际用工	N	6		工日
37	合同号	C	6		

38	合同开工	C	8		yy、mm、dd
39	合同竣工	C	8		yy、mm、dd
40	合同变更	C	8		yy、mm、dd
41	土建包干	N	8	4	包干费，产值计算费率
42	吊装包干	N	6	4	包干费，产值计算费率
43	打桩包干	N	6	4	包干费，产值计算费率
44	流动津贴	N	6	4	流动津贴费，产值计算费率
45	土建加快	N	6	4	加快措施费，产值计算费率
46	安装加快	N	6	4	加快措施费，产值计算费率
47	预结算法	C	2		见注③

注①"状态"字段是一个14位的字符串，每位对应一个月（包括"00月"和"13月"），用于表示工程在该月是否处于停工状态（空格表示未停工，"1"表示停工）。如果工程"状态"第14位是"1"，表示该工程在下一年停工，如果工程"状态"第1位是"1"，表示该工程在上一年末已停工。

注②"进度"字段是一个13位的字符串，每位对应一个月（包括"13月"），用于表示工程在该月的施工部位及完成形象进度情况。其值域及含义如下：

"0"——计划开工而实际未开工。
"1"——在基础部位施工，完成本月形象进度计划；
"2"——在基础部位施工，未完成本月形象进度计划；
"3"——在基础部位施工，但未列入本月形象进度计划；
"4"——在结构部位施工，完成本月形象进度计划；
"5"——在结构部位施工，未完成本月形象进度计划；
"6"——在结构部位施工，但未列入本月形象进度计划；
"7"——在装饰部位施工，完成本月形象进度计划；
"8"——在装饰部位施工，未完成本月形象进度计划；
"9"——在装饰部位施工，但未列入本月形象进度计划。

例如某工程"进度"字段中第5位为"2"，表示该工程5月份在基础部位施工，但未完成月度形象进度计划。

注③"预结算法"字段为2位数，
预算产值的算法取决于"预结算法"字段的第1位。
"4"——输入法：由键盘输入各项费用；
"5"——正算法：由直接费计算出产值；
"6"——逆算法：由产值计算出直接费
结算产值的算法取决于"预结算法"字段的第2位。
"7"——输入法：由键盘输入各项费用；
"8"——正算法：由直接费计算出产值；
"9"——逆算法：由产值计算出直接费。
另外，说明中注有"编码"的字段的值域在下一部分中加以说明。
yy（或??）表示年分
mm 表示月分
dd 表示日期

(2) 工程分月数据

序号	字段名	类型	长度	小数	说明
1	工程号	C	7		
2	统计年月	C	5		yy、mm
3	计划产值	N	8		元
4	施工产值	N	8		元
5	含量产值	N	8		元,施工产值中可提含量的部分。
6	外包产值	N	8		元,施工产值中外包部分。
7	开工面积	N	6		m^2
8	竣工面积	N	6		m^2
9	形象进度	C	30		文字
10	算法	C	1		注①

注①单位工程月度产值的算法取决于该算法字段,其含义是:

"0"——由键盘输入本月产值;

"1"——本月产值=结算产值-至上月底累计已报产值;

"2"——由键盘输入本月直接费和产值;

"3"——由键盘输入本月直接费,然后算出本月产值;

"4"——由键盘输入本月产值,然后逆算出本月直接费;

"5"——按"本月数=结算数-至上月底累计已报数"的算法算出本月直接费和产值;

"6"——由键盘输入本月分部分项工程量,然后再输入本月直接费和产值;

"7"——由键盘输入本月分部分项工程量,然后算出本月直接费和产值;

"8"——由键盘输入本月分部分项工程量,然后算出本月直接费。接着由键盘输入本月产值,逆算出本月直接费。最后将这两个直接费的差,作为本月直接费调整数记入工程分部分项分月文件。

"9"——由键盘输入本月分部分项工程量,然后算出本月直接费。接着按"本月数=结算数-至上月底累计已报数"的算法产值本月直接费和产值。最后将这两个直接费的差,作为本月直接费调整数记入工程分部分项分月文件。

上述0、2、6可称为输入法;3、7可称为正算法;4、8可称为逆算法;1、5、9可称为结算法。

4. 数据编码设计

为数据录入和处理的简便,对多类数据均采用编码。

(1) 工程属性编码 用于单位工程基本档案。

对涉及单位工程基本档案的各字段均应规定字段名、编码长度、说明长度、码值个数,并对编码加以说明。

(2) 工程形象进度中的词组编码 用于输入单位工程的形象进度。

按单位工程施工各部位进行编码。如施工准备、预制桩、井点、打板桩、打桩、灌注桩、挖土、垫层……。

(3) 工程分部分项名称编码 用于工程分项单价文件和工程月实物量文件。

按单位工程各分部分项名称进行编码。如土方工程、挖土、运土、回填土、其他土方;石方工程、石方开挖、场地平整、石方砌筑、其它石方;……

5. 数据字典

数据字典采用数据库文件结构,一般包括:"用户描述文件"、"系统结构字典"、"数据文件目录"、"报表程序目录"、"工程属性数据编码文件"、"工程分部分项编码文件"、"统计算法文件"、"生产分析算法文件"和"打印机参数字典"等，可根据实际需要选定。

每一个字典都有它自己特定的结构和含义，现举例如下：

（1）用户描述文件。用户描述文件是一个用户字典，文件中每一个记录登记一个用户的情况，规定该用户的描述信息和性质。

用户描述文件的文件结构为：

Field	FieldName	Type	Width	Dec
1	序号	N	4	1
2	单位号	C	4	
3	单位简称	C	12	
4	单位名称	C	40	
5	单位性质	C	4	
6	管理员	C	8	
7	业务主管	C	8	
8	单位领导	C	8	
9	单位地址	C	20	
10	单位电话	C	12	
11	单位邮码	C	6	
12	备注	C	4	
Total			131	

其中各字段的含义为：

1　序号　描述用户排列顺序的排序号；
2　单位号　用户的关键字；
3　单位简称　长度不超过6个汉字；
4　单位名称　长度不超过20个汉字；
5　单位性质　用于表示用户性质；
6　管理员　统计员姓名、长度不超过4个汉字；
7　业务主管　统计负责人姓名，长度不超过4个汉字；
8　单位领导　单位负责人姓名，长度不超过4个汉字；
9　单位地址　长度不超过10个汉字；
10　单位电话　长度不超过10个数字；
11　单位邮码　6位数字；
12　备注　用于表示用户特性。

（2）工程分部分项编码文件。该文件用于登记所有分部分项的名称、代码、单位等，供单位工程统计时使用，主要用于折算单价的生成，分部分项工程量的输入，工程处月度实物量统计等等。

工程分部分项编码文件每一记录登记一个分部分项，其文件结构为：

Field	FieldName	Type	Width	Dec
1	代码	C	4	

```
    2       名称        C    20
    3       单位        C    4
    4       统计名      C    20
    * * Total * *            40
```

其中各字段的含义为:

1 代码 分部分项工程的代码;

2 名称 分部分项工程的名称;

3 单位 分部分项工程量的计量单位;

4 统计名 与该分部分项对应的工程处实物量数据名。例如,分部分项"道路侧石"的统计名为"素混凝土G",表示在统计时,"道路侧石"要计入工程处的"素混凝土G"总量中。

三、输出设计

输出设计应该按用户的需求来进行,统计报表的格式和内容应符合实际需要,当前建筑业企业生产活动统计按报表的内容可分以下几类:

(1) 单位工程报表,分一个工程一表;一个工程一行,一个工程处一表以及一个工程一行,一个公司(即多个工程处)一表三种。

(2) 施工单位报表 分一个施工单位一表和一个施工单位一行,一个主管单位一表两种。

(3) 国家统计局和建设部规定的报表。

(4) 生产分析报表 分一个单位一表,一个单位一行;一个主管用户一表和一个分析项一行,一个单位一列,一个主管用户一表三种。

根据实际工作需要,建筑业企业生产活动统计表包括月报和季报。

第一,月报:

(1) 已完工程量月报

(2) 单位工程土建产值表

(3) 单位工程安装产值表

(4) 单位工程土建预算产值表

(5) 单位工程安装预算产值表

(6) 单位工程土建结算产值表

(7) 单位工程安装结算产值表

(8) 单位工程基本情况表

(9) 单位工程月度完成表

(10) 单位工程产值月报

(11) 单位工程完成情况月报

(12) 开工工程完成月报

(13) 竣工工程完成月报

(14) 单位工程竣工情况表

(15) 月度工程一览表

(16) 月度生产完成情况表

(17) 主要实物量完成月报
(18) 建安企业生产情况（一）
(19) 工程处生产完成情况月报
(20) 月度工作量完成表
(21) 施工任务完成情况
(22) 施工生产完成情况
(23) 电讯月报
(24) 施工任务完成情况信息
(25) 土建实物量完成情况表
(26) 安装实物量完成情况表
(27) 施工产值分析表
(28) 建安企业生产情况（二）
(29) 住宅建设完成情况表
(30) 月度土建实物量完成表
(31) 施工产值分析月报
(32) 公司产值完成情况
(33) 公司实物量完成情况月报
(34) （统计局）电讯月报
(35) （统计局）电讯月报 91-1
(36) （统计局）电讯月报 91-2
(37) （建设部）电讯月报
(38) 国建定综（基）01 表
(39) 国建年综 01 表
(40) 建设部建筑 1 表
(41) 建设部建筑 2 表
(42) 各类工程完成月报
(43) 房屋建筑竣工情况
(44) 施工任务完成月报
(45) 各类工程完成月报
(46) 重点工程完成月报
(47) 施工任务施工产值
(48) 施工任务施工面积
(49) 施工任务开工面积
(50) 施工任务竣工面积
(51) 各类工程施工产值
(52) 各类工程施工面积
(53) 各类工程开工面积
(54) 各类工程竣工面积
(55) 重点工程施工产值

（56）重点工程施工面积
（57）重点工程开工面积
（58）重点工程竣工面积
（59）施工单位完成情况月报
（60）施工单位生产情况月报
（61）重点工程完成情况月报
（62）电力工程完成情况月报
（63）化工工程完成情况月报
（64）竣工工程工期情况表
（65）生产计划完成情况表
（66）工程完成情况一览表
（67）新开单位工程统计表
（68）工程竣工项目统计表
（69）工程竣工项目报表
（70）工程分月完成情况
（71）生产完成情况基层表
（72）劳动工资与物资月报
（73）产值和生产率统计表
（74）建筑施工面积统计表

第二，季报：
（1）建安生产完成情况季报
（2）承包责任制推行情况
（3）承包责任制推行情况
（4）季度生产计划完成情况
（5）施工产值分析季报表

第三，年报：
（1）土建实物量完成年报
（2）安装实物量完成年报
（3）施工产值分析年报表
（4）单位工程竣工情况年报
（5）土建实物量完成年报
（6）工程处单位工程年报
（7）工程性质一览表（甲）
（8）单位工程一览表
（9）工程性质一览表（乙）
（10）生产完成情况分月表
（11）产值完成情况分月表
（12）建安企业产值完成情况
（13）各类工程完成情况

(14) 施工任务完成年报
(15) 房屋建筑工期情况
(16) 房屋建筑竣工情况
(17) 新结构新工艺情况
(18) 单位工程完成年报
(19) 结转工程一览表
(20) 主要实物量年报

第四，其他：
(1) 各类工程自选分析
(2) 房屋竣工自选分析
(3) 自选施工分析年报
(4) 单位工程分月表
(5) 单位工程未完产值统计
(6) 生产情况与上年对比
(7) 土建实物量与上年对比
(8) 安装实物量与上年对比
(9) 各单位统计数分月表
(10) 工程未完产值统计表
(11) 土建实物量与上年对比

以上报表每一张表都有一个专门的计算程序，应根据当地建筑业企业的需要选取。

在计算机软件中，统计计算程序是比较简单的，只要有初级的编程知识就能编写。至于软件的界面，应尽可能采用最新的编程技术。譬如采用下拉弹出式菜单，背景音乐等等，使得用户喜闻乐见一些。

第四节 计算机辅助统计分析简介

计算机在统计中的应用是十分广泛的。从计算机软件的发展趋势来看，各类软件的功能越来越强，越来越完备，使用起来越来越方便。除非有特殊的需要，一般不必为本单位的统计编制专门的统计软件。利用现有的软件，基本上就能够满足要求。下面就介绍一种常用的办公软件：Ms Excel。这种软件的最大特点是为用户提供了一个具有多种功能的电子表格。在这张表格上，我们不仅能够做出漂亮的统计表格，还能利用表格中的数据进行多种统计计算和分析。如果掌握了 Visual Basic 等其它工具软件的使用方法，就可以编制出界面漂亮，使用方便，而且具有符合本单位要求特点的专用软件。

一、计算机描述统计应用

（一）扩充统计功能

描述统计是统计工作的基础。Excel 的描述统计功能主要包括了：平均值、标准误差、中位数、众数、标准差、样本方差、峰态、偏移度、区域、最小值、最大值、总和、计数、第 K 大值、第 K 小值、置信水平（95%）等项目，基本上可以满足统计分析的一般要求。

要较好地利用 Excel 的统计功能，首先需要对 Excel 加载一些宏命令。加载的方法是：

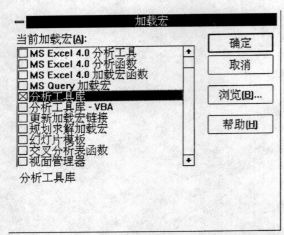

1. 用鼠标单击工具栏中的"工具"项,在下拉菜单中选择"加载宏";

此时出现"加载宏"对话框(图11-8)。

在这个对话框里,我们选择"分析工具库",在其前面的方框里单击,出现一个×,表示已选中。然后单击"确定"。

此后,我们再选择"工具"项时就会发现,在其下拉菜单的最下端新增加了"数据分析"一项。有了这一项我们就可以方便地进行较多的统计计算和分析。

（二）完整的描述统计

当我们要对某一变量全部数据进行完整的描述统计时,新增的"数据分析"工具

图 11-8 "加载宏"对话框

就为我们提供了极大的方便。

首先,将变量值按行全部录入,即每个变量占一列,该变量的全部数值排成一列,形成一个数列（图11-9）。

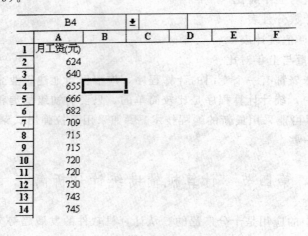

图 11-9

第二步,在"工具"菜单中选择"数据分析"项,打开"数据分析"对话框见(图11-10)。

第三步,选择"描述统计"项,单击"确定",打开"描述统计"对话框（图11-11）。

第四步,单击"输入区域"左侧的框,使光标落入其中;此时有两种方法可以确定要计算的数据范围:

a. 用鼠标点住第一个变量值,按住左键不放,一直向下拖到最后一个数据;

b. 直接在框里键入全部数据所在的范围：A2：A51。

第五步,单击最下角的"汇总统计"前的方框,使其中出现一个×;

第六步,如果要特殊指定输出区域,可在"输出区域"框中键入区域地址,如B1。否则,单击"确定",计算机将自动生成一个新工作表,并将计算结果写入,如图11-12。

从计算机给出的结果可知：这组数据总共有50个（计数）,平均值为794.24（元）,中位数为796.5,最大值与最小值之差为337（区域=961－624）,等等。

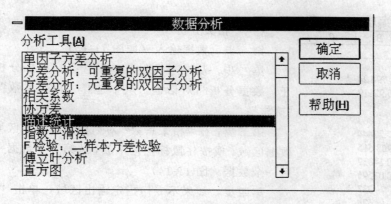

图 11-10 数据分析对话框

图 11-11 "描述统计"对话框

二、计算机相关回归分析

进行相关回归分析，必须有至少两列数据，即变量 x 和变量 y。假设有 16 个企业的工人人数及其工程完成量的资料，如表 11-1。

表 11-1

企业编号	工人人数	工程完成量	企业编号	工人人数	工程完成量
1	235	1420	9	489	4105
2	256	1680	10	500	4423
3	284	1882	11	564	4350
4	322	2642	12	633	5523
8	355	2253	13	645	5500
6	423	3004	14	754	7005
7	456	3551	15	790	6980
8	475	4003	16	810	7200

	A	B	C
1	列1		
2			
3	平均值	794.24	
4	标准误差	10.92119	
5	中位数	796.5	
6	众数	800	
7	标准差	77.22444	
8	样本方差	5963.615	
9	峰态	-0.14839	
10	偏移度	-0.03595	
11	区域	337	
12	最小值	624	
13	最大值	961	
14	总和	39712	
15	计数	50	
16	置信水平(	21.4051	
17			

图 11-12 计算结果表

（一）相关分析

第一步，数据输入（如图 11-13）

第二步，从"工具"菜单中选择"数据分析"项，打开"数据分析"对话框，从中选择"相关系数"项，单击"确定"；

第三步，在"相关系数"对话框中的输入区域框内键入数据区域，或按住鼠标左键不放，从第一个数据一直拖到最后一个数据（图 11-14）。

第四步，如果不专门指定输出区域，单击"确定"后，计算机将自动把计算结果输出到一个新工作表（图 11-15）。

得到的计算结果是：工人人数与工程完成量之间的相关系数为 0.992768，说明两者之间存在着高度密切的相关关系。

（二）回归分析

相关分析只是说明两个变量之间是否存在线性关系，

	A	B	C	D
1	企业编号	工人人数	工程完成量	
2	1	235	1420	
3	2	256	1680	
4	3	234	1882	
5	4	322	2642	
6	8	355	2253	
7	6	423	3004	
8	7	456	3551	
9	8	475	4003	
10	9	489	4105	
11	10	500	4423	
12	11	564	4350	
13	12	633	5523	
14	13	645	5500	
15	14	754	7005	
16	15	790	6980	
17	16	810	7200	
18				

图 11-13

以及关系的密切程度，但不能说明变量之间线性关系的具体形式。回归分析就解决了这一问题。在简单线性回归分析中，自变量 x 与因变量 y 之间的关系式一般表述为：

$$y = a + bx$$

通过回归分析，我们可以确定关系式中的待估参数 a、b，从而拟合出一条回归直线。

第一步，从"工具"菜单中选择"数据分析"项，在"数据分析"对话框中选择"回归"项，单击"确定"，打开"回归"对话框（图 11-16）。

第二步，我们假定工人人数为自变量 x，工程完成量为因变量 y，因此，可以在"输入 Y 区域（Y）"框中键入因变量 y 的地址，或将光标点入该框，按住鼠标左键，从 y 变量的

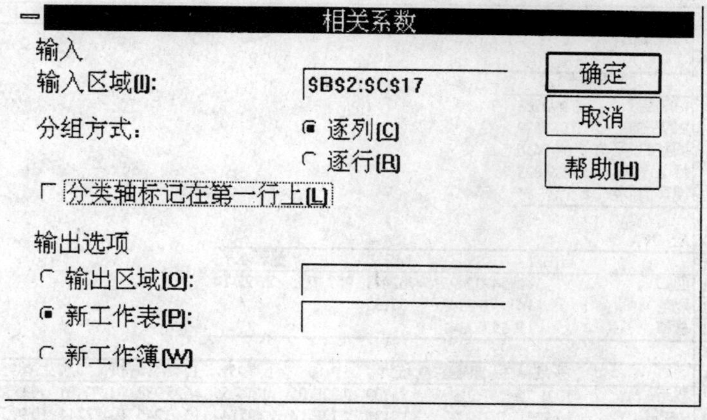

图 11-14

第一个数值一直拖到最后一个数值；对自变量 x 也作同样处理；

第三步，如果我们对输出区域，残差等有具体要求，可以做出适当选择。然后，单击"确定"，计算机将给出如下计算结果（图 11-17）。

从结果中我们可以知道：

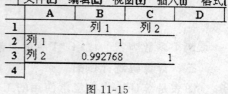

图 11-15

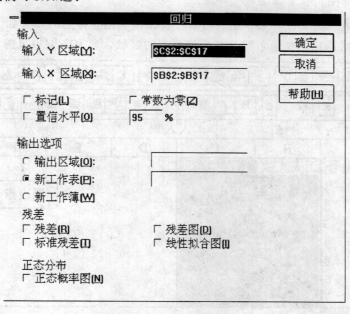

图 11-16 "回归"对话框

(1) R 的倍数 = 0.992768，也就是前面相关分析的相关系数；观察值的个数 n 有 16 个；

(2) ANOVA，也就是方差分析表明，F 的计算值为 957.4755，显著水平 F 值几乎等于 0，说明回归参数为零的概率非常小，即回归分析有效；

(3) 回归参数 a = −1001.75，b = 10.2051，即回归方程为：

	A	B	C	D	E	F	G	H	I
1	汇总输出								
2									
3		回归统计							
4	R的倍数	0.992768							
5	R的平方	0.985589							
6	调整的R平方	0.98456							
7	标准误差	239.023							
8	观察值个数	16							
9									
10	ANOVA								
11		自由度	SS	MS	F	显著水平F			
12	回归	1	54702493	54702493	957.4755	2.72E-14			
13	残差	14	799848	57132					
14	总和	15	55502341						
15									
16		系数	标准误差	t统计	P-值	下限95%	上限95%	下限95.%	上限95.%
17	截距	-1001.75	175.2197	-5.71709	5.32E-05	-1377.56	-625.938	-1377.56	-625.938
18	X变量1	10.2051	0.329802	30.9431	2.72E-14	9.497744	10.91246	9.497744	10.91246
19									

图 11-17

$$y = -1001.75 + 10.2051x.$$

两个参数为零的概率（P—值）都非常小，说明该回归方程的拟合优度很好。

三、计算机统计作图

图表是统计工作中经常使用的工具之一，它可以直观地反映统计数据的一些基本特征。利用 Excel 作统计图也非常地方便。

在 Excel 的工具栏上有一个"图表指南"按钮，利用它作图的步骤如下：

第一步，用鼠标拉住变量名称及变量值所在的区域，即 B1：C17（图 11-18）。

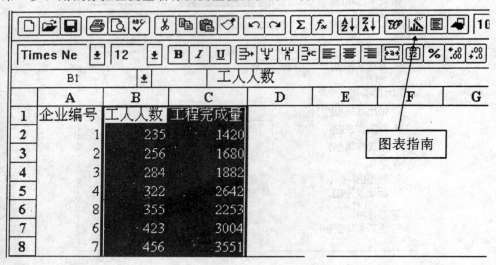

图 11-18

第二步，单击"图表指南"按钮，这时鼠标的形状发生了改变，按住鼠标左键拖动，可拉出一个细线框，直到大小合适，松开鼠标，这个框的大小就是图形外框的大小。

第三步，松开鼠标后，弹出一个如下图的对话框（图 11-19）

"区域（R）:"框中就是数据及变量名称所在的区域；单击"下一步＞"；

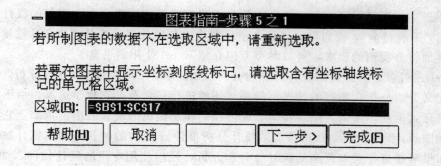

图 11-19

第四步，在下面的新对话框中我们可以用鼠标点击来选取合适的图形（图 11-20）。假定我们选择了 XY 散点图 [S]。单击"下一步>"；

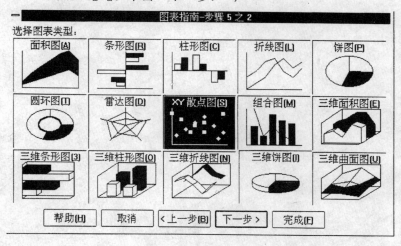

图 11-20

第五步，我们可以根据"图表指南"中每一步的选项进行必要的选择，直至最后单击"完成"，形成如下的图形（图 11-21）

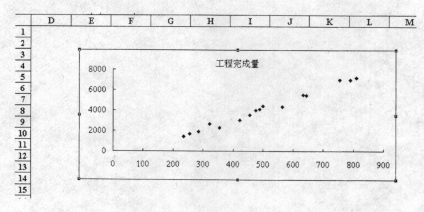

图 11-21

从图形中我们可以观察到,工人人数与工程完成量之间确实存在明显的线性关系。

利用"图表指南",我们可以轻松方便地制作出各种各样的统计图表。要想使图表更加美观,更加符合我们的要求,可以参照专门介绍 Excel 使用的书籍。

Excel 还可以进行许多的统计计算与分析,如:移动平均,抽样,方差分析,t 检验,Z 检验,交叉分组分析,数据的筛选,排序。还能进行三角及其它数学运算。由于它本身就是以表格形式出现,所以,略加修饰,就可以制作出美观的统计表格。再加上它所提供的各种统计图形,我们就能制作出精美的统计分析报告。Excel 的特长是制作统计报表和统计图形,如果需要进行更加复杂的统计计算和分析,还应使用专门的统计软件,如:SPSS,SAS,STATISTICA 等。

附　　录

中华人民共和国统计法

(1983 年 12 月 8 日)

第一章　总　　则

第一条　为了有效地、科学地组织统计工作，保障统计资料的准确性和及时性，发挥统计在了解国情国力、指导国民经济和社会发展中的重要作用，促进社会主义现代化建设事业的顺利发展，特制定本法。

第二条　统计的基本任务是对国民经济和社会发展情况进行统计调查、统计分析，提供统计资料，实行统计监督。

第三条　国家机关、社会团体、企业事业组织和个体工商户，以及在中国境内的外资、中外合资和中外合作经营的企业事业组织，必须依照本法和国家规定，提供统计资料，不得虚报、瞒报、拒报、迟报，不得伪造、篡改。

基层群众性自治组织和公民有义务如实提供国家统计调查所需要的情况。

第四条　国家建立集中统一的统计系统，实行统一领导、分级负责的统计管理体制。

国务院设立国家统计局，负责组织领导和协调全国统计工作。

各级人民政府、各部门和企业事业组织，根据统计任务的需要，设置统计机构和统计人员。

第五条　国家有计划地加强统计计算和数据传输技术的现代化建设。

第六条　各地方、各部门、各单位的领导人领导和监督统计机构、统计人员和其他有关人员执行本法和统计制度。

各地方、各部门、各单位的领导人对统计机构和统计人员依照本法和统计制度提供的统计资料，不得修改；如果发现数据计算或者来源有错误，应当责成统计机构、统计人员和有关人员核实订正。

第七条　统计机构和统计人员实行工作责任制，依照本法和统计制度的规定，如实提供统计资料，准确及时完成统计工作任务，保守国家机密。

统计机构和统计人员依照本法规定独立行使统计调查、统计报告、统计监督的职权不受侵犯。

第二章　统计调查计划和统计制度

第八条　统计调查必须按照经过批准的计划进行。统计调查计划按照统计调查项目编制。

国家统计调查项目，由国家统计局拟订，或者由国家统计局和国务院有关部门共同拟订，报国务院审批。

部门统计调查项目，调查对象属于本部门管辖系统内的，由该部门拟订，报国家统计局或者同级地方人民政府统计机构备案；调查对象超出本部门管辖系统的，由该部门拟订，报国家统计局或者同级地方人民政府统计机构审批，其中重要的，报国务院或者同级地方人民政府审批。

地方统计调查项目，由县级以上地方各级人民政府统计机构拟订，或者由县级以上地方各级人民政府统计机构和有关部门共同拟订，报同级地方人民政府审批。

发生重大灾情或者其他不可预料的情况，县级以上的地方各级人民政府可以决定在原计划以外进行临时性调查。

制定统计调查项目计划，必须同时制定相应的统计调查表，报国家统计局或者同级地方人民政府统计机构审查或者备案。

国家统计调查、部门统计调查、地方统计调查必须明确分工，互相衔接，不得重复。

第九条　重大的国情国力普查，需要动员各方面力量进行的，由国务院和地方各级人民政府统一领导，组织统计机构和有关部门共同实施。

第十条　国家制定统一的统计标准，以保障统计调查中采用的指标意义、计算方法、分类目录、调查表式和统计编码等方面的标准化。

国家统计标准由国家统计局制定，或者由国家统计局和国家标准局共同制定。

国务院各部门可以制定补充性的部门统计标准。部门统计标准不得与国家统计标准相抵触。

第十一条　对违反本法和国家规定编制发布的统计调查表，有关单位有权拒绝填报。

第三章　统计资料的管理和公布

第十二条　国家统计调查和地方统计调查范围内的统计资料，分别由国家统计局、县级以上地方各级人民政府统计机构或者乡、镇统计员统一管理。

部门统计调查范围内的统计资料，由主管部门的统计机构或者统计负责人统一管理。

企业事业组织的统计资料，由企业事业组织的统计机构或者统计负责人统一管理。

第十三条　国家统计局和省、自治区、直辖市的人民政府统计机构依照国家规定，定期公布统计资料。

各地方、各部门、各单位公布统计资料，必须经本法第十二条规定的统计机构或者统计负责人核定，并依照国家规定的程序报请审批。

第十四条　属于国家机密的统计资料，必须保密。属于私人、家庭的单项调查资料，非经本人同意，不得泄露。

第四章　统计机构和统计人员

第十五条　县级以上地方各级人民政府设立独立的统计机构，乡、镇人民政府设置专职或者兼职的统计员，负责组织领导和协调本行政区域内的统计工作。

第十六条　县级以上地方各级人民政府统计机构和乡、镇统计员的管理体制由国务院具体规定。

地方各级人民政府统计机构的人员编制由国家统一规定。

第十七条 国务院和地方各级人民政府的各部门,根据统计任务的需要设立统计机构,或者在有关机构中设置统计人员,并指定统计负责人。这些统计机构和统计负责人在统计业务上并受国家统计局或者同级地方人民政府统计机构的指导。

第十八条 企业事业组织根据统计任务的需要设立统计机构,或者在有关机构中设置统计人员,并指定统计负责人。

企业事业组织执行国家统计调查或者地方统计调查任务,接受地方人民政府统计机构的指导。

第十九条 国家统计局和地方各级人民政府统计机构的主要职责是:

一、制定统计调查计划,部署和检查全国或者本行政区域内的统计工作;

二、组织国家统计调查、地方统计调查,搜集、整理、提供全国或者本行政区域内的统计资料;

三、对国民经济和社会发展情况进行统计分析,实行统计监督。

乡、镇统计员会同有关人员负责农村基层统计工作,完成国家统计调查和地方统计调查任务。

第二十条 国务院和地方各级人民政府的各部门的统计机构或者统计负责人的主要职责是:

一、组织、协调本部门各职能机构的统计工作,完成国家统计调查和地方统计调查任务,制定和实施本部门的统计调查计划,搜集、整理、提供统计资料;

二、对本部门和管辖系统内企业事业组织的计划执行情况,进行统计分析,实行统计监督;

三、组织、协调本部门管辖系统内企业事业组织的统计工作,管理本部门的统计调查表。

第二十一条 企业事业组织的统计机构或者统计负责人的主要职责是:

一、组织、协调本单位的统计工作,完成国家统计调查、部门统计调查和地方统计调查任务,搜集、整理、提供统计资料;

二、对本单位的计划执行情况进行统计分析,实行统计监督;

三、管理本单位的统计调查表,建立健全统计台帐制度,并会同有关机构或者人员建立健全原始记录制度。

第二十二条 统计人员有权:

一、要求有关单位和人员依照国家规定,提供资料;

二、检查统计资料的准确性,要求改正不正确的统计资料;

三、揭发和检举统计调查工作中的违反国家法律和破坏国家计划的行为。

第二十三条 统计人员应当具有执行统计任务所需要的专业知识。对不具备专业知识的统计人员,应当组织专业学习。

第二十四条 国务院和地方各级人民政府的统计机构、各部门和企业事业组织,应当依照国家规定,评定统计人员的技术职称,保障有技术职称的统计人员的稳定性。

第五章 法律责任

第二十五条 有下列违法行为之一、情节较重的，可以对有关领导人员或者直接责任人员给予行政处分：

一、虚报、瞒报统计资料的；

二、伪造、篡改统计资料的；

三、拒报或者屡次迟报统计资料的；

四、侵犯统计机构、统计人员行使本法规定的职权的；

五、违反本法规定，未经批准，自行编制发布统计调查表的；

六、违反本法规定，未经核定和批准，自行公布统计资料的；

七、违反本法有关保密规定的。

个体工商户有上列一、二、三项违法行为，情节严重的，可以经县级人民政府批准，由工商行政管理部门给予暂停营业或者吊销营业执照的处罚。当事人对处罚不服的，可以在接到处罚通知之日起十五日内向人民法院起诉。

第二十六条 对违反本法构成犯罪的人员，由司法机关依法追究刑事责任。

第六章 附 则

第二十七条 国家统计局根据本法制定实施细则，报国务院批准施行。

第二十八条 本法自1984年1月1日起施行。1963年国务院发布的《统计工作试行条例》即行废止。